명성황후

THE LAST EMPRESS

명성황후

뮤지컬 〈명성황후〉 탄생부터
30주년 기념공연까지

윤호진

나무와숲

뮤지컬 〈명성황후〉 탄생부터 30주년 기념공연에 이르기까지
같이 땀흘리고 도와주신 모든 분들께 감사드립니다.

기억은 기록을 이기지 못한다

　내 얘기를 하는 일은 늘 어색하다. 연출가는 작품으로 말하면 되었지 거기에 무얼 더 보태는 일은 사족에 불과할 뿐이라고 여겼다. 작품이 막을 내린 뒤 무대에 올라가 인사를 하지 않은 것도 그런 이유에서다. 그럼에도 불구하고 작품을 올릴 때마다 숱한 인터뷰를 했다. 일단은 내 작업을 늘 관심 있게 지켜봐 주는 분들에 대한 고마움 때문이고, 현장을 오래 지키다 보니 거절할 수 없는 기자들과의 안면 때문이다. 또 무엇보다 뮤지컬 불모지였던 우리나라에서 언론과의 인터뷰가 홍보를 하는 유일한 수단이라는 게 솔직한 고백이겠다.

　"책 하나 쓰시지요."

　인터뷰 말미엔 가끔 이런 제안을 받았다. 같은 이야기를 출판사들로부터도 여러 차례 들었다. 그러나 그때마다 내 대답은 한결같았다.

　"내가 뭐 대단한 얘깃거리가 있는 것도 아니고, 누가 내 얘길 궁금해 할라구."

　그러면 상대방은 책을 내야 하는 이유를 장황하게 설명하고, 나는 또 그걸 받아치기를 반복하고, 그러다가 마침내 "그래도 안 해!" 하며 손사래를 치는 것으로 끝났다. 고집 때문에 그나마도 여기까지 왔을 만큼

내 스스로 내키지 않으면 누군가에게 설득당하는 일은 거의 없었다. 그렇게 수십 년을 버텼다.

뮤지컬 〈명성황후〉는 10주년, 20주년, 30주년을 맞을 때마다 거의 모든 언론 매체가 이 소식을 다뤘다. 한 작품이 무려 30년 동안 꾸준히 무대에 오르고, 그때마다 관객의 주목과 사랑을 받은 일이 우리 공연 역사에서 좀처럼 찾기 힘든 기록인지라, 당사자로서는 여간 뿌듯한 일이 아니다. 가진 것 하나 없이 오직 신념 하나만으로 시작한 일이어서 그간 겪어야 했던 숱한 우여곡절이 한 편의 활동 필름처럼 떠오르는 건 자연스럽다 할 것이다.

청춘을 연극판에서 보낸 내가 운명처럼 뮤지컬을 만나면서 인생이 확 바뀌었다. 본의 아니게 선구자 소리를 들으면서 헤쳐 나온 세월이지만, 절반은 땀이요 눈물이라고 해도 과언이 아니다. 사람들은 〈명성황후〉를 두고 우리나라 공연 역사에 한 획을 그은 작품이라고, 세계에서도 통하는 우리 창작 뮤지컬의 가능성을 연 수작이라고, 그런 작품을 만든 당신은 최고의 연출가라고 서슴없이 말한다.

그러나 운영 자금이 없어 몇 번이나 주저앉을 뻔한 적도 있었고, 해외 진출을 앞두고는 "너네 나라에서 무슨 뮤지컬이냐"며 수모를 당한 것도 부지기수다. 흥행 실패로 빚을 잔뜩 떠안게 되었을 때는 죽음을 생각하기도 했다. 지금 생각해 보면 미치지 않고서야 어떻게 이 일을 했을까 싶다.

고백하건대, 처음부터 〈명성황후〉가 이렇게 30년을 롱런할 거라고는 생각지도 않았다. 어떻게든 무대에만 올릴 수 있었으면 하는 바람뿐이었다. 기획부터 대본 작업, 캐스팅, 음악, 의상, 무대장치 등에 이르기까지 제작 과정이 그만큼 지난했다. 숱한 우여곡절을 딛고 첫 무대에 올린 뒤, 손가락질이 아닌 관객의 뜨거운 호응을 받게 된 것은 그동안의 땀과 눈물을 닦아 준 유일한 위로였다. 10년을 넘길 때에도 그저 잘 키운 '효녀' 같은 작품이려니 여겼다. 그런 효녀가 지금은 200만 관객을 넘겼고, 2000회 공연을 향해 달려가고 있다. 뮤지컬의 본고장이라는 미국 브로드웨이와 영국 웨스트엔드 공연에서도 기대를 넘어서는 평가를 이끌어냈고, 캐나다와 중국, 일본에도 작품을 선보이는 기념비적인 성과도 거두었다. 그 사이 당연한 듯 여겨졌던 '민비'라는 호칭이 '명성황후'로 바뀌는 역사의 재조명도 이루어졌다. 더불어 이 길을 헤쳐 온 지난 30년을 한결같이 관객의 사랑을 받았으니 더 바랄 게 무엇이랴.

30주년을 맞아 이러저러한 매체들과 인터뷰를 하던 중, 문득 작품에만 몰두하다 보니 변변한 기록 하나 없다는 생각이 들었다. 굵직굵직한 일들은 기억 속에 있는데, 세세한 에피소드들은 긴가민가한 일이 많았다. 한 작품이 30년이나 무대를 지키고 있다면 그것도 역사임에 분명한데 언론 보도 말고는 남아 있는 게 별로 없다는 것이 마음에 걸렸다. 자랑을 하기 위해서가 아니라, 있는 그대로의 역사를 남길 필요가 있었다. 나이가 들면서 자꾸만 기억에도 한계가 있다는 것을 깨달은 탓도 있을 것이다.

그때부터 공연 팸플릿도 뒤지고 여러 번 바뀐 대본도 훑어보았다. 메모보다는 기억에 의지하는 편이라서 많지는 않지만, 여기저기 흩어져 있는 메모 조각들을 모았다. 연습 일정이며 공연 일정이 빼곡히 적힌 스케줄 노트도 지난 일들을 정리하는 데 큰 도움이 되었다. 작품으로만 얘기하겠다며 한사코 책 내기를 꺼려 왔던 내 오랜 고집은 그렇게 꺾였다.

따라서 이 책은 순전히 내 기억의 복원이고 나를 위한 기록인 셈이다. 거기에 조금 더 욕심을 내자면, 지금 공연예술에 몸담고 있는 후배들이나 훗날 문화생산자로서의 역할을 꿈꾸는 젊은이들에게 도움이 되면 좋겠다.

나는 독립운동을 하는 기분으로 이 길을 걸었다. 실제로 〈명성황후〉 뉴욕 공연을 앞두고 너무 자금이 쪼들려서 가니 마니 하던 때가 있었다. 그때 연기자를 비롯한 모든 스태프를 모아 놓고 처한 사정을 가감 없이 털어놓으며 "독립운동을 하는데 돈 받고 했다는 얘기 들어 봤냐?"는 말로 설득한 적이 있다. 하루하루 생계를 해결해야만 하는 피치 못할 몇을 제외하고는 아무도 이의를 제기하지 않았다.

나 역시 하루에도 몇 번씩 때려치우고 싶은 생각이 들 때면 독립운동을 한다는 생각을 떠올리며 견뎠다. 하고 싶다고 해서 하고, 그만두고 싶다고 해서 그만둘 수 있는 일이 아니잖은가. 누군가는 해야 하는 일이고, 그 길이 내가 선택한 길이라면 아무리 힘들고 괴로워도 기꺼이 걸어야 하지 않겠는가. 그래서 이 기록이 지금 나와 같은 길을 걷고 있는 후배들, 그 길을 걸으려는 젊은이들에게 비록 실낱만큼이더라도 희망의 이정표가 되었으면 하는 바람이다.

〈명성황후〉는 원래 1995년 10월 8일, 황후가 시해된 지 딱 100년 되는 날 막을 올리려 했으나 여러 사정이 겹쳐 그러지 못했다. 그해 12월 30일에야 가까스로 막을 올렸다. 기획에서부터 무대에 올리기까지 5년의 세월이 걸렸다. 맨몸뚱어리인 나로 하여금 그 오랜 시간을 견디게 해

준 것은 오직 '꿈'이었다. 뮤지컬을 시작하자고 마음먹었을 때부터 내 꿈은 우리 작품을 들고 세계에 진출해 인정받는 것이었다. 목표가 있으니 미쳤다는 소리를 들으면서도 포기하지 않았고, 어떤 상황에서도 포기하지 않았기에 그나마 이 한줌만큼의 꿈을 이룰 수 있었다. 요즘도 가끔 현장이나 강의실에서 만나게 되는 젊은 벗들에게 빼놓지 않고 하는 말이 있다.

"꿈을 꿔라. 그것도 원대하게. 꿈꾸는 데 돈 드는 거 아니잖은가. 대신 꿈만 꾸지 말고 행동으로 옮겨라."

이 기록을 정리하는 내내 귓전을 떠나지 않는 노랫말이 있다. 〈명성황후〉의 대미를 장식하는 '백성이여 일어나라'의 한 대목이다.

> 바위에 부서지더라도 폭포는 떨어져야 하고
> 죽음이 기다려도 가야 할 길 있는 법
> 이 나라 지킬 수 있다면 이 몸 재가 된들 어떠리.

환생한 명성황후의 영혼이 줄곧 내 곁을 지키고 있었는지도 모를 일이라 생각하니, 소름이 돋는다. 부끄럽지 않게 지치지 않고 또 걸어가리라 다짐한다. 이 길의 끝이 어딘지는 알 수 없지만.

2025년 1월
윤호진

차 례

1
새로운 세상을
만나다

연극에 흠뻑 빠지다

1982년 1월 5일, 나는 영국행 비행기에 올랐다. 한국문화예술교육진흥원이 해마다 젊은 연극 연출가 한 명씩을 뽑아서 6개월 해외연수를 보내주었는데, 그해에는 어찌된 일인지 둘을 선발했다. 1976년에 〈한네의 승천〉으로 대한민국 연극상 신인연출상을 받고 훗날 극단 미추를 창단한 손진책 대표와 나였다. 나는 〈아일랜드〉로 1977년 스물아홉 살의 나이에 동아연극상 연출상을 받은 터였다.

〈아일랜드〉는 남아프리카공화국의 작가 겸 연극 연출가인 아돌 푸가드의 작품으로, 권력과 법에 맞서 싸우는 인간의 자유에 대한 갈망을 주제로 한 연극이다. 남아공의 인권 이야기를 다뤘지만, 사실 내가 하고 싶은 얘기는 유신 말기에 드리운 우리의 암울한 현실이었다. 잡혀갈 것을 각오하고 만들었는데 어찌된 일인지 아무 일 없이 검열을 통과했다.

그 나이에는 그런 것만 보였다. 고은·황석영 선생 같은 문인들이 공연장에 와서 "우리가 못한 것을 해줘서 고맙다"고 말도 해주고, 자칭 '선전부장'이라며 관객을 모아 오기도 했다. 덕분에 당시로서는 6개월간의 최장기 공연 기록을 세웠다. 게다가 그 작품으로 '최연소 수상'이라는 꼬리표를 달고 상까지 받았으니 지금 생각해 보면 참 거칠 것 없는 청춘이었다.

본디 나는 할리우드 키드였다. 초등학교 5학년 때 고향인 충남 당진을 떠나서 서울에 올라온 뒤, 중·고등학교 시절은 극장에서 살다시피 했다. 일주일에 최소 네 편은 봐야 직성이 풀렸다. 당시 허리우드극장이나 경남극장 같은 곳에서는 러브스토리나 서부영화를 주로 상영했는데, 나는 주로 사회성 짙은 영화를 좋아해서 종로 2가 우미관을 제 집이라도 되는 듯이 드나들었다. 영화에 정신이 팔려서 차가 끊기는 줄도 모르고 있다가 집까지 걸어간 적도 한두 번이 아니다.

그러다가 고등학교 3학년 때 누나가 준 표로 난생처음 연극을 볼 기회가 생겼다. 실험극장이 올린 〈피가로의 결혼〉이었다. 보면서 여간 충격을 받은 게 아니었다. 스크린을 통해 보는 영상이 아니라, 사람이 직접 무대에 나와 연기하는 모습에서 엄청난 에너지를 느낄 수 있었다. 그날부터 연극에 홀딱 빠졌다. 내 인생의 항로도 하루아침에 바뀌었다.

연극영화과에 진학하고 싶었지만 가족의 반대가 너무 거셌다. 지금이야 인기학과 취급을 받고 그만큼 경쟁률도 높지만, 그 시절에는 그저 '집안 말아먹기 딱 좋은 곳'이라거나 '허영심 가득한 딴따라가 되는 곳'으로 인식되었던 것이다. 어머니는 내가 돌아가신 아버지 뒤를 이어 의사가 되기를 바랐다.

의대를 갈 성적은 아니어서 공대에 갔다. 그러나 머릿속은 온통 연극 생각뿐이었으니 공부가 될 리 만무했다. 수업을 빼먹고 극장을 기웃거리기 일쑤였다. 빠진 수업은 리포트로 대체했다. 그땐 그게 통했다. 그러다가 아예 3학년이 되던 1970년 실험극단에 연구생으로 들어갔다. 배우로 무대에 서기도 했지만 연극을 만드는 일에 더 관심이 많았다. 몇 편의 연출을 돕다가 1976년에야 〈그린 줄리아〉를 통해 연출가로 선을 보이고, 이듬해 〈아일랜드〉로 이름을 얻었다.

영국으로 연수를 떠나기까지 〈사람의 아들〉(1980), 〈닥터 쿡스 가든〉(1980), 〈들소〉(1981), 〈호모 세파라투스〉(1981) 등을 연출하며 미친 듯이 작품에 빠져 살았다. 운 좋게도 평가가 나쁘지 않아서 비록 연극판의 막내지만 쟁쟁한 연출 경력을 갖고 있는 정진수·김도훈·최치림 선배 등과 같은 부류로 취급받는 영광도 누렸다.

영국으로 해외연수 가는 것은 손진책 대표와 내가 처음이었다. 이전 선배들은 대개 미국의 브로드웨이로 가는 게 일반적이었다. 그러나 미혼인 데다 가난한 연극쟁이라서 그랬는지 미국 비자를 받을 수 없었다. 그렇다면 셰익스피어의 고장 영국에서 제대로 정극을 배워 보자는 생각이 들었다. 나는 영국의 유명 극단인 내셔널 시어터The National Theatre와 로열 셰익스피어 컴퍼니Royal Shakespeare Company 두 군데에 신청서를 넣었고, 양쪽에서 모두 허가를 받았다.

한국문화예술교육진흥원이 연수 비용으로 책정한 금액은 1만 달러 정도. 그런데 우리는 둘이어서 그것을 반으로 나눠야 했다. 5천 달러로 왕복 항공권은 물론, 6개월의 연수 기간에 드는 모든 경비를 감당해야 했으므로 뭐든 아끼지 않으면 안 되었다.

직항은 엄두도 내지 못하고 가장 싼 비행기표를 찾아 일단 홍콩으로 갔다. 지금이야 누구나 이웃집 마실 가듯 다니지만 그때만 해도 해외여행은 어지간한 일반인은 엄두도 내지 못했다. 당연한 말이지만 우린 둘다 첫 외국행이었다. 기내식도 그때 처음 먹어 보았다. 지인의 집에서 사흘쯤 머물다가 런던행 알리딸리아 항공권을 끊었다. 로마를 경유하는 코스였다.

그런데 로마에서 런던행으로 갈아타려는데 돌발상황이 생겼다. 몇십

년 만에 내린 폭설로 런던공항이 폐쇄된 것이다. 덕분에 로마에서 하루를 묵었다. 런던에 도착하면 낯선 환경에서 낯선 사람들과 낯선 경험을 해야 하는 처지라, 우리끼리 마음놓고 놀 수 있는 마지막 자유시간인 셈이었다.

촌놈처럼 더듬적거리며 유서 깊은 로마 시내를 구경할 수 있었던 것은 런던의 폭설이 준 선물이었다. 저녁엔 레스토랑에서 난생처음 풀코스 디너를 시켰다. 결항으로 인해 항공사 측이 부담하기로 했기에 맘껏 부린 객기였다. 문제는 어디가 끝인지 모르게 끊임없이 음식이 나온다는 것. 주는 대로 받아먹다가 정작 메인 요리는 고스란히 남기는 웃지 못할 일도 경험했다.

호텔에서 겪은 일은 지금 생각해 보면 한 편의 코미디다. 샤워를 하러 들어간 손 대표가 난감한 표정으로 나를 찾았다. 화장실 바닥에 물이 차올라 빠질 생각을 않는다는 거였다. 들여다보니 아예 한강이었다. 화장실에 배수구가 없는 줄도 모르고 샤워를 하다가 물이 빠지지 않아서 생긴 일이었다. 덕분에 두 사내가 밤늦도록 화장실 바닥의 물기를 타월로 닦아내느라 진땀을 흘렸으니, 지금 생각해도 웃음이 절로 나온다.

이튿날, 우리는 서울을 떠난 지 나흘 만에 아무 일 없었다는 듯이 런던에 도착했다. 설렘과 두려움은 꼭꼭 감춘 채.

내 인생을 다시 바꾼 〈캣츠〉

우리는 국제극예술협회International Theatre Institute 영국 사무국장 집에 여장을 풀었다. 그는 우리 연수를 처음부터 주선하고 성사시켜 준 고마운 사람이었다.

런던에 도착했으니 뉴욕의 브로드웨이와 쌍벽을 이룬다는 웨스트 엔드를 안 돌아볼 수가 없었다. 마침 초연 중인 뮤지컬 〈캣츠Cats〉가 큰 화제가 되던 때라 공연이 열리는 뉴런던 시어터가 우리의 첫 방문지였다. 무대를 뺀 나머지 삼면이 객석인 반원형 극장. 무대와 객석 배치부터가 오로지 무대만 바라보고 일자로 늘어선 우리와는 사뭇 달랐다. 좌석은 좁고 통로 사이 공간이 없어서 드나들기가 불편했지만, 무대와 객석의 간격이 배우의 숨소리까지 들릴 정도로 가까웠다.

당시 우리나라의 대규모 공연장이란 국립극장과 세종문화회관, 부민관 정도가 전부였다. 예술의전당도 그때 막 착공을 하던 시기여서, 이런 전용극장은 공연을 하는 사람이라면 누구나 부러워할 최적의 환경이었다.

뮤지컬 〈캣츠〉의 줄거리는 간단하다. 일 년에 한 번 열리는 고양이들의 축제. 고양이들의 지도자 듀터로노미에게 선택받는 고양이 한 마리는 하늘나라에서 또 한 번의 새 삶을 살게 된다. 고양이들은 저마다 선택받기 위해 춤과 노래를 하며 자기소개를 한다. 그들 중 하나가 주인공 격인 그라자벨라. 한때는 가장 매력적인 고양이였지만 바깥 세계로 나갔다가 늙고 초라한 창녀가 되어 나타났다. 모두가 떠난 자리에서 화려했던 옛

날을 회상하며 그녀가 부르는 노래가, 뮤지컬 문외한들도 한 번은 들어봤음직한 그 유명한 '메모리Memory'다. 홀로 이 장면을 지켜보고 있는 지도자 듀터로노미와 감동을 받은 다른 고양이들이 특별한 고양이로 그리자벨라를 선택한다는 이야기다.

줄거리만 보자면 그다지 특별할 것 없는 이 뮤지컬을 보고 나는 뒤통수를 한 대 세게 맞은 것 같은 충격에 빠졌다. 그동안 정식으로 라이선스 계약을 통해 들여온 것도 아니고, 그저 해적판에 불과한 국내의 뮤지컬 몇 편을 봤을 뿐인 내게는 대단한 문화적 쇼크였다. '뭐 이런 게 다 있나!' 싶었다.

폐허 같은 창고를 고스란히 재현한 스펙터클하면서도 아름다운 무대, 실제 고양이라고 해도 믿을 만큼 생생한 분장과 디테일한 안무, 거기에 기존의 뮤지컬 〈지저스 크라이스트 슈퍼스타〉와 〈에비타〉로 이미 세계적인 명성을 쌓은 앤드류 로이드 웨버의 감미로우면서도 다양한 음악까지 어느 것 하나 충격적이지 않은 것이 없었다. 그때까지 유신에 반대하던 사회성 짙고 진지한 연극만 하던 내게는 더 그렇게 다가왔다.

가장 먼저 내 안에서 나타난 반응은 방어였다.

'이 뮤지컬이 우리나라에 들어온다면….'

스토리가 있고 다양한 노래와 춤이 있고 어떤 공연보다 이해하기 쉬운 본고장의 오페라가 들어온다면, 대답은 하나마나였다. 손 한번 쓰지 못하고 고스란히 우리 시장을 내어주는 일 말고는 달리 뾰족한 도리가 없다는 생각이 들자, 가슴이 서늘해졌다.

그러나 이런 방어 의식은 이내 의욕으로 돌변했다.

'우리도 준비해야겠다. 문화란 곧 그 구성원의 정신인데 이러다가는

문화시장도 정신도 다 빼앗기겠다.'

정신이 번쩍 들었다. 그리고 다른 한편으로 이 뮤지컬이 꽉 막힌 우리 공연문화에 어쩌면 새로운 돌파구가 될지도 모른다는 생각이 들었다.

뮤지컬 역사 100년을 다른 문화예술과 견주자면 비교도 할 수 없이 짧지만, 우리는 첫걸음조차 떼지 않았던 때였다. 우리에게 공연문화란 오로지 연극이었다. 그러나 당시에도 이미 연극은 밑 빠진 독에 물 붓는 일 같았다. 마른 샘물이라도 마중물을 붓고 펌프질을 하면 결국 물이 딸려 오게 마련인데, 우리 연극판은 그렇지 않았다. 관객은 줄고 무대를 떠나는 스태프들은 줄을 잇고, 그래서 새 작품은 엄두도 내지 못하는 악순환의 연속. 새털같이 많이 남은 인생인데 계속 이렇게 가면 안 된다, 뭔가 자립할 수 있는 구조를 만들지 않으면 안 된다는 고민을 하던 중이었다.

그런데 이들은 이미 그 문제를 풀어냈다. 답은 뮤지컬이었다. 연극의 본고장에서도 가장 대표적이고 세계적인 극단으로 명성을 날리는 내셔널 시어터와 로열 셰익스피어 컴퍼니조차도 뮤지컬이 장악하고 있었다. 연극은 고작 셰익스피어의 작품을 보존하기 위해 무대에 올릴 뿐이었다. 정부의 지원금을 받기는 한다지만 뮤지컬에서 얻은 수익을 연극에 쏟아붓는 구조였다.

알려진 바대로 〈캣츠〉는 로열 셰익스피어 컴퍼니가 제작자 카메룬 매킨토시와 손을 잡고 만든 뮤지컬이다. 〈캣츠〉에 이어 얼마 뒤에는 내셔널 시어터가 〈아가씨와 건달들〉을 무대에 올렸는데, 정말 입이 떡 벌어질 정도로 잘 만들어서 나로 하여금 열패감을 느끼게 했다.

이렇게 해서 두 극단이 벌어들이는 수입이 우리 현대자동차가 일 년에 벌어들이는 수입보다 훨씬 많다는 사실도 여간 놀랍지 않았다. 좀 과장해서 말하면 뮤지컬은 악보를 적은 종이와 연출 계획을 적은 종이, 그리고 그동안 공연을 통해 쌓은 노하우가 전부다. 그 몇 장의 종이로 전 세계에서 거둬들이는 로열티가 세계 상위권의 자동차 회사 수입보다 많다니 문화상품의 가치가 얼마나 큰지 짐작할 수 있었다. 오래 묵은 숙제 하나를 해결한 것 같은 느낌이었다.

런던으로 오는 비행기 안에서 나는 술 한 병을 샀다. 시차 적응도 쉽지 않을 것 같고, 잠자리가 바뀌면 잠을 잘 이루지 못할까 봐 약이라 여기며 산 술이었다. 고급 스카치위스키는 비싸서 기내에서 파는 술 중에 가장 저렴한 축에 드는 시바스 리갈을 골랐다. 그러나 그 술병은 정작 약으로 써보지 못했다. 이날 공연의 충격이 얼마나 컸던지 숙소로 돌아오자마자 한 병을 싹 비웠다.

그날 이후, 뮤지컬의 매력에 푹 빠진 나는 거의 모든 공연을 보러 다녔다. 보면 볼수록 점점 더 그 속으로 깊숙이 빠져들었다. 그렇게 〈캣츠〉는 내 인생의 또 다른 전환점이 된 작품이요, 이날로 내 인생은 완전히 뒤바뀌었다.

웨스트엔드 찍고 브로드웨이로~

연수 생활이 시작되었다. 연수생에게는 극단에서 올리는 작품의 전 과정, 그러니까 연습에서부터 무대에 올리기 직전까지 참여할 수 있는 자격이 주어진다. 역할도 없고 책임도 없다. 다만 참관할 수 있을 뿐이다. 나는 내셔널 시어터에서는 안톤 체호프의 작품 〈바냐 아저씨Uncle Vanya〉에, 로열 셰익스피어 컴퍼니에서는 셰익스피어의 〈헛소동 Much Ado About Nothing〉에 참여했다. 세계 최고 수준의 본고장 연극 제작 과정을 곁에서 고스란히 지켜볼 수 있었던 아주 귀한 기회였고 시간이었다. 언제부터인가 모르겠지만 이제는 영국에서 이런 제도가 없어졌다니 그저 아쉽고 안타까울 뿐이다.

그들은 우리와 모든 면에서 확연히 달랐다. 연출가 개인의 아이디어야 우리와 별 차이 없어 보였지만, 연습 과정을 통해 애초의 아이디어가 점점 더 체계화되고 확장되면서 마침내 탄탄하고 멋들어지게 완성되었다. 그 변화의 전 과정을 가까이서 들여다볼 수 있었던 것은 어디에서도 얻지 못할 경험이요 수확이었다. 이에 반해 우리는 어떤가. 아무리 뛰어난 연출가의 아이디어라 하더라도 연습이 진행될수록 풍성해지기는커녕 오히려 축소되고 결국엔 앙상한 뼈만 남지 않던가.

아, 이곳에 오지 않았더라면 어쩔 뻔했나. 나는 몇 번이고 탄복하지 않을 수 없었다. 그리고 일찌감치 연극판의 인정을 받았다고 기세등등했던 나 자신을 반성하지 않을 수 없었다.

나는 바둑판 앞에서 바둑을 배웠다. 책이나 기보는 거들떠본 적 없는, 그야말로 실전 바둑이다. 학창시절 어느 해 여름방학이 시작될 무렵이었던가. 흑 스물여덟 점을 바둑판에 빼곡이 깔아놓고 시작한 바둑이었다. 무슨 일이든 한번 빠지면 헤어나지 못하는 성격이라서 그해 방학 내내 바둑만 두었다. 그 결과 방학이 끝날 무렵에는 백돌을 손에 쥐고 바둑판에 앉았고, 그 뒤로 비슷한 또래에게는 어지간해서 지지 않았다. 누군가에게 듣기로, 정식으로 바둑 공부를 하지 않고 감각만으로 오를 수 있는 수준이 4급이라고 한다. 그 말에 따르면 내 바둑은 아직도 여전히 4급이다.

내 연극도 그랬다. 그때까지만 해도 현장에서 부딪치며 깨우치고 감각에만 의지하는 내 연극의 수준은 4급이었다. 하지만 다행스럽게도 세계 최고 수준의 두 극단에서 제작 과정을 함께하는 동안 수를 읽는 법과 시스템을 익히면서, 그제서야 바둑으로 치면 비로소 프로기사가 된 셈이다.

놀랄 일은 그뿐이 아니었다. 한번은 내셔널 시어터의 구내식당에서 밥을 먹으려고 줄을 서 있는데 등 뒤가 따뜻하다 못해 후끈거려 왔다. 뒤돌아보니 이게 웬일. 영국의 대배우 폴 스코필드가 나처럼 식사를 하려고 바로 내 뒤에 서 있는 것이 아닌가. 그는 영화 〈사계절의 사나이A Man for All Seasons〉로 1967년 아카데미 남우주연상을 수상하고, 로열 셰익스피어 컴퍼니의 배우들이 뽑은 '가장 위대한 셰익스피어 배우'로 선정되었을 만큼 뚜렷하고 잘생긴 외모와 멋진 목소리, 깊이 있는 연기로 유명하다. 피터 셰퍼의 희곡 〈아마데우스〉에서 살리에르 역을 맡았던 그의 기막힌 연기를 보고 감탄했던 기억이 있던 나는 얼른 "After you!" 하며 자리를 양보하는 시늉을 했다.

그러자 그는 사람 좋은 미소를 지으며 괜찮다는 몸짓을 해보였다. 멋진 배우들을 많이 봤지만 뒤에 서 있는 것만으로도 뜨끈뜨끈한 열기를 내뿜는, 그리고 후광이 비치는 인물은 처음이었다. 흥분한 나는 짧은 영어로 말을 걸었다. "영광이다, 존경한다, 감동적인 연기였다" 따위였겠지만 그는 여전히 미소만 짓고 있었다.

〈캣츠〉를 본 이후로 뮤지컬에 마음이 잔뜩 쏠려 있던 때였는데, 폴

명성황후

스코필드를 보고 난 뒤로는 뮤지컬과 연극 사이에서 한참을 갈등했다. 존재 자체로 완벽한 예술인 배우, 그 멋진 배우가 나를 마구 흔들어 놓은 것이다.

함께 온 손진책 대표는 셰익스피어 기념극장이 있는 스트랫포드에 숙소를 구했다. 나는 내셔널 시어터를 본격적으로 경험하고 싶어 런던에 머물다가 주말에만 스트랫포드로 가서 지냈다. 나는 요리를 하고, 손 대표는 밀린 빨래를 했다. 시간이 되면 공연을 보러 다니고, 저녁이면 술 한잔을 하면서 서로 꿈꾸는 미래를 얘기하곤 했다. 사는 모습만 보면 가난한 유학생 그 자체였지만, 어디서도 경험하지 못할 문화적 세례를 흠뻑 맞는 것만으로도 뿌듯한 날들이었다.

어느 날, 뜻밖에 손님이 찾아왔다. 〈에쿠우스〉 공연 이후, 늘 내 연극의 후원자이면서 형님 동생 사이로 지내던 당시 대농그룹 이상렬 부회장이 소개해 준 런던지사장이었다. 이 부회장은 서울대 공대 시절 '실극회'라는 연극 동아리를 만들어 활동한 경험이 있어서 연극에 대해서는 전문가에 가까운 식견을 가졌을뿐더러, 가난한 연극인의 활동을 물심양면으로 지원하는 뒷배 같은 이였다. 그런 이 부회장에게 소개받은 런던지사장은 종종 시내 구경도 시켜 주고 연극도 실컷 보게 해주라는 이 부회장의 부탁을 받았다며, 자신은 연극에는 문외한이지만 틈이 나는 대로 나를 여기저기 끌고 다녔다. 덕분에 서울 촌놈이 런던에서 뜻하지 않은 도움을 얼마나 많이 받았는지 모른다. 이 부회장의 배려는 그걸로 끝이 아니었다. 더 공부하고 싶은 마음이 있으면 자신이 그 뒷바라지를 맡겠다며 해보라는 제안도 해왔다.

그렇잖아도 런던에 온 뒤로 줄곧 뮤지컬 생각에 빠져 있던 내게는 얼마나 반가운 소리였는지 모른다. 영국의 여러 학교를 알아봤지만 성사되지 못했다. 영국 학교는 영어를 모국어로 쓰는 학생들만 입학할 수 있었다. 그렇다면 브로드웨이뿐인데 한국에서도 받지 못한 미국 비자를 받을 확률은 거의 없었다.

학비 걱정 말고 공부를 더 해보라는 천금 같은 기회를 얻었지만 받아주는 곳이 없다는 건 참으로 괴롭고 갑갑한 일이 아닐 수 없었다. 6개월의 연수 기간은 거의 막바지에 달했다. 이대로라면 다시 한국으로 돌아가서 하던 연극이나 계속해야 할 판이었다.

'밑져야 본전이지. 미국 대사관에 한번 가보지 뭐.'

장난 반, 혹시나 하는 요행심 반으로 런던에 있는 미국대사관을 찾아갔다. 준비한 서류와 여권을 내밀자, 영사가 물었다.

"왜 한국에서 비자를 받지 않고 여기서 받으려고 하지?"

내가 대답했다.

"그때는 미국에 갈 생각이 없었다. 내가 지금 영국에 연수를 왔는데 뮤지컬을 보니 너무 좋아서 브로드웨이를 가봐야겠다는 생각이 들었다."

영사는 여러 번 내 얼굴과 서류를 번갈아 가며 보더니 한참 동안 고개를 갸우뚱거렸다. 그러더니 어느 순간 도장을 들어 내 여권에 꾹 찍어 주었다. 이런 행운이 있나. 속으로 만세를 불렀다. 웨스트엔드를 찍었으니 이제 브로드웨이다.

연수를 마치고 우리는 다시 로마로 왔다. 손 대표는 유럽을 더 둘러보고 가겠다고 했고, 나는 브로드웨이로 가는 뉴욕행 비행기표를 끊은 상태였다. 노천 카페에서 와인 일곱 병을 마셨다. 그날만큼은 다 풀어놓고 마시고 싶었다.

명성황후

브로드웨이 돌며 공연 관람

술이 덜 깬 채로 뉴욕 공항에 도착했다. 비자만 받으면 만사 오케이일 줄 알았는데 공항에서 떡하니 걸렸다. 한국인인데 런던에서 비자를 받아 온 것이 의심스러웠던 모양이다. 술기운에도 나는 "브로드웨이를 보러 왔고, 반드시 한국으로 다시 갈 것"이라고 말했다. 특별한 범죄를 저지를 것 같지는 않았던지 출입국관리소의 나이 지긋한 할머니가 체류 기간 일주일짜리 도장을 찍어 주었다.

그때 뉴욕에는 뉴욕대학교New York University에 다니던 최치림 선배가 있었다. 최 선배의 도움을 받아 먼저 유학을 온 다른 사람들을 만나 여러 조언을 들었다. 뉴욕대학교에도 입학 신청을 해놓았다.

저녁이면 브로드웨이를 돌며 공연을 관람했다. 이때 눈에 들어온 연극이 〈신의 아그네스Agnes of God〉다. 신과 인간의 관계를 다룬 작품인데 이 정도면 동서양을 막론하고 공감을 얻을 수 있을 것으로 판단했다. 마침 한국에서 몇 편의 연극을 하고 공부를 하기 위해 뉴욕에 와 있던 배우 윤석화에게 대본이 나오면 가지고 오라고 부탁했다. 그때까지만 해도 작가와 협의가 끝나지 않아 대본이 출판되지 않았던 것이다.

그러는 사이 뉴욕대학교에서 입학 허가가 떨어졌다. 입학 허가를 받았으니 영어 공부나 하고 공연도 보면서 머물다가 12월쯤에나 한국으로 들어갈 생각이었다. 유학 준비를 마치고 1월에 다시 나오면 새 학기를 시작하는 데 아무 문제가 없었다.

LA로 넘어갔다. 친구 집에 머물면서 어학원을 다니는 한편 남가주대학University of Southern California에도 입학을 타진했다. 『연극개론』의 저자로도 유명한 오스카 G. 브로케트 교수 때문이었다. 그런데 정작 그 교수는 텍사스대학으로 옮기고 없었다. 내 경력을 훑어보던 면접관이 말했다. "당신은 공부를 해야 할 사람이 아니고 가르쳐야 할 사람인데." 남가주대학에서도 입학 허가를 받았다. 그렇게 6개월을 보냈다. 체류 기간 일주일이 찍힌 도장은 그때그때 조금씩 연장을 해가면서.

10만 관객 돌파한 〈신의 아그네스〉

뉴욕대학과 남가주대학에서 입학 허가를 받았으니 이젠 후원자의 지원만 남았다. 귀국하자마자 이상렬 부회장을 찾아갔다. 먼저 얘기를 꺼내기도 그렇고 해서 변죽만 울리는데, 자리가 끝날 때까지 공부나 유학에 대해서는 일절 말이 없었다. 내심 서운한 마음이 들었지만 알량한 자존심 때문에 끝내 얘기를 꺼내지 못했다. 세상일이 뜻대로 된다면 무슨 재미랴. 연극이나 하며 살라는 팔잔가 보다 싶어서 유학은 단념했다.

그해 5월, 배우 윤석화가 〈신의 아그네스〉 대본을 들고 왔다. 그때까지도 정식으로 출판이 되지 않았는데 연출자를 통해 얻어 왔노라고 했다. 윤석화는 그만큼 의욕이 넘치고 다부진 배우였다. 연습실이 없어서 아파트 부녀회관을 빌려 쓰다가 시끄럽다며 쫓겨나기도 했다. 그렇게 3개월을 연습해서 8월 15일 운니동 실험소극장에 올렸다.

한마디로 대박이 났다. 10개월 공연에 10만 관객 돌파. 국내 최장기 공연에 최다 관객 기록을 갈아치웠고, 상이란 상은 모조리 휩쓸었다. 아그네스 역을 맡은 윤석화는 일약 스타 반열에 올랐다.

작품은 연일 흥행몰이를 했지만, 내 사정은 그렇지 못했다. 공연하고 술 마시고 공연하고 술 마시는 날의 연속이었다. 매일 술독에 빠져 살았다. 일상이 재미없고 귀찮았다. 유학 꿈에 잔뜩 부풀었다가 포기한 상실감이 한몫 했을 게 분명하다. 그러던 어느 날 역시 술자리에서 의식이 딱 끊겼다. 블랙아웃Black out! 이러다가 죽겠구나 하는 생각이 퍼뜩 들었다.

이런 와중에 다시 만난 이상렬 부회장이 뜻밖의 얘기를 털어놓았다. 내 유학을 막은 것은 당시 실험극장의 김동훈 대표였다는 것이다. "윤호진이 미국에 가면 다시는 안 온다. 그러면 실험극장은 어떻게 되겠냐"는 소리에 없던 일이 되고 말았다는 얘기였다.

평소에도 김동훈 대표와 나는 잦은 갈등을 빚었던 게 사실이다. 성격 차이 때문이다. 나는 밀어붙이는 성격이고 김 대표는 신중파여서 내가 어떤 제안을 할라치면 기다리라는 게 대답이니 부딪치지 않을 수 없었다. 그럼에도 불구하고 내가 1991년 에이콤을 만들면서 20년간 몸담았던 실험극장을 떠난다고 했을 때, 집에서 문을 걸어 잠그고 울었다는 얘기를 사모님에게 들었을 만큼 깊은 애정도 있었다. 한마디로 애증의 관계였다고 표현하는 게 옳겠다. 그래서 이번에도 내가 유학을 간다니까 아예 극장을 떠나는 것으로 오해해서 벌어진 한바탕 에피소드였다. 덩달아 이상렬 부회장에게 품었던 서운함도 함께 풀렸다.

뉴욕대학교에 입학 허가가 아직도 유효한지 타진했다. 실험극장 운영에 아무 문제가 없고, 무엇보다 지금처럼 살다가는 죽을지도 모른다는 생각에서였다. 이미 입학 유효기간은 한참 지나 있었는데, 뜻밖에도 재정보증만 있으면 문제없다는 대답이 왔다. 여기저기서 돈을 꿔서 은행에 넣고 다시 유학 떠날 채비를 서둘렀다. 뾰족한 대책이 있었던 건 아니었다. 일단 가기만 하면 그 뒤는 어떻게든 되겠지 하는 심정이었다. 출국을 얼마 앞두고 이상렬 부회장에게서 얼마나 필요하냐고 연락이 왔다. 1만 달러면 되겠다고 했더니 일단 5천 달러를 보내왔다. 딱 한 학기 등록금이었다. 여기에 친구와 친척들에게 결혼 부조금을 미리 달라는 식으로 모은 5천 달러를 보탰다. 새 생활을 시작할 종잣돈은 되었다.

늦깎이 유학 생활

1984년 1월, 그렇게 뉴욕대학교 대학원 공연학과 유학생 신분으로 다시 뉴욕에 왔다. 학교에서는 몇 가지 조건을 걸었다. 하나는 한 학기 동안 랭귀지스쿨 하이레벨을 들어야 한다는 것이고, 다른 하나는 한 과목이라도 C학점을 받으면 다음 학기엔 곧바로 탈락시킨다는 거였다. 랭귀지스쿨은 어찌어찌 끝냈는데, 어느 학기엔가 비평criticism 과목이 C를 받을 상황이 되었다. 학점 평가가 나오기 전에 과목 이수를 연기해서 간신히 위기를 넘겼다. 마침 한국에서 대학원을 졸업하면 6학점을 인정해 주는 제도가 있었는데, 이때 이수하지 못한 학점은 그것으로 메웠다. 바쁜 와중에도 동국대 대학원을 졸업한 것이 그렇게 요긴하게 쓰일 줄 몰랐다.

명성황후

공부도 해야 하고 생활비도 벌어야 하는 고학생이라서 한눈팔 새도 없이 열심히 살았다. 길바닥에 좌판을 깔고 흑인들을 상대로 손목시계를 팔기도 하고, 편의점에서 《뉴욕타임스》 일요판에 광고 전단지를 끼워 넣는 아르바이트도 했다. 그렇게 번 돈으로 생활하고 브로드웨이 입장권도 샀다. 그때 브로드웨이 입장료가 40달러였으니까 12시간 아르바이트 비용 40달러가 고스란히 브로드웨이에 들어갔다.

유학 온 이듬해 결혼을 했는데, 히스패닉계 사람들이 몰려 사는 브루클린 한 귀퉁이에 집을 얻었다. 바퀴벌레가 시도 때도 없이 기어나오는, 한마디로 사람 살 곳이 못 되는 환경이었다. 아내는 퀸스칼리지에서 언어학을 공부하는 한편, 이층에서 '캣츠'라는 이름의 네일아트숍을 운영하고, 나는 아래층에서 손목시계와 가방 등을 팔았다. 주말에 바짝 일하면 300달러 정도를 벌었는데 학비 내고 집세 내면 끝이었다.

그렇게 악착같이 일하고 공부해 2년 만에 모든 과정을 끝냈다. 지칠 대로 지쳐서 더 이상 논문 쓸 힘조차 남지 않았다.

뉴욕대에서의 성과라면 쟁쟁한 교수들을 만나 귀한 가르침을 받았다는 것이다. 구조주의 연극의 창시자로 한국에도 널리 알려진 마이클 커비 교수에게 '구조론'을 배운 것은 훗날 〈명성황후〉를 제작하는 데 엄청난 힘이 되었다. 그가 가르치는 구조론은 희랍극부터 현대극까지 작품의 구조를 파악하고 분석하는 것이었다. 1986년 아카데미 최우수 외국영화상을 수상한 〈오피셜 스토리〉 같은 작품도 구조를 분석해 보면 희랍극 〈오이디푸스왕〉의 구조를 차용한 영화다. 따라서 구조를 이해하면 작품에 그만큼 쉽게 접근할 수 있고 작품을 만드는 데에도 용이하다. 이때부터 작품을 구조적으로 보는 눈이 본격적으로 생겼다. 관객의 마음을 끌기 위한 포인트가 어디고, 어디서 어떻게 해야 주제를 효과적으로 드러내고 갈등을 극대화하는지 알 수 있게 된 것이다. 나로서는 대단한 수확이었다.

연출가이자 인류학자인 리처드 셰크너 교수는 연극과 인류학을 동시에 공부한 최초의 학자다. 그에게는 '민족연극학'과 '퍼포먼스 이론'을 배웠는데, 이 수업은 그동안 내 머릿속에 있던 연극의 범위를 확장시키는 역할을 했다. 〈명성황후〉에 우리 무속신앙의 전통 굿을 삽입할 수 있었던 것도 이 공부 덕분이다.

런던의 두 극단에서 연극의 체계를 배웠다면, 이 두 교수에게서는 이론의 토양을 쌓았다. 또한 실용적 측면이 강한 뉴욕대학의 커리큘럼 중에서 내게 필요한 부분을 집중적으로 공부할 수 있었고, 동시에 브로드웨이를 섭렵할 수 있었다. 〈레미제라블〉, 〈오페라의 유령〉 같은 세계 4대 뮤지컬은 물론이고 이름난 뮤지컬은 거의 빼놓지 않고 보았다. 뉴욕대학 강의실에서 이론과 체계를 공부했다면 브로드웨이의 극장은 실전을 가르쳐 준, 내게는 더없이 좋은 배움터였다.

'기다려라, 브로드웨이. 10년 안에 내 작품 들고 다시 돌아온다!'

학위 과정이 끝난 뒤 2년간은 생활비를 벌면서 논문을 쓰기로 마음먹었다. 논문의 주제는 「The process of becoming shaman in Korea」로 잡았다. 간단하게 설명하자면 무당의 접신 과정과 배우가 다른 캐릭터로 되는 과정을 비교한 것인데, 이 둘의 연관 관계가 상당하다고 보았다. 접신이란 결국 우뇌의 기능이 좌뇌의 기능을 완전히 덮어 버리는 과정이다. 그렇게 되면 이성적 기능이 마비되고 감정이 극대화되면서 초능력이 생긴다. 배우가 되는 과정도 마찬가지다. 지금은 정설이 되었지만 당시만 해도 좌뇌의 기능과 우뇌의 기능을 구분하는 일은 의학계에서조차 가설에 불과하던 시절에, 나는 이미 그런 내용을 논문에 담기로 한 것이다.

그러나 논문을 쓰는 과정은 결코 쉽지 않았다. 리처드 셰크너 교수는 아무래도 영어가 짧은 나를 위해 당신 제자 하나를 붙여 주었는데, 그는 과제도 따로 내주고 논문 구성이며 문장도 꼬치꼬치 지적을 해대는 등 깐깐한 지도교수 저리 가라였다. 그때는 아주 곤욕을 치렀는데, 덕분에 완성도 높은 논문이 나올 수 있었던 건 지금 생각해도 참 고마운 일이다. 언젠가 한번은 셰크너 교수가 같은 주제로 논문을 준비하는 우리나라 학생을 소개시켜 주었는데, 연락도 별로 없고 협조적이지도 않아서 얼마 지나지 않아 내 쪽에서 포기한 적이 있다. 논문이 통과되고 나서 그 사람의 근황이 궁금해 물으니, 셰크너 교수는 웃으면서 "아직도 태평양을 왔다 갔다 하고 있다"고 대답했다. 오리무중이라는 뜻이었다. 공부만 하는 학생도 여전히 논문을 붙들고 씨름하는 판에, 주경야독이 아닌 주독야경하는 생활을 하면서 논문을 무사히 끝마쳤다는 사실이 못내 뿌듯하고 자랑스러웠다.

1984년 1월 뉴욕으로 떠나 1987년 12월 서울로 돌아오기까지 딱 4년이 걸렸다. 그 사이 결혼도 하고 아이도 하나 낳았고, 런던에서 본 뮤지컬에 흠뻑 빠져 늦깎이로 공부를 시작해서 학위도 받았다. 이제 서울로 돌아가 그동안 품고 배웠던 뜻을 펼치기만 하면 된다.

'기다려라, 브로드웨이. 내가 딱 10년 안에 내 작품을 들고 다시 돌아온다!'

뉴욕 공항을 떠나면서 내 스스로 외친 마음속 다짐이었다.

뉴욕 공항에서 주머니를 뒤져 보니 딱 5달러짜리 하나가 있었다. 바리바리 싸들고 온 커다란 짐이 여섯 개. 짐을 부치기엔 턱없이 부족한 돈이었다. 난감했다. 하지만 내가 누군가. 맨주먹으로 뉴욕에서 4년을 버틴 몸이다. 서울로 돌아가는 유학생들이 눈에 띄었다. 가방을 하나씩 부탁했다. 내가 인상이 좀 험악해서 그랬는지, 같은 유학생으로서 동정심이 일었는지 다들 군말 없이 내 부탁을 들어주어 짐 부치는 문제는 다행히 해결할 수 있었다.

서울로 떠나는 비행기 안. 비좁은 이코노미석에 앉아 가뜩이나 큰 덩치를 구겨서 앉아 있는데, 스튜어디스가 내게 비즈니스석에 앉아 가라며 안내를 해주는 게 아닌가. 안면이 있을 턱이 없고 나를 알 리도 없는데 그런 호의를 베푸니 어리둥절하기만 했다. 심지어 앵커리지에서 승무원이 교체되는데 그 승무원에게도 얘기를 해둘 테니 마음놓고 가라며 친절을 베풀었다. 그토록 원하던 공부도 해서 학위도 땄지, 브로드웨이에서 실컷 봐둔 작품들을 머릿속에 꼭꼭 담아두었지, 가족도 생겼지, 그런 가운데 이런 뜻하지 않은 대접까지 받으니 세상 부러울 게 없었다. 덕분에 난생처음 사기 그릇에 기내식을 받아먹는 호사도 누렸고, 팔다리를 길게 늘어뜨리고 편안하게 서울까지 올 수 있었다. 아직도 그 스튜어디스가 왜 그런 호의를 베풀었는지 이유를 모른다. 다만 늙은 유학생의 학위 취득을 축하하는 하늘의 선물이거나, 앞으로 일이 잘 풀릴 거라는 복선 같은 게 아니었을까 하고 내 나름대로 해석하곤 한다.

여섯 개나 되는 짐을 들고 들어오니 세관원 눈에 이상해 보일 수밖에. 가방을 열어 일일이 검사를 하는데 온통 헌옷과 헌책뿐이니 할 말을 잊은 듯했다.

"아니 어떻게 그 흔한 초콜릿 하나 없어요?"

그랬다. 가난한 유학생은 초콜릿 하나 살 돈도 없었다. 신발도 구세군 바자회에서 산 5달러짜리 하나로 4년을 버텼으니 말해 무엇할까.

2

내 인생을 바꾼
명성황후

뮤지컬의 가능성 보여준 〈사의 찬미〉와
〈아가씨와 건달들〉

　　　　　운이 맞아서 그랬는지 귀국을 하니 단국대학교에 연극영화과
가 생겼다. 유민영 학장과 이태주 교수의 도움으로 1988년부터 강사로 출
강하기 시작해서 1991년에 전임강사가 되었다. 강사로 학생들 앞에 서면
서도 뮤지컬이 우리나라에서 통할 것인지 궁금해서 견딜 수가 없었다.

　뉴욕에 있을 때 실험극장 김동훈 대표가 와서 "한번 해보라"며 던져
놓고 간 대본이 하나 있었다. 이루지 못할 사랑 때문에 현해탄에 몸을 던
진 윤심덕과 김우진의 비극적 사랑 이야기인 〈사의 찬미〉였다. 진부하
고 구닥다리 냄새가 물씬 나는 스토리인데, 나는 이것으로 새로운 실험
을 해보면 어떨까 생각했다. 극의 형식은 세미 뮤지컬로 하고, 재미를 위
해 각색을 하면서 무대를 이중구조로 만들었다. 아래는 분장실, 위는 무
대. 극중 상황과 현실을 동시에 보여주는 것이다. 세미 뮤지컬도, 이중구
조의 무대도 모두 실험적이었다. 여주인공 윤심덕 역은 노래가 좀 되는
이혜영을, 상대인 김우진 역은 이정길에게 맡겼다. 문예회관에 올렸는데
이게 시쳇말로 공전의 빅히트를 치며 공연 내내 전회 매진을 기록했다.
〈사의 찬미〉는 본격 뮤지컬은 아니었지만 우리나라에서도 뮤지컬이 통
할 수 있다는 가능성을 보여주었다. 가슴이 뿌듯해 왔다.

　어느 날 서울대 공대 연극반 출신이면서 당시 ㈜하츠를 운영하던

이수문이 찾아왔다. 주방가구를 하는 (주)한샘의 조창걸 회장이 세계적인 공연기획사를 하나 만들고 싶어 하는데 내가 적임자인 것 같아서 왔다는 것이다. 정부나 기업 누구도 문화예술에 관심을 두지 않던 터라 무대를 지키는 사람으로서 늘 아쉽고 서운한 마음이 도사리고 있을 때였는데, 난데없는 제의가 여간 고마운 게 아니었다. 그야말로 불감청고소원

不敢請固所願, 감히 청하지는 못하나 원래부터 바라던 바이었다.

국내에서 뮤지컬 연출을 먼저 시작했고 실험극장에서 연습생 시절부터 동료로 오랫동안 한솥밥을 먹은 정진수 교수를 우선 끌어들였다. 여기에 배우 손숙, 작가 이문열, 기업가 이상렬과 이수문 등을 참여시켜서 1991년 극단 에이콤을 만들었다. '예술로 전 세계 관객과 소통한다'는 거창한 캐치프레이즈도 내걸었다. 본격적으로 대형 뮤지컬을 제작해 보고 싶었다. 1993년에는 국내 최초로 뮤지컬 전문 회사를 표방한 에이콤인터내셔널을 설립해 대표를 맡았다. 조 회장의 후원으로 서울 강남에 100여 평의 연습실과 사무 공간도 얻었다. 그런가 하면 뮤지컬 배우를 길러내는 기관이 하나도 없던 시절이라 에이콤뮤지컬배우학교도 만들어 30여 명의 유급 단원들을 선발했다. 현재 일선에서 뮤지컬 배우로 맹활약을 펼치고 있는 서영주, 정영주, 김영주, 박준면, 김영호, 박리디아, 이장훈, 김민수 등이 이때 만들어진 에이콤 창립 단원들이다.

1994년 에이콤의 창립 작품으로 예술의전당 오페라극장에서 〈아가씨와 건달들〉을 올렸다. 이미 〈사의 찬미〉를 통해 비록 세미 뮤지컬이지만 우리나라에서 뮤지컬의 가능성을 본 터라 이번에는 본격 뮤지컬에 도전한 것이다. 오페라극장이 막 개관하고 처음으로 올리는 작품이라 전문 공연장이자 대형 공연장에 도전한다는 의미도 있었다.

뮤지컬 〈아가씨와 건달들〉 포스터

〈아가씨와 건달들〉은 그동안 여러 차례 공연되어 우리 관객들에게 친숙한 편이지만, 정식으로 계약을 맺고 공연한 적은 없었다. 이런 공연에 8%의 로열티를 주기로 하고 정식으로 판권을 사서 무대에 올린 것이다. 이 역시 나로서는 크나큰 모험이자 실험이었다.

단기간의 공연이었지만 대박이 터졌다. 무일푼으로 시작한 터라 하나부터 열까지 모두가 빚이었는데, 정산을 해보니 5억이 남았다. 책상에 현금을 수북이 쌓아 놓고 배우들을 불러 처음에 약속한 개런티보다 두 배 더 얹어 주었다. 출강하던 단국대에 피아노도 한 대 기증했다. 처음이자 마지막으로 부린 호기였다. 엄청난 흥행에도 불구하고 연장 공연은커녕 한 차례의 지방 공연을 하고는 모든 세트를 불살라 버렸다. 이미 머릿속에는 기획 중인 〈명성황후〉로 가득 차 있던 시기라서 행여 미련이 남을까 봐 부린 객기였다.

그러나 이때 〈아가씨와 건달들〉을 연출했고 에이콤의 창립 멤버였던 정진수 교수와 결별하는 아픔을 겪어야 했다. 그는 〈명성황후〉 제작에 반대했다. 대책 없이 들어갈 예산도 그랬고, 무엇보다 우리나라에서 대형 창작 뮤지컬은 실패한다며 한사코 반대했다.

한번은 〈명성황후〉 대본을 맡은 작가 이문열, 음악감독 박칼린 등과 함께 런던에서 카메룬 매킨토시를 만난 적이 있었다. 뮤지컬의 기술 제휴와 〈미스 사이공〉을 국내로 들여오기 위한 미팅이었다. 주영대사를 지 낸 이홍구 씨의 주선으로 어렵사리 만났지만 오간 건 돈 얘기뿐이었다. 의욕은 백만장자를 능가하지만 현실은 빈털터리인 우리에게 매킨토시 가 요구하는 돈이 있을 리 만무했다. 결론은 순전히 우리 힘으로 해야 한 다는 말인데, 이것을 정 교수는 불가능하다고 본 것이다. 결국 정 교수는 지분을 챙겨 에이콤을 떠났다. 그러나 인간적 인연까지 끊어진 것은 아 니어서 훗날 〈명성황후〉를 무대에 올리고 함께 관람한 일이 있었는데, 극장을 나오면서 정 교수가 한마디 감상평을 던졌다.

"〈미스 사이공〉보다 나은데!"

그는 그렇게 쿨한 사람이다.

〈아가씨와 건달들〉의 성공에 힘입어 이번에는 창작 뮤지컬을 올려 보기로 했다. 이수일과 심순애를 현대적으로 패러디한 〈스타가 될 거야〉 를 1995년 예술의전당 토월극장에 올렸다. 준비 중인 〈명성황후〉보다 규모 면에서는 훨씬 작은 뮤지컬이지만 '창작'이라는 점에 의미를 두었 다. 큰 기대를 하지는 않았지만 흥행 성적이 좋지 않았다. 결국 〈아가씨 와 건달들〉을 공연해 얻은 수익금 중 내 몫으로 받은 돈을 고스란히 집 어넣어야 했다.

그러나 이 두 뮤지컬 공연을 통해 배우들은 코러스 훈련을 할 수 있었고, 무대나 의상, 조명 등의 수준을 올릴 수 있었던 것은 큰 수확이 었다. 더욱이 정극에만 몰두하며 살다가 뮤지컬로 방향 전환을 하면서 '과연 우리나라에서도 뮤지컬이 통할까?'라는 의구심이 해소된 것은 물 론, 자신감을 가지고 대형 뮤지컬인 〈명성황후〉 제작에 박차를 가할 수 있게 되었다.

뮤지컬 〈명성황후〉의 닻을 올리다

에이콤을 설립하고 한동안 어떤 작품을 만들지 연일 머리를 쥐어짰다. 조건은 우리 것이면서 세계인의 공감을 얻기에 충분한 작품. 그것은 뮤지컬을 시작하면서 내 스스로에게 한 다짐이기도 했다.

나는 문화를 그 나라의 정신으로 본다. 총칼로 침략을 당하면 힘으로라도 저항해 볼 수 있지만, 문화가 정복당하면 종속되거나 최악의 경우에는 나라 자체가 송두리째 소멸된다고 믿는다. 우리 문화를 지켜내는 방법은 누구나 공감하는 우리의 소재를 찾고, 세계적 수준의 작품을 만들어 시장에 내놓는 수밖에 없었다. 런던과 뉴욕에서 현장을 목격하고 이론을 습득했으니 세계 수준에는 도달할 수 있을 것 같았다. 문제는 우리의 것, 즉 소재였다.

마침 그 시기에 을미사변을 새로운 각도에서 재조명한 논문들이 나오면서 주목을 받았다. 알다시피 을미사변이란 대한제국 말기인 1895년에 일본공사 미우라 고로가 주축이 되어 명성황후를 시해하고 일본 세력의 강화를 획책한 사건을 말한다. 이에 따라 부정적 평가 일색이던 민비도 새롭게 조명받으면서 칭호도 명성황후로 불리기 시작했다. 그때 에이콤의 후원자였던 한샘의 조 회장이 "읽어 보라"며 책 한 권을 건네주었다. 일본 작가 쓰노다 후사코角田房子 여사가 쓴 『민비 암살』이었다. 일본 낭인들이 명성황후를 시해했다는 내용이 실린 최초의 책이다.

명성황후를 염두에 두자 뮤지컬 〈에비타〉가 떠올랐다. 술집 여종업원에서 훗날 아르헨티나 대통령의 부인이 된 에바 페론 에비타의 이야기로, 웨스트엔드는 물론 브로드웨이에서도 큰 화제가 된 작품이다. 영국의 유명한 뮤지컬 작곡가 앤드류 로이드 웨버가 음악을 만들었다. 나는 명성황후의 스토리가 그에 못지않다고 생각했다. 일본의 낭인들이 남의 나라 왕궁에 쳐들어와 왕비를 시해하는 만행을 저지른 충격적인 사건에, 극동의 작은 나라가 열강의 틈바구니에서 어떻게든지 살아남으려고 몸부림치던 격동의 시기를 잘 표현하면 세계인의 공감을 얻을 수 있을 것이라고 판단한 것이다. 국내의 기록들보다는 서양의 외교관이나 선교사들이 쓴 기록들을 보면서 점점 더 확신이 들었다.

그뿐이 아니었다. 당시 식민사관에 대한 거센 비판과 함께 일본의 역사 교과서 왜곡에 힘입어 극일 분위기가 고조되고 있었고, 여권신장 운동이 확산되면서 사회적 공감대가 형성되던 시대이기도 했다. 이런 여건이라면 그동안 부정적 인물로 인식되던 명성황후가 '비운의 왕비'로 새롭게 자리매김할 수도 있겠다는 생각이 들었다. 또 비록 뮤지컬에 대한 사회적 관심이나 호응, 토양이 열악하기는 하지만 명성황후 시해 사건이 일어난 지 100년이 되는 1995년에 맞추어 막을 올린다면 가능성이 있을 것으로 믿었다.

문제는 자금이었다. 이 대목에서는 답이 없었다. 에이콤이 출발하면서 모은 자본금과 그 후 몇 편의 작품이 흥행에 성공하면서 3억 5천만 원 정도의 종잣돈이 있었지만, 대형 뮤지컬을 제작하기에는 턱없이 부족했다. 기획서를 들고 투자 유치를 위해 정부 부처를 찾아가고 기업체 담당자를 만나러 나설 때만 해도 자금 때문에 어려움을 겪을 거라고는 생각지 못했다. 예술의전당에서는 이미 제작비의 반을 투자하겠노라고 약속한 상태였다.

명성황후

'세계는 이제 뮤지컬의 시대다, 이것이 앞으로는 엄청난 위력을 발휘하는 공연 장르가 될 것이다, 뮤지컬은 부가가치가 엄청나다, 준비하지 않으면 시장을 고스란히 빼앗기게 된다, 외국 시장에 내다팔면 한국을 알리는 데 그치지 않고 자동차를 만들어 파는 것과 같은 효과를 얻는다, 우리가 이러이러한 내용의 세계적인 뮤지컬을 만들려고 한다, 지원을 해다오, 그게 아니라면 투자를 해달라….'

이 정도 논리와 설득이라면 앞다투어 도움을 주고 투자를 할 줄 알았다. 그러나 현실은 싸늘했다. 뮤지컬에 대한 인식이, 아니 그보다도 문화에 대한 전반적인 이해가 없었다. 심지어 같은 연극계에 몸담고 있는 사람들도 "창작 뮤지컬은 시장성이 없어 만들면 반드시 망한다"고 만류하고 나섰다. 뮤지컬을 한다고 하면 '미친놈' 소리를 들을 정도였으니 투자자들의 싸늘한 반응은 어쩌면 너무도 당연한 일이었는지 모른다. 그러자 투자 약속을 했던 예술의전당도 슬그머니 발을 뺐다.

엎친 데 덮친 격으로 최대 후원자면서 든든한 아군으로 뮤지컬 전문 기획사 에이콤 설립에 결정적 도움을 준 한샘의 조 회장이 손을 들었다. "심어 놓고 자주 들여다보면 자라지 않는 법"이라고 이유를 댔지만 사막에 물을 붓는 것만큼이나 표시 나지 않는 투자를 끝없이 감당할 수 없었을 것이다. 그때가 〈명성황후〉의 대본이 나올 무렵이었다.

이미 대본이 나오고 세계 최고의 작곡가와 의상 디자이너도 섭외를 해놓은 터였다. 여기서 중단할 수는 없는 노릇이었다. 밤낮없이 돈을 구하러 뛰었다. 오죽하면 우리보다 뮤지컬을 먼저 시작한 일본 극단 '시키四季'의 아사리 게이타淺利慶太 총감독을 만나 합작을 제의했을까. 그러나 일본 낭인들에게 암살당한 명성황후의 스토리를 함께 만들자고 하니 누군들 달가워할까. 돌아온 대답은 당연히 "생각 없다"였다. 애초부터 무모한 제의였지만 그만큼 절박했다.

〈명성황후〉 성공 이후 아사리 게이타가 나를 일본으로 초대해서 다시 만난 적이 있다. 그의 관심은 "한국에 진출하려면 어떤 작품이 좋겠냐"는 것이었다. 그러면서 〈크레이지 포 유Crazy for You〉를 내밀었다. 이 작품은 미국의 조지 거슈인과 아이라 거슈인 형제가 작곡과 작사를 한 로맨틱 코미디 뮤지컬이다. 1930년대 미국의 대공황기를 배경으로 네바다 작은 마을에서 다 쓰러져 가는 극장을 인수해 뮤지컬의 본산으로 만들어 가는 젊은이의 꿈과 사랑을 그린 작품이다. 그런데 이 작품을 왜 일본 극단이 한국 진출의 수단으로 삼으려는지 궁금해졌다. 그의 대답은 간단했다. "일본의 극단이 브로드웨이의 작품을 얼마나 잘 만드는지 보여주고 싶다"는 것이었다. 그는 마음가짐부터 나와 달랐다. 우리의 소재를 우리 기술로 만들어서 세계 시장을 겨냥하겠다는 나와, 브로드웨이의 작품을 더 잘 만들 수 있다는 것을 보여주려는 그와는 확연한 인식 차이가 있었던 것이다. 그런 내가 창작 뮤지컬을 합작해 보자고 제안을 했으니 성사될 리 없는 건 당연했다.

한참 후 내가 우리나라의 뮤지컬협회장을 하고 있을 때에도 그는 〈라이언 킹〉 같은 작품을 가져오고 싶다고 의사를 타진해 왔는데, 나의 반대로 성사되지 못했다. 그는 세월이 지나도 여전히 브로드웨이를 벗어나지 못하고 있었다. 바로 이런 차이가 비록 일천한 역사를 가진 우리나라의 뮤지컬이지만 그 수준은 이미 아시아를 넘어섰고, 이제 세계와 겨룰 만큼 성장한 원동력이 된 게 아닐까.

제작비 때문에 하도 압박을 받다 보니 작품이 성공하느냐 실패하느냐는 점점 관심 밖이 되어 버렸다. 나중에는 과연 무대에 올릴 수 있느냐 없느냐가 더 큰 관심이었다. 영혼을 팔아서라도 무대에만 올릴 수 있게 되기를 바랐다.

문화계의 마당발로 명성이 자자한 동숭아트센터 대표인 김옥랑에게 도움을 요청하기도 했지만 허사였다. 마지막이라는 심정으로 영상사업을 하는 굴지의 대기업을 찾아가 파격적인 제안을 했다. 무대에만 올릴 수 있게 해달라, 그러면 판권이고 뭐고 모든 권한을 다 가져도 좋다. 제작자로서는 모든 자존심을 버린 마지막 제안이었다. 군자금을 구하러 다니는 독립운동가의 심정이었다.

"다 좋은데 작품이 너무 어두워서요."

욕이 목구멍까지 치밀어 올랐다. 아니, 작품이 어두운지 환한지 보지도 않고서 어떻게 안담.

다시 광야에 섰다. 오기가 뻗쳐 왔다. 다시 시작이다.

'언제 누가 도와줘서 했나. 지금껏 몸뚱어리 하나로 버텨 왔으니 망한다고 하더라도 어차피 잃을 것도 없지. 해보자구, 까짓것!'

내 이름으로 된 집도 없으니 담보로 잡힐 것도 없었다. 무조건 명성황후 시해 100주기가 되는 1995년 10월 8일에 맞춰 작품을 올리기로 마음먹고 극장 대관부터 신청했다.

케 세라 세라Que Sera Sera!

이문열의 〈여우사냥〉

　　〈명성황후〉를 하기로 마음먹고서 제일 먼저 떠오른 인물이
작가 이문열이었다. 격변기라는 시대 상황과 그 소용돌이 속에 선 인
물을 가장 잘 표현할 수 있는 사람은 이문열밖에 없었다. 이문열과는
1979년 〈사람의 아들〉을 통해 만났다. 당시 조선일보 정중헌 기자가 베
스트셀러였던 단행본 『사람의 아들』을 주었는데, 그걸 읽자마자 무작정
대구로 내려갔던 게 인연의 시작이다. 당시 이문열은 대구매일신문 기
자였는데, 이 작품을 연극으로 만들겠다는 제의에 처음엔 한사코 거절
하며 그냥 술이나 마시자고 했다. 그렇게 몇 번을 찾아가기도 하고 찾아
오기도 하면서 술도 마시고 밤샘토론을 벌인 끝에 마침내 승낙을 얻어
1980년 무대에 올릴 수 있었다. 이듬해인 1981년에는 그의 작품을 각색
한 〈들소〉로 대한민국 연극제에 참가하기도 했다. 무엇보다 그는 에이
콤의 창립 멤버였다.

　　구상 중인 새 작품 얘기를 듣고 이문열은 고개를 가로저었다. 그는
명성황후에 대한 애정이 전혀 없었다. 오히려 나라를 망친 암탉이요 못
된 며느리라는 적대감을 갖고 있었다. 사상적으로 남인 계열인 이문열
과 서인 계열인 명성황후가 서로 호감을 가질 수는 없는 노릇이었다. 그
랬다. 조선 말기의 상황은 영호남 할 것 없이 남인이 몰락하고 서인 계열
인 노론의 세도정치가 판을 치고 있었다. 남인의 눈에 경술국치는 노론
의 권세를 등에 업고 개화를 해야 살 수 있다고 외치며 외세를 끌어들인
명성황후에게서 모든 게 비롯되었다고 보았다. 경북 영양의 몰락한 남인

　　　　　　　　　　　　　　　　　　　　　　　　　　명성황후

〈뮤지컬 명성황후〉의 원작
〈여우사냥〉을 집필한 소설가 이문열

집안에서 태어나고 자란 이문열에게 명성황후가 좋게 보이지 않은 것은
어쩌면 당연한 일이었다.

자료도 구해 주고 영국과 미국을 돌며 명성을 떨치는 뮤지컬을 함께
관람하면서 1년 넘게 설득했다. 이문열 스스로도 2년 정도 자료를 구해
읽으며 공부를 하더니 명성황후에 대한 역사적 평가가 왜곡되어 있다고
확신하게 되었다. 그리고 1994년 봄, 시극 형식의 희곡 〈여우사냥〉을 내
앞에 내놓았다. '여우사냥'이란 일본 낭인들이 명성황후 시해를 음모할
때 쓰던 작전명이다. 한번 물면 놓지 않는 특유의 내 고집이 또다시 이문
열을 꺾었다.

희곡 〈여우사냥〉은 아주 훌륭한 작품이지만 스케일이 너무 컸다. 명
성황후의 파란만장한 삶도 그렇거니와 근대사의 아주 중요한 사건인 동
학혁명과 전봉준 장군의 우국충절 역시 비중 있게 다뤘다. 그러나 동학
까지 다루면 작품의 스케일이 너무 커져서 아쉽지만 들어낼 수밖에 없
었다.

작가는 또 〈여우사냥〉에서 구한말 한반도를 둘러싸고 벌어진 열강들
의 각축과 궁중의 권력다툼을 새로운 시각으로 그려냈다. 남인 집안이라

서 한사코 거절하던 때와는 달리, 명성황후를 그 혼돈 속에서 쇠약해져 가는 나라를 다시 세우려고 노력하는 명민한 여성으로 재탄생시킨 것이다. 그 노력이 일본의 간악한 음모로 인해 허사가 되어 가는 과정을 그린 것이 이 희곡의 흐름이다. 이 역시 뮤지컬로 옮기기에는 한계가 많아서 작가와 연출가가 머리를 맞대고 수정에 수정을 거듭했다.

이렇게 하도 고치다 보니 나중에는 작가가 자신이 쓴 희곡의 10분의 1밖에 남지 않았다고 불만을 토로할 정도였다. 그럼에도 불구하고 작품의 뼈대는 고스란히 살렸다. 명성황후를 결단력 있고 명민한 여걸로, 풍전등화의 조국을 구하려는 '조선의 잔다르크'이자 마지막까지도 자존심을 굽히지 않은 '조선의 국모'로 표현해 내는 게 핵심이었으니까. 뼈대뿐 아니라 등장인물들에게 부여한 각각의 독특한 캐릭터, 따로 손볼 것 없이 노랫말로 그대로 옮겨 써도 좋을 정도의 완벽한 대사까지 작가의 역량이 한껏 도드라진 작품이었다.

희곡을 뮤지컬 대본으로 옮기는 작업은 조연출을 맡은 극작가 박상현이 전담했고, 마지막으로 연극 〈날 보러 와요〉의 극작가이자 한국예술종합학교 교수인 김광림이 윤색을 도왔다.

희곡을 뮤지컬 대본으로 각색한
극작가이자 연출자인 박상현(왼쪽)과
김광림 교수

명성황후

풍부한 색상과 장중한 질감의 의상들

첫 출발은 거창했다. 세계 수준의 뮤지컬을 만들려면 세계적인 스태프들의 도움이 필요했다. 가장 먼저 만난 사람은 무대의상으로 연극계의 아카데미상이라 할 토니상을 두 번, 에미상도 두 번이나 수상한 윌라 킴이었다. 윌라 킴은 아버지가 제2차 세계대전의 영웅으로 미국에서도 추앙받는 김영옥 대령이다. 윌라 킴은 아주 어렸을 때 미국으로 이민 가서 70세가 넘은 그때까지도 현역으로 일하고 있었다. 일에 대한 집념과 고집으로 '드래곤 레이디'라 불리는 그녀는 150편이 넘는 뮤지컬·연극·발레 의상을 디자인했고, 한국계로는 유일하게 미국 무대예술 명예의 전당에 오른 전설적 인물이었다.

안 만나 주겠다는 것을 5분이면 된다고 졸라 작업실에 쳐들어가듯이 찾아갔다. 애국심까지 들먹여 가며 한 시간가량 설득한 끝에 마침내 승낙을 받아냈다. 윌라 킴은 1994년 한국에 와서 상황을 체크하기까지 했다. 그러나 그녀의 의상을 무대에 선보일 수는 없었다. 이유는 단 하나. 선금을 송금할 자금이 없었기 때문이다.

윌라 킴을 대신한 사람은 김현숙 의상디자이너였다. 외국이 안 되면 국내에서 최고로 평가받는 작가와 작업을 하자고 마음먹은 터였다. 김현숙은 일리노이대학에서 연극을 공부하고 돌아와 연극 〈춘풍의 처〉와 〈한여름 밤의 꿈〉 등에서 재미있는 의상을 선보여 눈길을 끌었다. 특히 국립극단의 50주년 기념작 〈눈꽃〉에서 보여준, 낮은 채도의 색채를 여러 겹 겹치게 하는 배열이라든가 평상복이면서도 해진 느낌이 나게

풍부한 색상과 장중한 질감으로 눈길을 끈 김현숙의 무대의상

만든 의상은 매우 독특했다.

〈명성황후〉에 사용된 무대의상은 총 600여 벌. 속적삼·속치마·신발 같이 자잘한 의상까지 합치면 1천 벌 정도 되는데, 김현숙 의상디자이너는 그 어떤 무대의상보다 탁월하게 소화해 냈다. 일반적으로 한복의 소재는 두텁지 않아서 조명을 받으면 색이 바래고 볼품이 없어 보이는데, 김현숙의 의상은 텍스추어가 두터워서 조명을 받으면 아주 품위 있게 보였다. 외국에서도 이 의상은 엄청나게 극찬을 받았다. 또 초연 당시 사용했던 의상을 지금까지 쓰고 있는 것들도 있는데, 깁고 또 깁고 늘이고 줄이고를 반복해서 누더기처럼 된 옷이 조명 아래서 더욱 멋있어 보이는 것도 작품의 완성도를 높이는 데 한몫했다.

출연 배우 63명의 의상 가운데 단연 돋보이는 것은 역시 명성황후의 의상 10벌이다. 그중에서도 대연회 장면에서 가채를 쓰고 입은 대례복, 환궁 장면에서 입은 의상, 마지막 피날레인 '백성이여 일어나라'에서 입고 나온 상복은 〈명성황후〉에 등장하는 의상 중 백미라 할 수 있다. 이들은 각각 궁중 적의, 전통 원삼, 전통 상복을 바탕으로 해서 디자인했다고 들었는데, 그 가운데서도 5킬로그램이나 되는 가채를 쓰고 진남색 벨벳으로 만든 연회복을 입은 명성황후가 서양 의상을 입고 참석한 대연회에서 외국 공사들을 압도하는 장면은 볼 때마다 멋지다는 생각이 든다.

김현숙은 나와 여러 편의 작품을 같이했는데, 〈명성황후〉에서 선보인 그의 무대의상은 단연 최고였다.

오늘의 〈명성황후〉를 있게 한 일등공신들

뮤지컬 〈레미제라블〉과 〈미스 사이공〉을 작곡한 미셸 쇤베르그를 만난 것도 〈명성황후〉를 세계적인 작품으로 만들겠다는 일념 때문이었다. 프랑스 파리 극장의 커피숍에서 쇤베르그를 만났는데, 그는 우리 일행을 보더니 흠칫 놀라는 표정을 지었다. 동양인이 뮤지컬을 만들겠다고 하니 놀란 것이었다.

내가 그의 음악에 관심을 가지기 시작한 것은 〈미스 사이공〉을 보고 나서다. 〈미스 사이공〉은 배경인 베트남의 음악을 표현하면서 동양의 5음계를 썼다. 서양인이 5음계를 이해하고 뮤지컬에 쓰는 경우는 극히 드물었기에 그와 〈명성황후〉를 함께 작업하고 싶은 욕심이 생겼다. 물론 그가 세계 4대 뮤지컬 중 두 개를 작곡했으니 이미 실력은 검증된 셈이고, 〈오페라의 유령〉을 작곡한 앤드류 로이드 웨버에 버금가는 유명 작곡가라는 점도 그를 주목하게 된 이유였다.

그에게 한 시간가량 〈명성황후〉의 내용과 기획 의도 등을 설명했다. 명성황후의 비극적 스토리에 마음이 움직였는지 작곡을 하겠노라고 나섰다. 그러면서 너무 정치적으로 만들지 말고 휴먼 드라마로 가면 좋겠다는 의견을 덧붙였다. 그는 동양 문화에 관심이 많았다. 사전협의를 위해 우리나라에 오기도 했는데, 한식당에서 나박김치에 밥을 말아 먹는가 하면, 챙겨 간 우리 전통음악 CD를 듣고는 "원더풀!"이라거나 "환타스틱!"이라며 좋아하는 내색을 숨기지 않았다. 그러나 그의 음악 역시 무대에서 들을 수는 없었다. 윌라 킴과 같은 이유에서다.

가슴이 아렸지만 어쩔 수 없었다. 그에게는 돈 때문에 못 한다는 말은 차마 하지 못하고 "미안하지만 이번에는 한국 작곡가와 작업을 해야겠다"고 팩스로 통보했다. 그가 답을 보내왔다. "한국 작곡가에게 축하한다"고.

월라 킴과 계약을 하지 못한 것은 어떻게 넘길 수 있었지만, 연이어 쇤베르그와의 계약도 성사되지 못하니 실망이 이만저만 큰 게 아니었다. 난감해져서 택시를 타고 가는데, 그때 라디오에서 테너 박인수와 가수 이동원이 함께 부르는 '향수'가 흘러나왔다. 익히 아는 노래였지만 그날따라 가슴을 두드리는 묘한 울림이 있었다. 노랫말이야 시인 정지용 선생이 지었다는 것을 진작 알았지만 누가 작곡을 했는지는 몰랐다. 알아보니 조용필이 부른 '킬리만자로의 표범'을 비롯해 수많은 가요를 작곡한 김희갑 선생이었다. 이 정도면 충분히 〈명성황후〉를 소화할 수 있겠구나 싶었다.

노래를 부른 이동원이야 일도 같이하고 가끔씩 술자리에서 만나 잘 알았지만, 김희갑 선생은 그때까지 한 번도 안면이 없었다. 친구 중에 지금은 돌아가신 가요평론가 황문평 선생의 아들 황인규가 있는데, 그를 중간에 세워 김희갑 선생을 만났다. 세검정의 올림피아드호텔에서였다. 이때 김 선생과 함께 나온 여자분이 방송작가 양인자 선생이었는데, 난 그때까지도 두 분이 부부 사이라는 것을 까맣게 몰랐다. 작사가도 필요했던 터라 마침 잘 되었다 싶었다. 한집에서 작업을 하면 진도가 더 빠르지 않겠냐는 생각으로 그 자리에서 작곡은 김희갑 선생에게, 작사는 양인자 선생에게 맡겼다. 두 선생과는 함께 런던에 가서 〈레미제라블〉을 비롯해 몇 편의 뮤지컬을 보는 것으로 본격적인 작업을 시작했다.

왼쪽부터 작곡 김희갑, 작사 양인자, 편곡 피터 케이시, 음악감독 박칼린

한집에 작곡가와 작사가를 두니 숨은 장점이 또 있었다. 김희갑 선생과 의견 차이가 생기면 조율을 해야 하는데 그것을 중재하는 조정자를 얻은 것이다. 작품 하나를 위해서는 수십 곡을 작곡해야 했는데, 그중에서 마음에 차지 않는 것이 생기게 마련이다. 그럴 때 수정을 해달라고 하면 김 선생은 늘 안 된다고 잘랐다. 이런 얘기를 하소연처럼 양 선생에게 털어놓으면 언제 그랬냐는 듯이 고쳐진 악보가 전달되었다. 이런 보이지 않는 소통 덕에 작업도 빨라지고 그 엄청난 곡을 완성할 수 있었으니, 참으로 행운이라 하겠다.

음악이 완성되었지만 김 선생이 뮤지컬 작곡은 처음인 대중음악가이고, 또 이 음악이 세계적인 보편성을 얻을 수 있을지 여부는 미지수였다. 그래서 편곡만큼은 외국인을 쓰기로 결정했다. 지휘자 정명훈의 큰형이면서 공연기획가인 정명근 대표에게 부탁해서 호주의 피터 케이시를 소개받았다. 구미의 뮤지컬이 동양으로 흘러들어오는 과정에서 거의 모든 편곡은 호주에 맡겼는데, 영국이나 미국에 비해 비용이 적게 들기 때문이다. 피터 케이시는 호주에 있으면서 주로 영국의 뮤지컬을 편곡하는 일을 해온 세계적인 편곡자로, 정명근 대표와도 이미 여러 번 작업을 같이한 경험이 있었다.

이 과정에서는 음악감독 박칼린의 역할이 컸다. 영어권과 우리나라 문화를 동시에 이해할 수 있는 이중컬처 소유자였기 때문이다. 김희갑 선생의 곡이 피터 케이시의 편곡을 통해 현대화되고 국제성을 지닐 수 있었던 것은 중간에서 서로의 문화를 이해하고 긴밀한 소통을 통해 조율을 잘 해준 박칼린 덕이다.

박칼린은 1990년대 초반 부산에서 연극을 하고 있었다. 잘 알려진 바와 같이 한국인 아버지와 리투아니아계 미국인 어머니 사이에서 태어났다. 부산에 살면서 한국 춤도 배우고 피아노도 치면서 한국 전통문화를 익히고, 캘리포니아예술대학(칼아츠)에서 첼로를 전공했다. 1991년에 국악을 배우기 위해 귀국해 서울대학교 국악과에서 작곡을 공부하면서 명창 박동진 선생에게 판소리를 사사받기도 한 특이한 경력의 소유자였다. 내가 만났을 때에는 뮤지컬하고는 아무 관계가 없는 부산시립극단에서 일하고 있었다.

세계적인 뮤지컬을 만들기 위해서는 이중컬처를 지닌 능력자가 필요했다. 거기에 첼로와 작곡을 전공했으니 두말할 나위 없이 딱 적임자였다. 그런 박칼린을 설득해 음악감독을 맡겼다. 우리나라 뮤지컬 음악감독 1호가 된 셈이다. 박칼린은 브로드웨이에 진출할 때에도 큰 역할을 했다. 런던 버전을 만드는 데에도 힘을 보탰다. 이처럼 영어권 컬처를 가진 박칼린은 음악감독뿐 아니라 통역까지 도맡는 등 오늘의 〈명성황후〉가 있게 한 공신 중 한 명이다.

스펙터클한 무대 〈명성황후〉

　　〈명성황후〉를 얘기하면서 무대장치를 빼놓을 수 없다. 무대 디자인을 맡은 박동우는 연세대 경영학과를 졸업하고 잠깐 대기업에서 근무하다가 무대디자이너가 되겠다며 홍익대 산업미술대학원에서 무대미술을 전공한 이색 경력자다. 나와는 1983년 최장기 공연 기록을 갈아치운 〈신의 아그네스〉에서 처음 호흡을 맞춘 이래로 눈빛만 보아도 서로의 의도를 알아차리는 사이가 되었다. 박동우는 1989년 대한민국 연극제에서 〈실비명〉으로 무대디자인상을 받으면서 두각을 나타내기 시작했다.

　　무대디자인이라는 측면에서 보면 〈명성황후〉는 스케일부터 달랐다. 이양선이 아예 무대로 들어오는 장면 같은 게 그렇다. 관객들은 뮤지컬 〈영웅〉에서 기차가 무대 한복판으로 등장하는 장면을 멋지게 기억하지만, 그것은 이미 〈명성황후〉에서 이양선으로 먼저 구현한 것이다.

　　그러나 무엇보다도 창의적이고 독특한 점은, 무대가 수직으로 상승하면서 이층 구조가 되는 '여우사냥' 장면과 무대가 회전하면서 살해당한 궁녀의 시체가 튕겨 나가는 장면이다. 그중에서도 회전무대는 브로드웨이에서도 감탄할 만큼 독창적인 것이었다.

　　본래 연출 의도는 무대 회전을 통해 장면 전환을 원활히 하고, 회전 자체가 주는 상징성을 표현하는 것이었다. 그런데 박동우는 경사가 심한 회전무대를 창안해 극적 긴장감을 높였다. 덕분에 국제적 소용돌이 속에서 침몰해 가는 조선의 운명을 더욱 효과적으로 전하는가 하면, 명성

이양선이 무대로 들어오는 장면(위)과 경사진 무대로 극적 긴장감을 높인 박동우의 회전무대(아래)

왼쪽부터
무대 박동우
의상 김현숙
안무 서병구

황후 시해 장면에서는 자연스러운 시신 처리와 함께 긴박감을 더하는 효과를 표현해 냈다. 회전무대의 높낮이를 만든다는 게 쉽지 않은 일인데, 박동우의 경사진 회전무대 덕분에 어전회의 장면도 손쉽고 자연스럽게 연출할 수 있었다.

〈명성황후〉 첫 무대인 예술의전당에도 회전무대는 설치되어 있었다. 그러나 그것을 우리 의도대로 사용하려면 특별한 기술이 필요했다. 초기에 기술을 책임진 분이 있었는데, 그분의 아이디어를 박동우가 기계장치로 만들어냈다. 박동우의 아이디어가 특히 빛났던 부분은 회전축을 중심으로 가운데와 바깥에 하나씩 있는 원을 서로 역으로 돌아가게 한 것이다. 그러면 여러 가지 요철 현상이 나타나게 된다. 〈명성황후〉는 이렇게 역동적으로 돌아가는 무대장치를 통해 대한제국의 운명을 여러 형태로 보여줄 수 있었다. 이 기술을 뉴욕에서 선보였을 때 그곳의 기술진은 하나같이 특허감이라며 감탄을 금치 못했다. 30년을 맞은 지금까지도 변하지 않은 게 바로 이 회전무대 장치다.

조명은 서울예대를 나오고 유학까지 다녀온 최형오에게 맡겼다. 조명 분야에서는 알아주는 실력자인 최형오는 내 작품의 조명을 거의 다 했다고 해도 과언이 아닐 만큼 오랜 인연을 맺어 왔다.

명성황후

〈명성황후〉는 궁중이 배경인 사극이어서 조명이 매우 까다롭다. 한 번 공연할 때 컬러와 밝기의 변화가 200회가 넘으니, 대부분의 관객들은 느끼지 못할 정도로 빛의 미세한 움직임을 정교하게 직조해 놓았다고 할 수 있다. 기본 색감은 단청색이지만 주요 장면에서는 호박색과 다크블루를 섞어 장엄한 분위기를 연출하려고 했다. 내가 특히 강조한 부분은 피날레에 '백성이여 일어나라'를 합창하며 전진하는 장면인데, 어둠을 헤치고 광명으로 나아가는 장면을 빛의 변화로 표현해 주길 요청했는데 의도대로 잘 구현되었다. 이 장면의 조명은 브로드웨이에서도 주목을 받았다. 《뉴욕타임스》에 실린 리뷰에서 "하늘에서 황금빛 조명이 내려온다"고 특별히 언급했을 정도다.

어둠을 헤치고 광명으로 나아가는 모습을 빛의 변화로 잘 표현한 조명감독 최형오

코믹하면서도 역동적인 춤을 선보인 안무가 서병구

　안무가 서병구는 본래 한국무용을 전공했지만 현대무용과 재즈댄스
까지 다양한 춤을 소화할 수 있고, 무엇보다 공연에 대한 이해가 높은 것
이 큰 장점이다. 뮤지컬 안무자에게 필요한 창조적 감각, 예술적 심미안,
음악 분석 능력과 리듬감 또한 탁월하다. 〈명성황후〉의 하이라이트 중
하나인 군무가 코믹하면서도 역동적일 수 있었던 것은 이런 서병구의
능력 덕분이다.

　그 밖에 지금은 기술감독으로 이름을 날리는 유석용 무대감독, 이종일
기술감독 등의 숨은 노력도 〈명성황후〉를 성공으로 이끈 밑거름이었다.

　윌라 킴도 없었고 미셸 쇤베르그도 참여하지 못했다. 처음에 의도했
던 것과 달리, 거의 모든 분야가 결국 우리 예술가들을 주축으로 진행되

었다. 돌아보면 오히려 잘된 일이다. 외국인의 재능을 빌려 세계적인 뮤지컬을 만들어 본들 그걸 우리 뮤지컬이라고 당당하게 말하기엔 부족했을 테니까.

매일매일이 전쟁

출연할 배우를 캐스팅하는 일은 결코 녹록한 일이 아니다. 지금처럼 노래와 춤, 연기를 소화할 수 있는 배우가 그리 많지 않아서 선택의 폭이 좁은 데다 막대한 제작비가 투입되는 대형 뮤지컬이라 섣불리 모험을 할 수도 없었다.

명성황후 역에는 일찌감치 윤석화를 점찍었다. 〈신의 아그네스〉 이후 대중적 인기를 얻고 있었고, 에이콤의 창단 공연인 〈아가씨와 건달들〉에서도 아들레이드 역을 무난하게 소화한 경험이 있었기 때문이다. 대형 뮤지컬인 만큼 빅스타 한 명은 있어야 제격이고, 관객들도 시선을 줄 것 같았다. 〈아가씨와 건달들〉을 끝낸 후 다시 뉴욕으로 돌아간 윤석화에게 전화를 걸어 섭외를 했는데, 다리도 다치고 만화영화를 제작해야 한다며 거절했다. 뉴욕으로 날아가 설득한 끝에 출연을 승낙 받았다.

윤석화는 연습이 한창일 때 합류했는데, 그 힘든 배역을 열정으로 소화해 냈다. 김포공항에 내리자마자 곧바로 강남 연습장으로 달려왔던 때의 모습이 지금도 생생하다. 연습 시간이 충분하지 않았음에도 연기와 노래를 완벽하게 소화해 초연을 성공적으로 이끌 수 있었던 것은 바로

〈명성황후〉 초연에서 열연한 배우 윤석화(명성황후 역)와 홍경인(고종 역)

이런 남다른 점 때문이다.

　고종 역은 TV와 영화에서 활동하던 신인 배우 홍경인이 맡았다. 초연 때 이름이 알려진 배우는 윤석화와 홍경인, 이 둘뿐이었다. 나머지 배역은 거의 에이콤뮤지컬배우학교 출신의 연수생들이 맡았다. 교육비 없이 3개월간 가르친 이들이 지금은 우리나라 뮤지컬을 이끄는 굵직굵직한 재목들이 되었으니 참으로 감개무량한 일이다.

　〈명성황후〉의 앙상블은 대개 연수생들이 맡았지만, 음역이 높거나 어려운 배역은 성악가를 썼다. 대원군 역은 작고한 바리톤 윤치호, 일본 공사 미우라 역은 바리톤 권홍준에게 맡겼다. 명성황후를 짝사랑하는 홍계훈 역은 처음에 뮤지컬 배우로 활동하던 박철우가 하다가 중간에 사정이 생겨 연수생 김민수를 캐스팅했다. 그 외의 배역은 연극판에서 노래를 좀 하는 배우들을 섭외했다.

〈명성황후〉는 대한제국 시절의 이야기라서 외국인도 여럿 등장한다. 각 나라의 외교 사절과 부인들이 궁중연회에서 춤을 추기도 하고, 명성황후에게 불어를 가르치는 외교관 부인 역할이 그렇다. 이런 배역은 우리나라에 거주하는 외국인들을 배우로 출연시켰다. 한때 한국관광공사 사장을 지낸 이참 씨도 러시아공사로 출연해 화제가 되기도 했다.

10월 8일로 예정된 공연 날짜까지 4개월가량을 앞두고 역삼동 연습실에서 본격적인 연습에 돌입했다. 한샘 조 회장이 손을 뗄 때서 자금 사정은 최악이었지만, 연습실을 여전히 사용할 수 있었던 건 불행 중 다행이었다. 그나마도 없었더라면 정말 암담했을 것이다.

연습실은 춤, 노래, 연기를 각 파트별로 다 따로따로 연습시켜서 하나하나 조립을 해가는 거대한 공장이나 마찬가지였다. 감독의 역할은 극의 흐름이 관객들에게 자연스럽게 전달될 수 있으려면 어떤 식의 장면 전환이 필요한지를 파악해서, 파트별로 하나하나 지시하는 것이다. 출연진과 스태프까지 100여 명이 엉켜 북새통을 이루었으니 정신이 하나도 없었다.

누군가는 이런 연습 광경을 보고 전쟁터 같다고 말했다. 여기저기 분주히 오가며 지시를 내리고 지휘를 하는 내게는 총사령관이라고 불렀다. 참 적절한 표현이 아닐 수 없다. 그야말로 전쟁터였다. 누군가에게는 무리지어 이리저리 몰려다니며 춤이나 노래를 연습하는 모습과 고래고래 소리 질러 가며 지휘하는 모습이 딱 전쟁터처럼 보였겠지만, 빈손으로 대형 창작 뮤지컬에 도전하는 나는 매일매일이 진짜 전쟁이었다.

대관을 해놓은 10월 8일이 코앞으로 다가왔지만 결국 그날 〈명성황후〉를 무대에 올리지 못했다. 편곡을 맡긴 피터 케이시에게 오스트레이션 비용을 지불할 돈이 없었던 까닭이다. 일단 저질러 놓고 보자는 생각으로 제작에 드는 비용은 무조건 외상 거래를 했다. 단원들의 식사비까지도 공연이 끝나면 주겠다고 미루던 터였다. 그때는 그런 게 통했다. 그러나 그것만큼은 어쩌지 못했다. 비용을 지불하지 않으면 편곡을 더 이상 할 수 없다고 으름장을 놓는데 다른 도리가 없었다.

어쩔 수 없이 예술의전당 측에 사유서를 써주고 12월 30일로 대관을 연기했다. 명성황후 시해 100주년이 되는 날짜는 못 지키더라도 해를 넘기고 싶지는 않았다. 에이콤 운영위원들이 백방으로 뛰어서 제작비 일부를 마련해 급한 대로 호주로 보낼 편곡 비용부터 해결했다.

막을 올리기 며칠 전부터는 양재동 교육문화회관에서 합숙에 들어갔다. 회전무대나 경사무대가 처음인지라 아예 미니 모형을 만들어 돌려보면서 몇 번씩이나 호흡을 맞췄다. 예술의전당이 워낙 커서 배우들의 동선도 일일이 체크하고, 스태프들의 역할도 점검했다. 마침내 준비가 끝났다. 비록 원하던 날짜에는 무대에 올리지 못했지만 다행스럽게도 해를 넘기지는 않았다.

1995년 12월 30일, 모든 배우와 스태프들이 소금꽃 피워 가며 준비한 〈명성황후〉의 막이 올랐다.

명성황후

〈명성황후〉 첫 공연 폭발적 반응

　　예술의전당 2200석 오페라하우스가 거의 들어찼다. 나는 객석 한 귀퉁이에 앉아서 가슴을 죄며 공연을 관람했다. 천신만고 끝에 공연을 하게 되었다는 안도감이나 개인적 감동 따위는 파고들어올 여지가 없었다. 음향은 괜찮은지, 회전무대를 비롯해 처음 시도하는 장치들은 원활하게 돌아갈 것인지, 배우들의 움직임은 좋은지, 조명은, 오케스트라는…. 이 모든 것이 잘 어우러져야 하니 온 신경이 바짝 곤두설 수밖에 없었다. 다른 공연에서도 마찬가지지만 공연 전날부터 신경성 위장병이 생겨서 설사까지 한 터였다. 연출가는 그런 직업이다.

　　그러면서도 한편으로는 관객들의 표정을 유심히 살폈다. 관객들의 반응이야말로 작품의 성패를 쥔 열쇠라는 생각에서다. 다행히 관객들은 내가 기대한 대목에서 기대한 반응들을 보였다. 처음 보는 스펙터클한 무대장치에 감탄을 쏟아내고, 메머드급 규모에 놀라워하는 눈치였다. 연습을 할 때마다 명성황후가 시해되는 장면에서는 연출자인 나도 가슴이 저리고 뭉클하고 눈물이 날 정도였다. 아마도 관객의 입장에서는 그 느낌이 더할 거라고 짐작했는데, 역시 그랬다. 명성황후가 시해당하고 시신이 불에 타고 죽임을 당한 궁녀들이 무대 밖으로 튕겨져 나갈 때에는 관객들의 전율이 고스란히 전달되어 왔다. 피날레 합창인 '백성이여 일어나라'를 들을 때 감격스러워하는 관객들의 표정이 보였다. 됐다!

　　막이 내리자 관객들이 모두 기립해서 한참 동안 열화와 같은 박수와 환호를 보냈다. 연극을 시작한 이래 관객들의 이런 폭발적인 반응을 본 것은 이날이 처음이었다. 과장을 하자면 아주 경악을 하는 수준이었다. 〈아가씨와 건달들〉도 흥행에 성공을 했지만 그것은 로열티를 주고 사온 남의 작품이고, 〈명성황후〉는 순수 창작극인데도 초연에서 이런 반응이 나왔으니 그야말로 대형 사고를 친 것이다. 흥행에 성공할 거라는 나름대로의 자신감은 있었지만 이 정도일 줄은 몰랐다. 뮤지컬 불모지인 우리의 수준으로 보아 이런 성공을 거두려면 족히 10년은 걸릴 거라고 생각하던 내 판단은 여지없이 깨졌다. 이런 예상은 얼마든지 빗나가도 기분 좋은 일이다.

〈명성황후〉의 첫날 공연에 대해 이튿날 거의 모든 매스컴이 다뤘다. "우리 뮤지컬 차원 한 단계 높인 수작"(조선일보), "웅장한 무대 뛰어난 연출 '장관'"(동아일보), "장엄한 역사, 예술화에 성공"(중앙일보), "우리 뮤지컬 잠재력 과시한 수준작"(국민일보)…. 제목만으로도 반응을 짐작할 수 있을 정도로 호평 일색이었다. 나는 그중에서도 연극평론가 유민영 교수(당시 국민대 교수, 예술의전당 이사장)가 쓴 관람평이 가장 마음에 와닿았다.

흥행 성공의 전조가 아주 없었던 것은 아니다. 1990년대 중반인 당시만 해도 공연문화에 예매라는 게 정착되지 않았는데, 공연이 시작되기 전부터 이례적으로 예매가 몰렸다. 당시 공동주최를 한 조선일보 덕이 컸다. 공연 예고 기사가 나가고 후속 기사들도 충실히 써준 탓인지 며칠 지나지 않아서 하루에 1천 장씩 예매된 것이다. 지금처럼 인터넷을 이용하는 게 아니고 먼저 전화로 예매를 한 다음 입금증을 들고 현장에서 입장권과 바꾸는 시스템이라 여간 번거로운 게 아니었는데도 그랬다. 예매가 몰릴 때는 전 직원이 다른 일은 모두 멈춘 채 걸려오는 전화를 받았

장엄한 역사 예술화에 성공,
서양풍 뮤지컬과는 다른 맛과 재미

차가운 세밑을 녹여줄 정도로 장엄하고 슬픈 창작 뮤지컬 한 편이 예술의전당에서 공연되고 있다. 구한말 역사의 격랑에 휩쓸려 비극적 죽음을 당한 민비를 오늘의 시각에서 재구성하고 그것을 다시 빼어나게 예술화함으로써 관중을 숙연케 하고 있다. 이 작품의 골조는 역시 신비와 미궁 속에 가려져 있는 비련의 민비가 열강의 각축 속에서 어떻게 나라를 지키려 했으며 그 와중에서 또 어떻게 희생되었는가를 역사적 관점에서 재현해 내는 것으로 되어 있다. 사실 잘 알려진 역사적 인물의 작품화는 대단히 어렵다. 그럼에도 불구하고 이번 작품이 관중을 감동시키는 것은 네 가지 원인 때문이다.

첫째는 역시 역사의 문학화에 성공한 점을 꼽을 수 있겠다. 즉 이문열의 문학적 깊이와 양인자의 섬세한 감수성이 만나서 거친 역사를 미려하고 장엄한 시극으로 승화시켰다고 하겠다. 그동안 수많은 문예물이 역사를 제재로 한 것이었지만 시극 수준으로까지 끌어올려진 경우는 극히 드물었다. 더구나 뮤지컬로 역사를 재구현하고 또 거기에 예술성을 부여한다는 것은 쉽지 않은 일이다. 특히 역사 속에 매몰된 민비에 독특한 캐릭터를 부여한 것은 이문열의 문학적 성과라 하겠다.

두 번째로는 음악적 성과를 꼽을 수 있다. 감미롭고 애련한 리듬과 청아한 소년합창단의 소리가 만나져서 독특한 화음을 조성하고 있기 때문에 창작 뮤지컬의 가능성을 제시해 주고 있다. 무용이 좀 더 다양하고 역동적이었으면 하는 아쉬움이 없지는 않지만 개화기의 풍물과 고유의 몸짓까지 뽑아내 보려 한 의도는 좋았다.

세 번째로는 다양한 무대 기법의 활용이 인상적이었다. 회전무대의 활용과 중층무대 응용 등은 돋보이는 것이었고, 활용은 적게 했지만 경복궁의 미니어처도 좋은 착안이었다. 박동우 무대미술의 진전이라고 볼 수 있다.

네 번째로는 주역과 조역의 앙상블을 꼽을 수 있다. 윤석화(명성황후)는 스타로서의 부동의 자리를 지키기에 충분할 만큼 호연과 함께 노래도 수준급이었고, 홍경인(고종)은 새로운 뮤지컬 스타의 등장을 예고해 주었다. 조역들의 열연도 무대를 역동적으로 만들어 주었다.

그리고 철저한 고증을 바탕으로 해서 의상의 예술화를 시도한 김현숙의 작업도 주목할 만하다. 두 시간 동안 사실과 상징을 조화시킨 2막 13장의 스펙터클한 무대는 속도감이 있었으며 일본 낭인들 의 민비 살육 장면은 압권이었다. 이번 무대는 여러 측면에서 새로운 시도를 많이 한 경우였다. 소설가로서 뮤지컬 극본을 처음 써본 이문열의 도전에서부터 역시 처음 뮤지컬 음악을 작곡한 김희갑, 그리고 세계화를 내다보고 무대를 제작한 윤호진 연출, 박동우 미술, 김현숙 의상 대소도구 등도 주목의 대상이 될 만하다. 사실 첫 시도에는 여러 가지 위험성이 따르게 마련이다. 이번 경우는 그 좋은 본보기가 될 수 있을 것이다. 그러나 결론적으로 이번 공연은 종래의 진부한 서양풍 뮤지컬과는 달리 관중에게 색다른 맛과 감동을 안겨 줄 것이다. 이것이 바로 창작 뮤지컬의 진전이 아니고 무엇이겠는가.

유민영 (연극평론가)

고, 나중에는 그것도 모자라 아르바이트를 썼을 정도였다. 다들 힘든데도 힘든 줄 몰랐다.

그런데 예약을 하고도 오지 않는 사람들이 30%가량 있어서 첫날 객석은 70%밖에 차지 않았다. 긴급회의를 열고 예매를 30% 더 받기로 했다. 그랬더니 그다음부터는 만석이었다. 연말과 연초의 연휴에는 매일 하루에 4천 명이 넘는 관객들이 몰려와서 성황을 이뤘고, 연휴 마지막 날에는 입장권을 구하지 못해 돌아가는 사람도 몇백 명이나 생겼다.

그러다가 결국 사단이 났다. 공연 마지막 날에 객석은 이미 꽉 찼는데 들어가지 못한 사람들이 극장 로비에 1천여 명이나 되는 것이었다. 거의 폭동을 일으킬 것 같은 분위기였다. 스님이 화를 내는 모습도 그때 처음 보았다. 공연을 보려고 해인사에서 올라온 스님이 여덟 분 계셨는데, 입장료와 교통비까지 환불해 주었는데도 책상을 치며 호통을 치는 바람에 나나 직원들이 쩔쩔맸던 기억이 난다.

뜻하지 않은 관객몰이로 애초 10일간 하려던 공연을 닷새 더 연장했다. 연장 공연도 매회 관객들로 들어찼다. 어느새 세간에는 〈명성황후〉를 보지 않으면 뒤떨어진 사람이라는 입소문도 퍼져 나갔다. 매회 기립박수가 안 나온 적이 없었고, 공연이 막을 내렸는데도 관객들의 열기는 식지 않았다.

총 30회의 공연이 끝났다. 결산을 해보니 제작에 든 비용이 12억 원. 입장 수익으로 벌어들인 돈이 12억 원이었다. 과연 이 작품을 무대에 올릴 수 있을 것인가라며 전전긍긍하던 때가 떠올라서 가슴이 뭉클해졌다. 쪼들리는 자금 때문에 도움을 청하다 문전박대를 당했던 서운함도 시나브로 녹았다. 세계적인 스태프들을 끌어들이지 못해 아쉬웠던 마음도

깨끗이 잊혔다. 그저 돈보다 신념이 먼저라는 내 오랜 믿음이 이루어졌다는 사실에 가슴이 뿌듯해졌다.

공연 후 누군가 내게 물었다. 성공 요인이 무엇이냐고. 내 기억이 정확하지는 않지만 아마 이렇게 얘기했던 듯하다.

"첫째가 보편성이다. 명성황후라는 주제가 지닌 스토리텔링의 힘과 남녀노소 다 같이 볼 수 있는 뮤지컬이라는 장르의 재미, 그리고 무엇보다 작품이 갖는 강렬함이 관객을 열광케 했다. 여기에 한 가지 더 중요한 요소를 꼽자면 태어난 시기, 즉 명성황후 시해 100주년이라는 타이밍이 맞아떨어진 것이다. 보편성, 강렬함, 타이밍, 이 세 가지가 적절하게 맞아떨어지면 성공할 확률이 그만큼 높아진다."

이 명제는 지금도 유효하다.

〈명성황후〉 초연 커튼콜

3
브로드웨이 찍고 웨스트엔드로!

'감정에 동서양이 따로 있나'

여진은 쉽게 가라앉지 않았다. 공연계 얘기를 할라치면 〈명성황후〉가 빠지지 않았다. 동양의 작은 나라에서 세계적인 뮤지컬을 만들어 보겠다는 꿈을 안고 열악한 환경 속에서도 거대한 프로덕션을 이끌어 온 뚝심, 명성황후라는 비극적 스토리의 주인공을 등장시켜 스펙터클하면서 짜임새 있는 무대로 만들어낸 예술적 역량도 입에 오르내렸다.

한편으로는 역사적 사실의 나열에만 그친 1막, 가사 전달력을 떨어뜨린 음향, 스토리를 잘 모르는 관객들은 이해하기 어렵다는 지적도 있었다. 특히 음악을 둘러싼 논란이 많았다. 〈캣츠〉의 '메모리'나 〈에비타〉의 '돈 크라이 포 미 아르헨티나Don't cry for me Argentina'처럼 귀에 쏙 들어오는 아리아가 적고, 변주 없이 일관되게 연주하는 오케스트라가 뮤지컬의 묘미를 반감시켰다는 평가도 있었다. 또 클래식 음악을 하는 쪽으로부터는 작곡에 대한 혹평도 나왔다. 수긍할 부분도 있었고 그렇지 않은 부분도 있었다.

연극이 숙명인 줄만 알고 살다가 런던에서 뮤지컬에 눈을 뜬 뒤 늦깎이 유학생이 되어 브로드웨이에서 공부하고, 미친놈 소리를 들을 정도로 척박한 환경에서 처음으로 만든 대형 창작 뮤지컬이다. 평생 대중음악을 하며 살아온 작곡가 김희갑 선생도 뮤지컬은 첫 도전이었다. 왜 한계가 없었을까.

그럼에도 불구하고 브로드웨이와 웨스트엔드를 오가며 세계적인 뮤지컬을 수없이 관람하면서 그 수준에 맞추려고 혼신의 힘을 쏟았다. 현실적인 제약 때문에 세계적인 스태프들을 끌어들이지는 못했지만 국내의 각 분야에서 최고라고 평가받는 스태프들과 밤낮없이 머리를 맞대가며 최선의 결과를 만들어냈다. 처음부터 끝까지 대사라고는 한마디 없이 오로지 노래로만 진행되는 성스루Sung-through 뮤지컬의 특성과 역사를 다룬 주제가 주는 묵직함에서 벗어나려고 무려 60여 곡의 음악을 솔로와 듀엣, 합창으로 다양하게 배치했다. 대중음악의 한계를 벗고 뮤지컬적인 요소를 강화하기 위해 전문 편곡자의 도움도 받았다.

무엇보다도 황무지나 다름없는 풍토에서 숱한 어려움을 뚫고 창작 뮤지컬을 완성해 국내 최고의 공연장인 오페라극장에 올렸다는 사실은 내게 기적 같은 일이 아닐 수 없었다. 더욱이 작품을 본 관객들의 호응과 열광은 그 어떤 기사나 평가보다 힘이 되었다.

1996년 4월 16일부터 9일 동안 한 번 더 공연을 올렸다. 앙코르 공연인 셈이다. 이때에도 관객들의 열기는 조금도 사그라지지 않아서 전회 매진을 기록했다. 눈시울을 붉히고 열광적인 박수와 환호를 보내는 관객들의 반응도 여전했다. 초연에서는 수지를 맞추고, 이 앙코르 공연으로 수익이 좀 생겼다. 그해 한국뮤지컬대상 시상식에서 최우수작품상을 비롯해 연출상, 남우조연상(김민수), 무대미술상(박동우), 기술상(김현숙), 인기스타상(윤석화) 등 6개 부문을 휩쓸었다. 자신감이 생겼다.

'감정에 동서양이 따로 있나. 외국에서도 통하지 말란 법이 없잖은가.'
처음 뮤지컬에 달려들면서 공공연히 떠벌리고 다니던 소리가 있었다. 우리 소재로 세계적인 대형 창작 뮤지컬을 만들어 본고장에 진출하

명성황후

겠다는 공언이었다. 허튼소리가 아니라 실제로 그랬다. 현장 경험도 했겠다 이론도 쌓았겠다 잘 만들 자신이 있었고, 또 만들어야 했다. 세계 공연예술의 흐름이 기존의 정극에서 뮤지컬로 무게중심을 옮겨가고, 시장을 키워 가는 게 보이는데 언제까지 연극만 붙들고 씨름할 수는 없는 노릇이었다. 이런 말을 할 때 다들 미친놈이라고 수군댔다. 높은 현실의 벽에 부딪혀 그 꿈은 자꾸만 쪼그라들었다. 결국 세계적인 작품이고 뭐고 그저 무대에만 올릴 수 있으면 좋겠다는 소박한 꿈만 남았다. 그런데 첫 공연에 이어 두 번째 공연까지 연달아 기대 이상의 성공을 거두면서 꺼졌던 욕망에 슬그머니 불이 붙기 시작했다.

해방 이후 내 고향 당진은 지리산 기슭 다음으로 좌우 대립이 심했던 곳이다. 내가 태어나고 두 해가 지나 한국전쟁이 벌어졌다. 죽고 죽이며 하루하루 세상이 바뀌었노라는 얘기를 들으며 자랐다. 외할아버지는 당진 일대의 최대 지주였다. 그런데 홋카이도北海島 제대 농경학부 출신인 외삼촌은 방학 때 내려와 지주 타파 운동을 했단다. 외삼촌은 예술적 재능도 많았다는데, 그래서인지 나는 외삼촌 닮았다는 소리를 귀 따갑게 들었다. 외할머니는 농촌계몽운동을 다룬 소설 『상록수』의 작가 심훈의 친척이었다. 심훈의 『상록수』는 그의 거처인 당진 필경사에서 쓰였는데, 그곳에는 지금 심훈기념관이 들어서 있다. 아버지가 일찍 돌아가시자 어머니는 기독교에 귀의하셨다. 목회 활동을 하던 어머니를 따라 충청도 이곳저곳을 다니며 다양한 자연환경을 접하다가, 어머니가 한국신학대학에 진학해 문익환 목사의 제자가 되면서 내 서울살이도 시작되었다.

나는 가족의 반대를 무릅쓰고 연극을 시작해 스물아홉에 서슬 퍼렇던 유신을 비판하는 연극 〈아일랜드〉를 연출해 주목을 받았다. 서른이 훌쩍 넘은 나이에 뮤지컬에 빠져들어 다시 공부를 시작하고, 고학 끝에 마흔을 넘겨 학위를 받았다. 다들 안 된다며 말리는 창작 뮤지컬에 도전해 보란 듯이 흥행에 성공했다. 어쩌면 내 고향 당진과 외삼촌과 외할머니와 어머니에게 물려받은 기질 덕이 아니었을까. 하지 말라면 하고 싶고, 안 된다고 하면 되게 만들어야 직성이 풀리는 반골 기질이 다시 꿈틀거리기 시작했다.

'까짓것, 한번 부딪혀 보지 뭐. 밑져야 본전이고 누군가 언젠가는 해야 할 일 아닌가!'

"여러분, 돈 받고 독립운동 했다는 얘기 들어 봤습니까?"

마음에 두기는 런던 웨스트엔드가 먼저였다. 내게 뮤지컬 제작의 꿈을 꾸게 해준 곳이었으니까. 하지만 백방으로 노력해도 벽이 너무 높았다. 그래서 뉴욕 브로드웨이로 눈길을 돌렸다. 하지만 이 또한 만만한 일이 아니었다. 링컨센터의 할아버지 극장장 미셸 위는 "너희 춤이나 출 줄 아냐? 노래는 부를 줄 아냐?"며 우리 일행을 거의 미개인 취급하는가 하면, "링컨센터가 어떤 곳인 줄 알고 오려고 하느냐", "공연을 한다고 해도 이렇게 해서는 안 된다"며 무시하고 까다롭게 굴었다. 자존심이 상할 대로 상했지만 어쩔 도리가 없었다. 얼마나 신경을 썼던지 이가 아플 정도였는데, 병원에 갈 수도 없는 노릇이어서 애꿎은 술로

명성황후

통증을 달랬다. 그리고 또 다음날이면 극장장을 찾아가 달래고 하소연하기를 반복했다. 서류를 다섯 번이나 넣고서야 마침내 대관 승인을 받았다. 그동안 뮤지컬의 본고장이라 할 영국 말고는 그 어느 나라에도 문을 열지 않던 브로드웨이가 드디어 우리에게 기회를 준 것이다. 그 자체만으로도 쾌거였다. 아픈 이는 우리나라에 돌아와서 핀셋으로 뺐다. 세 대나.

'링컨센터에서 공연을 한다면 후원자들이 몰리겠구나. 지난번처럼 돈 걱정은 안 해도 되겠네. 너무 많이 몰리면 어떻게 한다? 음, 그렇다면 그동안 도와준 데부터 챙겨야겠지?'

대관 승인을 받고 돌아오는 비행기 안에서 이런 생각부터 했다. 우리 공연문화 역사상 최초로 창작 뮤지컬을 들고 브로드웨이에 진출한다는데 예전처럼 팔짱만 끼고 나 몰라라 할 기업은 없을 거라고 믿었다. 오히려 후원을 하겠다는 기업이 너무 몰릴까 봐 걱정이었다.

이런 옛이야기가 기억난다. 장에서 달걀 한 꾸러미를 사오던 할머니가 상상을 한다. 이 달걀을 부화시켜 병아리가 나오면 잘 키워서 닭이 되고, 닭을 내다팔아서 새끼돼지를 사고, 새끼돼지를 키워서 팔아 송아지를 사고, 송아지를 키워 팔면 결국 엄청난 부자가 될 거라는 상상을 하다가 그만 돌부리에 걸려 넘어지면서 달걀이 모두 깨져 버렸다는 이야기. 역시나….

매스컴은 〈명성황후〉의 브로드웨이 진출을 대서특필했지만 후원을 하겠다는 기업은 하나도 없었다. 또다시 고난의 행군이 시작되었다. 넥타이를 풀어 둘 여유도 없이 누군가와 약속이 잡히면 달려 나가기를 반복했다. 전후사정을 설명하면서 후원을 부탁하면 돌아오는 대답 역시 예전과 다를 바 없었다.

"좋은 일이고 뜻있는 일인 줄 아는데, 저희 회사 사정이 요즘 좀 안 좋아서…."

더 이상 답이 없었다. 배우들을 캐스팅해 놓고 계약을 해야 하는데 그 돈조차 없었다. 할 수 없이 어느 날 배우들을 불러모아 놓고 이런 말을 했다.

"여러분, 돈 받고 독립운동 했다는 얘기 들어 봤습니까?"

다들 아니라고 했다. 잠시 뜸을 들였다가 무겁게 입을 열었다.

"이번 뉴욕 공연이 우리에게는 독립운동이나 마찬가집니다. 노개런티입니다. 미안하지만 주고 싶어도 줄 돈이 없습니다. 그러니 떠날 사람은 지금 떠나도 좋습니다."

그때 세 사람이 떠났다. 정말 생계를 위해 어쩔 수 없는 사람들이었다.

이 노개런티 때문에 웃은 잊지 못할 일도 있었다. 뉴욕 공연 때 《US 투데이》 기자에게서 전화가 왔다. "작품이 스펙터클하던데 적자가 나면 어쩌려고 그러냐"고 했다. 나는 "이미 알고 있다. 200만 불쯤은 적자가 날 각오를 하고 왔다. 대신 배우들이 다 노개런티다"라고 하자, 다짜고짜 "너희들 종교 집단이지? 통일교냐? 무니(문선명)냐?"고 물었다. 내가 그 말을 받아 "아니, 나는 유니다"라고 했더니 그 기자도 농담을 알아듣고 한참 웃었다.

미국 유력 일간지의 기자가 종교 집단이냐고 물을 만큼 우리는 누가 보아도 무모한 일을 겁없이 벌였다.

개런티도 없는 데다 한여름에 연습을 해야 했으니 배우들이나 스태프들은 죽을 맛이었을 것이다. 실제로 땀범벅이 된 얼굴과 몸에서 소금이 툭툭 떨어질 정도로 고생이 심했다. 그런 와중에 제작자이면서 연출가인 나는 얼굴이 허옇게 되어서 백방으로 돈이나 구하러 다니는 꼴이니, 어느 순간부터인가 단원들 사이에 "이러다가는 결국 미국에 못 간다"는 소문이 돌았다. 연출팀이 내게 와서 이런 분위기를 전했다. 배우들을 모았다.

"아무 걱정 하지 마라. 비행기표를 못 사게 되면 뗏목이라도 타고 가겠다. 뉴욕 무대에는 반드시 올린다."

배우들을 향해 한 말이지만 내게 거는 주문이기도 했다.

배우들의 개런티야 독립운동이라고 선언했으니 일단 해결이 되었지만 나머지 제작비는 답이 없었다. 에이콤 운영위원들이 백방으로 뛰어다녔지만 허사였다. 어느 날 역삼동 회의실에서 긴급회의가 열렸다. 나는 이미 그 회의가 무슨 회의인지 알아차렸다. 이쯤에서 포기하자는 결정을 하려는 거였다. 그전에도 여러 번 오갔던 얘긴데, 그때마다 번번이 내가 완강하게 고집을 부리고 설득해서 무마시켜 온 안건이었다. 회의에 들어가기 전부터 이번에는 또 어떻게 이 고비를 넘길 것인가 골똘히 생각했다. 마침내 회의가 시작됐다.

이상렬 운영위원장이 총대를 멨다. "오늘까지 우리 모두가 다양하게 노력했는데도 불구하고 별 성과가 없다. 뉴욕 진출은 시기상조다. 취소를 하거나 연기를 하자." 아무도 입을 열지 않은 채 나만 바라봤다. 그만큼 했으면 됐으니 이제 결단을 하라는 압력처럼 보였다. 체념한 듯이 입을 열었다. "여러분이 모두 저 하나 때문에 고생 많았다. 공연 취소는 몰라도 연기하는 건 불가능하다. 신용이 다 깨진 판에 무슨 연기란 말인가. 나도 이쯤에서 접겠다. 이참에 천안으로 이사 가서 자전거나 하나 사가지고 학교나 오가며 후진 양성이나 하겠다."

평소와는 다른 내 예상치 않은 반응에 다들 '이제 끝났구나' 싶어서 침통해져 있는데, 가장 마음이 여린 김영환 운영위원이 한마디 던졌다. "윤 대표가 지금껏 어려운 가운데서도 열심히 해왔는데 조금만 더 힘을 내서 해보자." 립서비스처럼 던진 말일 텐데 이 말이 올가미가 되었다. 다들 "그럼 당신이 맡아서 해봐라" 입을 모았다. 김영환 위원이 뉴욕공연 추진위원장이 되었고, 그 뒤로 취소니 연기니 하는 말은 나오지 않았다.

그렇다고 해서 묶인 돈줄이 풀릴 리 만무했다. 결국 김영환 위원장이 운영하는 회사의 간부들이 줄줄이 폭탄을 맞았다. 간부들의 집을 담보로 맡기고 대출을 받기로 한 것이다. 그것도 은행 지점장들을 잘 아니까 가능한 일이었다. 한번은 회사 간부를 앞세우고 여의도 어떤 은행에 대출을 받으러 갔는데 찬바람이 확 느껴졌다. 사람에게서 찬바람이 이는 경험은 처음이었다. 런던의 식당에서 우연히 만난 대배우 폴 스코필드에게서 느낀 따뜻함과는 전혀 딴판인 기운이었다.

그도 그럴 것이 자신의 회장 앞에서야 아무 불만도 표시할 수 없었지만, 까딱 잘못하면 자신의 집이 날아갈 판인데 속이 편할 리 있겠는가. 아니 뮤지컬을 들고 브로드웨이에 가서 성공할 확률이란 게 거의 없으니 이미 은행으로 향하는 순간, 그 중역의 마음은 눈 뜨고 집 한 채를 고스란히 넘기는 심정이었을 테다. 회장이 사기꾼에게 걸려도 단단히 걸렸다고 생각했을지도 모를 일이다. 그 분노가 고스란히 찬바람으로 내게 전달되었다. 그런 상황이 불편하기는 나도 마찬가지지만 그 상황에서는 어쩔 도리가 없었다.

그렇게 서너 명의 간부가 담보를 서서 5억 원, 여기에 한국문예진흥원이 1억 원을 보탠 돈으로 그나마 막힌 숨통을 틔울 수 있었다. 또 이런 사연이 조선일보 칼럼에 실리자 태국에서 작은 오퍼상을 한다는 교민이 300만 원을 송금했고, 김영환 위원장의 친구도 3천만 원을 보내왔다. 제작비를 대자면 새 발의 피였지만 액수의 크고 작음이 아니라 따뜻한 마음씀씀이가 고마워서 감격했다. 그 돈으로 대관료 계약금 1천 달러를 지불하고 기자를 포함해 100여 명의 비행기표를 할인해서 구입했다. 대규모 세트 제작에 들어간 스태프들에게도 진행비를 다소 얼마간 줄 수 있었던 건 모두 이렇게 숨은 조력자들의 노고 덕분이다.

명성황후 역에 이태원·김원정 더블캐스팅

　　　　걱정거리는 또 있었다. 브로드웨이 진출을 준비하면서 우리 작품을 어떻게 고칠지, 수준은 어느 정도에 맞출지에 대한 고민이 시작되었다. 음악감독 박칼린과 작사·작곡을 맡았던 김희갑·양인자 선생, 작가인 이문열과 뉴욕으로 날아가 브로드웨이에서 공연되는 작품들을 보고 분석에 들어갔다. 일단 무당을 등장시켜 명성황후의 수태굿 장면을 다시 넣기로 했다. 서양인들에게 우리의 굿 장면은 신선하기도 할 것이고 화려한 색감을 보여줄 수도 있을 거라는 판단에서였다. 초연에서 호평 받은 회전무대도 새로 만들었다. 전문회사에 의뢰를 했더니 비용이며 시간도 그렇고 부피도 커져서 안 된다는 것을 무대디자이너 박동우의 아이디어로 결국 해결해 냈다. 여기까지는 문제가 없었다.

　　그런데 초연 때 불렀던 노래들을 다시 들어 보니 전문가들의 지적처럼 다른 파트에 비해 아무래도 음악이 제일 떨어졌다. 노래의 음역대가 너무 평범하다는 것이 문제였다. 다들 이 곡을 그대로 가지고 가면 분명히 깨진다고 판단했다. 해결책으로 음역대를 최대한 끌어올리기로 했다. 그렇게 음역대를 높이면 기존의 배우가 소화하기 어렵고 성악가나 되어야 가능하다는 게 또 다른 문제였다. 가장 큰 고민은 초연에서 여주인공을 맡았던 윤석화였다.

'연기냐 노래냐' 그것이 문제였다. 더욱이 윤석화와는 〈신의 아그네스〉 이후로 〈아가씨와 건달들〉을 거쳐 〈명성황후〉에 이르기까지 오래도록 호흡을 맞춰 온 배우여서 인간적인 고민이 컸다. 〈캣츠〉나 〈오페라의 유령〉을 소화한 사라 브라이트먼이나 〈사운드 오브 뮤직〉의 줄리 앤드류스, 뮤지컬의 전설 〈42번가〉의 진저 로저스나 〈오즈의 마법사〉의 주디 갈란드처럼 연기나 노래 모두가 완벽한 여배우가 있다면 얼마나 좋을까마는 우리 현실은 그렇지 못했다. 뮤지컬 전문 배우조차 구하기 힘든 때였다. 오죽하면 에이콤에서 뮤지컬배우학교를 열고 연습생들을 모집해 가르쳐 가면서 무대에 올렸으니 말해 무엇할까.

냉정해져야 했다. 윤석화가 노래를 못하는 것은 아니지만 그것이 뮤지컬의 본고장인 브로드웨이에서도 통할 것인가는 의문이었다. 더욱이 우리는 친선공연을 하러 떠나는 게 아니고, 우리나라의 작품을 들고 일생일대의 승부를 걸기 위해 떠나는 비장한 길이다. 어쩔 도리가 없었다. 배우를 교체하기로 내부적으로 결정하고 수소문에 들어갔다.

그런데 어떻게 새어 나갔는지 이런 사실이 《중앙일보》에 실렸다. 곧이어 윤석화 측에서 내용증명이 날아왔다.

이해 못 할 일은 아니었다. 모두 성공 가능성이 없다고 손을 내젓던

1997년 뉴욕 공연에서 명성황후로 열연한 이태원(왼쪽)과 김원정(오른쪽)

작품에 톱스타로서 어렵게 출연 결정을 내린 것도 그렇고, 열악한 환경에서 흥행을 성공으로 이끄는 데 큰 역할을 한 배우다. 그럼에도 불구하고 배우로서는 평생 꿈의 무대인 브로드웨이 진출을 눈앞에 두고 교체 운운하는 소식을 들었으니 서운하기도 하고 분통 터지는 게 어쩌면 당연하다. 진작 내가 나서서 "함께 갈 수 있다면 더할 수 없이 좋겠지만 바뀐 음역대 때문에 고생할 테고, 그렇게 되면 공연 자체가 어려워질 수도 있으니 미안하지만 이번엔 이해 좀 해줬으면 좋겠다"고 솔직하게 털어놓고 이해를 구했으면 되었을 일인데 그만 일이 커지고 말았다.

그런 시기에 전화가 한 통 걸려 왔다. 주연 배우를 찾는다는 소리를 듣고 전화를 한다면서 자신을 브로드웨이에서 활동 중인 성악가라고 소개했다. 그 주인공이 2014년까지 〈명성황후〉를 지켰던 히로인 이태원이다. 그녀는 줄리어드 음대에서 석사까지 하고 존스홉킨스대학과 피바디 음대를 나와 당시 브로드웨이에서 〈왕과 나King and I〉에 출연하고 있었다. 그 길로 브로드웨이로 날아가 그녀가 출연하는 작품을 보았다. 노래는 나무랄 게 없는데 분장을 하도 이상하게 해서 그런지 첫인상이 썩 내키지 않았다. 내가 머릿속에 그리는 명성황후의 이미지와도 달랐다. 윤석화 일로도 머리가 복잡할 때여서 귀국한 후에도 한동안 확답을 주지 않았다. 이화여자대학교 음대를 나와 줄리어드 음대를 졸업한 김원정을 소개받은 것도 이즈음이다.

지금도 그때 얘기를 꺼내면 윤석화는 밤새도록 운다. 이성적으로는 이해한다지만 감성적으로는 받아들이기 힘든 일이었을 것이다. 뉴욕 공연부터 윤석화를 대신해 이태원과 김원정이 더블캐스팅으로 무대에 서게 된 데에는 이런 한바탕 우여곡절이 있었다.

돌발상황의 연속이었던 뉴욕 공연 전날

공연을 앞두고 나는 다른 출연진보다 먼저 뉴욕으로 출발했다. 오케스트라도 섭외해서 연습시켜야 하고, 현지 배우도 오디션으로 뽑아야 하는 등 준비해야 할 일이 많았다. 공항에서 기자들이 소감을 물었다. "한국에서 태어난 것이 이렇게 후회스러울 수 없다. 일본이나 중국 같은 나라에서 이런 작품이 브로드웨이에 진출한다면 한바탕 난리가 나고 국가적으로 영웅 취급도 했을 것이다. 이런 척박한 현실이 가슴 아프다." 더 보태고 더 뺄 것도 없이 솔직한 내 심정이 그랬다. 출발하는 날까지도 제작비나 진행비는 여전히 오리무중이었다. 궁하면 통한다고 일단 일을 벌여 놓으면 어떻게든 되겠거니 하는 배짱밖에 없었다. 오죽하면 배우들에게도 각자 사용하는 소품을 개인 짐에 챙겨 오라는 지시까지 내렸을까. 조금이라도 화물량을 줄여 보려는 고육지책이었다.

현지에서의 준비는 차근차근 진행되었다. 뉴욕으로 떠나기 전부터 최고의 무대를 만들려면 우리끼리 주먹구구식으로 할 게 아니라 현지 최고의 시스템과 결합해야 한다고 마음먹었다. 교포 위문공연을 가는 게 아니라 브로드웨이라는 세계 최대 시장을 겨냥한 작품이란 것을 잊지 말자고 몇 번이나 되뇌었다.

브로드웨이 최고의 공연기획사와 손을 잡았고, 홍보도 뉴욕에서 제일 크고 유명한 회사와 계약했다. 그들의 조언을 따라 현지 관객의 정서에 맞춰 포스터도 다시 제작하고 개막에 임박해서는 《뉴욕타임스》에 전면 광고도 내는 한편, 라디오를 통해 공연 안내도 지속적으로 내보냈다.

뉴욕 링컨센터 앞에 내걸린 〈명성황후〉 홍보 현수막과 지하철역 벽면에 부착한 광고

뉴욕에서 공부를 할 때 어떻게 작품을 만들고 어떻게 무대에 올리고 어떻게 팔 것인가 하는 시스템을 배워 둔 게 많은 도움이 되었다. 거기에 더해 이들과 함께 일하면서 현장의 마케팅과 홍보를 확인하고 배울 수 있었던 것도 큰 수확이었다. 이때의 경험이 이후 런던 진출 때 많은 도움이 되었다.

오케스트라도 쉽게 구했다. 세계 최고의 오페라극장으로 꼽히는 뉴욕 메트로폴리탄 오페라 오케스트라와 함께하기로 한 것이다. 그때가 한여름이고 특별한 공연 없이 쉬는 기간이어서 최고 수준의 오케스트라를 비교적 저렴한 비용에 구할 수 있었던 것은 참으로 행운이었다.

한국에서 무대장치 세트를 실은 컨테이너가 도착했다. 그런데 극장 문을 안 열어 준다는 연락이 왔다. 예상보다 세트 규모가 크니 돈을 더 내라는 것이었다. 그것도 30만 달러씩이나. "무슨 소리냐? 갑자기 돈을 더 달라고 하면 그건 사기고 강도 짓이다." 극장장과 옥신각신했지만 꿈쩍도 하지 않았다. 어쩔 수 없이 타협을 해서 반으로 깎긴 했지만 내 수중에 그렇게 큰돈이 있을 리 만무했다. 결국 김영환 위원장의 신세를 졌고, 그는 또 어떤 애꿎은 간부의 집을 담보로 해서 돈을 송금해 왔다. 통장에 찍힌 송금 내역을 보고서야 비로소 무대로 올라가는 극장의 문이 열렸다. 그렇게 하루 반나절을 까먹었다.

세트를 설치하는 것은 현지 공연노동조합 조합원들의 역할이다. 미국 공연에서는 이처럼 늘 조합원들이 무대 밖의 모든 일을 맡는다. 옷을 갈아입히는 조합원도 있어서 배우들은 몸만 맡기면 된다. 문제는 이게 다 돈이라는 건데, 법으로 그렇게 하지 않으면 안 된다는 규정이 있어서 별 도리가 없었다.

세트를 조립하려던 조합원들이 무대를 보고는 경악했다. 나무만 잔뜩 쌓여 있었기 때문이다. 무게와 부피를 줄이려는 박동우 무대디자이너의 아이디어였는데, 그들의 눈에는 생소하게 보일 수밖에 없었다. 그리고 이 나무들을 조립한 뒤 그들은 한 번 더 감탄사를 내질렀다.

"지니어스Genius!"

무대 자체를 회전시키는 이중 회전무대가 그들의 감탄을 자아내게 한 것이다. 그도 그럴 것이 대개의 회전무대는 회전체에 바퀴가 붙어 있어 부피도 크고 조립도 까다로웠는데, 이 회전무대는 바닥에 바퀴를 붙여서 초경량화한 데다 조립도 간단했기 때문이다. 특히 회전체 밑으로 와이어까지 다 들어가 있어 바닥을 파내지 않고도 작동이 되는, 그야말로 특허감이었다. 그전까지만 해도 동양의 공연팀이라니까 깔보고 쌀쌀맞게 굴던 조합원들이 박동우에게는 '천재', 나에게는 '써Sir!'라는 호칭을 붙이며 깍듯하게 굴었다.

실제로 뉴욕 공연을 계기로 모든 세트를 컨테이너 하나에 정리할 수 있을 정도로 부피가 작아졌다. 또 어느 극장에서든지 회전무대만 설치하면 공연을 할 수 있게끔 단순하고 기능적으로도 완벽한 무대 세트가 마련되었다. 사실 초연 때에는 무겁고 부피가 많이 나가는 세트가 많았다. 하지만 그걸 브로드웨이까지 싸가지고 갈 수는 없지 않느냐고 해서 개선한 결과 마침내 순회 공연이 가능한 세트로까지 탈바꿈하게 된 것이다.

여담이지만, 이 기술력이 이뤄 낸 보이지 않는 성과는 또 있다. 공연을 도와주던 극장의 슈퍼바이저와 친하게 지냈는데, 어느 날 결혼기념일이라서 아내가 찾아왔다며 인사를 시켜 주었다. 아마도 주차장이었던 것 같은데, 그가 갑자기 "미안하다. 일본 차를 타고 다녀서"라며 멋쩍게 말했다. 그때까지는 전혀 의식하지 않았는데 그러고 보니 일제 마크가 찍힌 차가 곁에 서 있었다. 그는 "다음에 차를 사게 되면 꼭 한국 차로 살거다"라며 시키지도 않은 약속까지 했다. 이듬해 다시 뉴욕 공연을 갈 때 대우자동차가 우리 공연의 스폰서를 했는데, 그는 이때 자신의 약속대로 대우 차를 샀다. 요즘도 가끔씩 우리끼리는 '지니어스 박'과 '써 윤'이 이룬 숨은 애국이라며 실실 웃기도 한다.

사건은 이것이 끝이 아니었다. 공연 전날, 드레스 리허설을 해야 하는데 배우들의 소품이 도착하지 않은 것이다. 서울에서 DHL로 보냈는데 배송업체인 UPS가 파업을 하면서 생긴 돌발상황이었다. 공연이 코앞인데 배우들의 소품이 없다니 말이 되는가. 알아보니 잘못 배송돼서 롱아일랜드에 가 있다는 것이다. 롱아일랜드라는 지명이 하도 여럿이어서 미국이 아닌 곳이면 어쩌나 싶어 맥이 탁 풀렸지만 다행히 뉴욕에서 그리 멀지 않은 곳이었다. 전화기에 대고 소리를 질렀다. "이게 200만 불짜리 프로젝트다. 망치면 너희가 다 물어내야 될 줄 알아라!" 애간장이 다 녹았다. 그렇게 소리를 친 탓인지 얼마 후 소품이 오긴 왔는데 절반밖에 되지 않았다. 어떤 배우는 신발을 신고 어떤 배우는 맨발로 공연해야 할 판이었다. 막말로 뚜껑이 열렸다. 다시 한 번 난리를 친 끝에야 가까스로 나머지 소품도 받을 수 있었다.

그때부터 드레스 리허설을 시작했다. 세 시간을 쓰기로 하고 빌렸지만, 음향 스태프와 오케스트라 악기 정리 시간 확보를 위해 15분 전에는 끝내야 했다. 그런데 연습을 끝낼 시간이 되었는데 기껏 1막의 3분의 2밖에 맞춰 보지 못했다. 실제로 중요하고 어려운 대목은 2막인데 들어가

보지도 못하고 끝내야 했다. 어쩔 수가 없었다. "이걸로 총연습 끝낸다"고 했더니 그 자리에 함께 있던 기자들이 "이렇게 끝내면 어쩌냐"고 더 걱정을 했다.

우리는 뉴욕에 가기 전부터 회전무대가 멈추게 되면 누가 돌리고 소품은 어떻게 끄집어낼지 연습을 해두었다. 행여 이런 일이 생길지도 모른다는 생각에서였는데 정말 그랬다. 한켠에 불안한 마음이야 왜 없었을까마는 내색할 수도 없었다. 오로지 연습대로 잘 해주기만을 바라고 믿을 뿐이었다. 실제로 뉴욕 공연 12회 동안 회전무대가 두어 번 멈추는 위기를 겪었다. 그러나 그걸 눈치챈 관객은 아무도 없었다.

그날 저녁, 뉴욕으로 날아온 김영환 위원장과 모든 리허설을 끝낸 나는 저녁을 먹고 한인이 운영하는 노래방에 갔다. 그리고 둘이 부둥켜안고 '넌 할 수 있어'를 목이 터지도록 불렀다. 뉴욕 공연을 준비하며 그야말로 독립운동 버금가도록 고군분투했던 지난날이 떠올랐다. 감회가 흐느낌이 되고 마침내 통곡이 되었다. 그렇게 역사적인 날을 맞았다.

브로드웨이 뉴욕주립극장 연일 매진 사례

불이 꺼지고 오케스트라의 연주가 흐르면서 영상이 무대를 채웠다. 나는 첫 공연을 보겠다고 한국에서 날아온 손진책 대표가 끊은 두 장의 표로 객석 중간쯤에 그와 나란히 앉았다. '일본 히로시마에 원자폭탄 투하, 1945년'. 원폭 투하의 주체국인 미국인 관객들이 "어, 이게 뭐지?" 하는 눈치다. 필름은 시간을 거슬러 빠르게 돌아가고 마침내 을미사변이 일어났던 1895년에 딱 멈춰 섰다. 무대에서 명성황후 시해 주범들의 히로시마 지방법원 재판 장면이 시작되자, 관객들이 숨을 멈췄다. 이어지는 명성황후의 혼례식 장면, 동양의 문화와 분위기를 한껏 살린 수태굿 장면에서도 긴장하는 기색이 역력하더니, 천장에서 일장기가 툭 떨어져 무대를 덮는 대목에서는 '아!' 하는 낮은 탄성이 들렸다. 시작은 순조로웠다.

1막이 끝난 휴식 시간에 로비로 나가 봤더니 관객들이 여기저기 모여 웅성댔다. 현지인은 현지인대로 "별로 기대를 안 하고 봤는데 굉장한 수준이다"라며 칭찬이 자자했고, 교민들은 교민들대로 "이런 역사적인 사건을 작품으로 만들어 줘서 고맙다"고 얘기했다.

2막이 시작되었다. 2막에서는 회전무대를 쓸 일이 많아서 여간 조마조마한 것이 아니었다. 설치를 하고 보니까 유격이 꽤 넓어서 발이 쑥쑥 빠질 정도였는데, 연습을 하지 않았으니 배우들에게는 그저 조심하라고 주의를 줄 수밖에 없었다. 회전무대 장면이 나오면 나도 모르게 침이 바짝 말랐다. 배우들 표정에도 긴장한 빛이 역력했지만 다행히 실수 없이 해냈다.

세트가 바닥으로부터 솟구쳐 올라 이층 구조가 되는 대연회 장면에서부터 클라이맥스인 궁녀 살해 장면에 이르러서는 거의 대부분의 관객이 등받이로부터 몸을 뗐다. 그만큼 무대에 집중했다는 뜻이다. 그리고 마침내 원혼이 된 명성황후가 등장해 중앙에 서고 '백성이여 일어나라'를 합창할 때는 관객들이 모두 자리에서 일어났다. 누가 시킨 일도 아니었다. 나도 덩달아 일어서려는데 다리가 휘청거려 일어설 수가 없었다.

원혼이 된 명성황후(이태원)가 등장해 코러스와 함께 '백성이여 일어나라'를 합창하는 장면

결국 일어서지도 못하고 도로 자리에 주저앉는 순간, '허엉!' 하고 울음이 터졌다. 공연을 준비하며 겪었던 일들이 너무 서럽고 억울해서 울었다. 모두 불가능하다고 손가락질하던 일을 마침내 보란 듯이 해냈다는 감격에 나도 모르게 눈물이 쏟아졌다. 합창이 끝날 때까지 얼굴을 두 손으로 감싼 채 터져 나오는 눈물을 멈추지 못했다. 무대 위 배우들의 얼굴도 눈물로 범벅이 되었다. 그때 우리 모두는 임무를 완수한 독립운동가였다. 이제 됐다!

1997년 8월 15일. 일제가 패망하고 우리나라에서 손을 떼던 역사적인 날, 나는 이렇게 뉴욕에서 새 역사를 썼다. '반드시 세계적인 작품을 들고 돌아오겠다'고 다짐한 지 꼭 10년이 되던 해였다. 그때는 어떤 작품으로 어떻게 무대에 올릴지 구체적인 계획도 없었다. 그냥 내 스스로 나에게 한 약속이요 희망 사항이었다. 우여곡절을 겪기는 했지만, 결국 그 꿈을 이루었다.

첫 공연이 그렇게 끝나고 로비에서 만난 유대인 할머니 한 분이 이런 말을 했다. "너희는 참 대단한 민족이다. 나는 이 작품을 단순히 한국과 일본의 문제만으로 보지 않았다. 세계의 많은 강대국과 약소국의 관계가 이렇다. 내게는 유대인과 나치의 관계가 떠올랐다. 어찌 보면 너희 입장에서는 비극적이고 감추고 싶은 역사일 텐데 이렇게 훌륭한 작품으로 승화시켰고, 다른 약소국에게도 역사의 교훈을 남겼다."

내가 바라던 평이었다. 우리 것을 소재로 하면서도 역사와 환경이 다른 사람에게도 공감과 감동을 줄 수 있는 작품, 그것이 내 의도였다. 그렇기에 이 유대인 할머니의 평가야말로 지금까지 들었던 그 어떤 격려

뉴욕 링컨센터 연일 매진 기록을 세운 뮤지컬 〈명성황후〉

보다도 내겐 큰 힘이 되었다.

브로드웨이 링컨센터 뉴욕주립극장New York State Theatre의 2586석이 가득 찼다. 이튿날도 그다음 날도 마찬가지였다. 대부분이 교민일 것이라는 예상과 달리 미국인이 관객의 70~80%에 달했다. 표를 구하려는 사람들의 줄이 극장 입구에서 분수대 앞까지 늘어섰고, 그나마도 표를 구하지 못해 돌아가는 사람들도 하루에 200~300명씩 됐다. 할아버지 극장주도 뉴욕주립극장이 생긴 이래 이런 일은 처음이라며 엄지손가락을 치켜세웠다. 그러면서 "내년에는 한 달간 극장을 빌려줄 테니 언제든지 와서 공연을 하라"고 했다. 처음 우리가 극장 대관을 문의할 때 보여주었던 간간하고 콧대 높은 태도와는 사뭇 달라진 모습이었다. 그러나 기다렸다는 듯이 냉큼 그러마고 하기엔 자존심이 있는지라 "생각해 보겠다"며 발을 뺐다.

언젠가는 〈오페라의 유령〉을 연출한 해럴드 프린스가 관람을 온다고 해서 온 출연진이 신경을 곤두세웠다. 세계적인 거장이 방문을 한다는데 긴장하지 않을 수 없었다. 그가 실제로 왔다 갔는지 어떤지는 모르겠지만, 당시 우리 공연을 도와주던 오퍼레이터의 말이 지금도 기억난다. "써, 걱정하지 마. 해럴드 프린스는 지는 태양이고 써는 뜨는 태양이니까."

매진 사례가 이어지고 한꺼번에 사람들이 몰리니까 발권을 맡은 컴퓨터가 다운되는 일까지 벌어졌다. 《뉴욕타임스》에 기사가 나가고 난 뒤부터는 더 많은 관객이 몰려 아예 매표 부스를 세 개 더 늘려 해결해야 했을 정도였다. 그때만 해도 무대 기술에 컴퓨터가 접목되는 초창기여서 조금만 과부하가 걸려도 다운이 되곤 했던 것이다. 그 바람에 매회

20~30분씩 공연이 늦어졌다. 미국의 경우 스테이지 매니저에게 사인을 주어야 막이 올라가는데, 이런 사정을 설명하면 관객들 중 누구도 항의하는 일이 없었다.

객석은 미어터졌지만 내 머릿속은 해결해야 할 여러 가지 문제로 여전히 터질 것만 같았다. 〈아가씨와 건달들〉 원작자 측에서 연락이 왔다. 로열티를 주기로 하고 우리나라에서 공연을 올렸는데, 미처 정산하지 못한 돈이 10만 달러 정도 남아 있었다. 《뉴욕타임스》에 전면광고를 할 돈은 있으면서 왜 자기네 정산은 안 해주냐는 얘기였다. 그것을 해결하지 않으면 이번 공연을 못 올리게 하겠다고 으름장을 놓았다.

문제는 또 있었다. 그때 우리 일행 100여 명은 타임스퀘어에서 가까운 크라운 플라자호텔을 싸게 얻어서 묵고 있었는데, 공연이 한창이던 때 결제하던 카드가 한도 초과로 결제가 불가능해지면서 쫓겨날 지경에 이르렀다. 기댈 데라고는 오직 김영환 위원장밖에 없어서 또 하소연하고, 김 위원장은 또 여기저기 수소문을 해서 간신히 해결해 주었다. 늘 화려한 스포트라이트를 받고 박수갈채 속에서 사는 것처럼 보이지만 무대 뒤는 늘 이렇다.

금요일에 공연을 시작해서 수요일쯤 되었을 때 그제야 고생만 하는 배우들과 스태프들의 얼굴이 들어왔다. 그만큼 정신이 없었다. 시커멓게 타서 땀으로 범벅이 된 그들을 보니 아무리 독립운동이라지만 그냥 놔둘 수는 없는 노릇이었다. 단원들의 식사를 해결해 주던 한국 식당 할머니에게 부탁해서 돼지고기를 삶았다. 술도 풀었다. 열두 시가 넘도록 오랜만에 회식을 하였다. "고생하게 해서 미안하다! 잘 따라 주어서 고맙다! 끝까지 잘하자!" 이 한마디에 모두의 얼굴이 비로소 환해졌다.

명성황후

〈뉴욕타임스〉의 극찬
– "하늘에서 내려오는 황금 같은 조명과 기발한 무대 세트, 화려한 의상으로
　관객들 매료"

　　　　　회식을 마치고 돌아온 시간이 밤 12시가 넘었는데, 전화 한 통
이 걸려 왔다. 중앙일보 뉴욕특파원이었다.《뉴욕타임스》에 공연 기사가
실렸으니 어서 읽어 보라는 얘기였다.《뉴욕타임스》의 리뷰 기사는 공연
의 성패를 좌우할 시금석이라고 할 만큼 절대적인 권위를 지녔다. 그 신
문이 〈명성황후〉를 다뤘다는 건 그 자체만으로도 대형 사건이란 의미였
다. 어떤 평이 실렸는지 궁금하지 않을 수 없었다. 유학 시절 신문에 광
고지를 끼워 넣는 아르바이트를 해본 경험이 있어서 아는데,《뉴욕타임
스》의 가판은 새벽 한 시에 나온다.《뉴욕타임스》 본사가 있는 42번가로
사람을 보내 초판을 사오게 했다. 함께 있던 기자들도 그 기사를 보고 가
려고 자리를 뜨지 않았다.

　　　명성황후가 하늘에서 내려오는 황금 같은 조명과 기발한 무대 세트, 화려한
　　　의상으로 관객들을 매료시켰다. 주역을 맡은 김원정(명성황후), 유희성(고종
　　　황제), 이재환(대원군)이 놀랄 만큼 강력하고 감정이 풍부한 목소리를 들려주
　　　었다. 특히 마지막 노래 '백성이여 일어나라'는 프랑스 국가 '라 마르세예즈'나
　　　'인터내셔널가'처럼 대단한 스펙터클이 있다.

　　　　〈명성황후〉가 《뉴욕타임스》의 인정을 받은 것이다. 현지인 스태프들
도 놀랐다.《뉴욕타임스》에 이런 호평이 실린 건 3년 만에 처음 있는 일
이라며 기사를 오려서 극장 벽에 붙여놓기도 했다. 하루 전 《뉴욕포스

THEATER REVIEW
Domestic Turmoil Threatens the Land of Morning Calm

THE NEW YORK TIMES, WEDNESDAY, AUGUST 5, 1998   E5

Two Cultures in On

〈명성황후〉에 대해 호평한 《뉴욕타임스》 기사

트》도 '마지막 황후 1급 스펙터클'이라는 제목의 기사에서 "매혹적인 노래와 마술 같은 춤으로 (관객을 매료시킨) 뛰어난 공연이었다"고 호평했다. 또 이 기사는 "김현숙의 화려한 의상, 박동우의 무대가 그야말로 스펙터클했다"며 "더블캐스팅된 이태원과 김원정의 노래 실력이 브로드웨이의 전설적 스타 줄리 앤드류스나 베티 버클리의 뒤를 이을 만하다"고 극찬했다. 며칠 후 《USA 투데이》는 "구미권에서 일방적으로 내보내던 문화 수출이 쌍방향으로 진행됐다"는 의미심장한 기사도 실어 우리 일행의 사기를 한껏 돋우었다.

　뉴욕 공연을 준비하면서부터 무대에 올려지기 전까지 '과연 이게 될까?'라는 의구심을 한방에 날려 준 현지의 기사들이었다. 《뉴욕타임스》는 그 의문에 마침표를 찍어 주었다. 국내의 모든 신문들도 현지 언론, 특히 《뉴욕타임스》의 기사를 인용해 연일 릴레이 보도를 쏟아냈다.

명성황후

세계적인 비디오아티스트 백남준 선생이 《조선일보》에 실은 관람평도 인상 깊었다.

> 용감한 도전이었다. 브로드웨이는 만만한 무대가 아니다. 짧은 뮤지컬 역사를 가진 우리나라가 창작 뮤지컬을 들고 본고장인 뉴욕에서 작품을 선보인 것은 하늘이 놀랄 일이다. 15일 저녁에 본 개막 공연은 바그너의 그랜드 오페라처럼 웅장한 음악의 감동을 빚어냈다. 특히 명성황후가 코러스와 함께 '백성이여 일어나라'를 부르는 마지막 장면은 장관이었다. 오랫동안 잠들어 있던 민족혼을 끄집어내는 것 같았다.

뉴욕 공연의 성공은 공연계 후배들뿐 아니라 우리나라 예술가들에게 '하면 된다'는 사실을 확인시켜 주었다. 무엇보다 큰 기쁨이고 보람이었다. 또 우리보다 20년은 앞섰다는 일본보다 먼저 브로드웨이에 입성했다는 사실은 흐뭇함과 함께 자부심까지도 느끼게 했다. 특히 그들이 시해한 명성황후를 소재로 한 작품이어서 보람이 더 컸다.

돌이켜보면 엄청난 모험이었다. 뮤지컬의 본산인 영국 다음으로 브로드웨이에 입성한 나라가 중국도 일본도 아닌 바로 우리나라였다. 10년 전 뉴욕에서 뮤지컬을 공부하고 간 지 꼭 10년 만에 뉴욕 한복판 브로드웨이의 링컨센터에 내 작품을 무대에 올린 것이다. 단순히 무대에 올린 것에 그치지 않고 《뉴욕타임스》를 비롯한 모든 언론 매체로부터 호평을 받았다. 이것이야말로 무대뽀 정신이 일군 승리였다.

뉴욕 공연에는 200만 달러가 들었다. 2주 동안 극장 대관에 18만 달러, 현지 스태프 인건비 30만 달러, 오케스트라 10만 달러에 광고홍보비, 출연진의 경비를 합치니 대략 그랬다. 연일 객석이 만원이었지만 입장 수익으로 들어온 수입이 100만 달러에 불과했다. 100만 달러는 고스란히 적자였다. 우리 돈으로 10억이니 적지 않은 돈이었다.

그러나 애초 《USA 투데이》 기자와의 인터뷰에서 밝혔던 것처럼 그 정도의 적자는 감수하고 온 터라 놀랍지 않았다. 나는 이 적자를 투자로 여겼다. 들인 제작비와 들어온 입장 수익을 단순히 계산하자면 적자인 게 분명하다. 하지만 이 공연을 통해 우리 문화나 뮤지컬의 이미지 또는 위상을 드높였고, 이것이 앞으로 계속될 공연의 흥행에 영향을 미칠 것이며, 우리 배우와 스태프들이 브로드웨이 무대에 영국에 이어 두 번째로 섰다는 자신감은 억만금을 주고도 살 수 없는 귀한 경험이었다.

그해 11월, 예술의전당에서 보름 동안 공연을 했다. 뉴욕 공연을 하는 동안 우리나라에서도 끊임없이 현지 반응을 보도해 준 덕분인지 관객들이 몰렸다. 그때 매출만 10억 원이 넘었다. 해가 바뀐 1998년 2월에도 다시 무대에 올렸는데 23일간의 공연 동안 12억 원이 들어왔다. 대성공이었다. 집을 담보로 대출해 준 간부들의 빚도 다 갚았다. 덕분에 사기꾼이라는 이미지도 벗을 수 있었다. 배우들과 스태프들에게 못 준 개런티도다 지불했다. 독립운동이라서 노개런티라는 선언을 하고 떠난 공연이었지만 그동안의 수고와 노력을 다소나마 보상할 수 있어서 여간 다행스러운 일이 아니었다. 그 뒤로 에이콤은 어떻게든 개런티를 해준다는 신용이 생겼다. 더불어 어떤 어려움이 있어도 윤호진이라면 믿을 수 있다는 신뢰까지 생긴 것은 보너스다.

명성황후

뉴욕 두 번째 공연, IMF 위기로 20억 적자

1998년 8월, 나는 센트럴파크가 한눈에 내려다보이는 메이플 라워호텔 객실에서 넋을 놓고 있었다. 야경도 눈에 들어오지 않았다. 담배를 피울 수 없는 방이라 창문을 열어놓고는 바깥으로 고개를 삐죽 내민 채 연신 담배만 피워 댔다. 나를 마치 벌레라도 되는 듯이 쳐다보던 운영위원들의 얼굴이 떠올랐다. 언제나 든든한 버팀목이 되어 주던 김영환 위원장도 나를 붙들고 울먹였다. 그런 모습은 처음이었다. 객실이 있는 10층에서 내려다보이는 지상에는 인형 같은 사람들과 장난감 같은 자동차들이 오갔다. 옛날 할리우드 키드 시절에 봤던 영화 〈초원의 빛〉이 떠올랐다. 사업에 실패하고 여인과도 헤어진 아버지 리 제이 쿱이 아들 방에 창녀를 넣어 주고 자신은 시카고의 한 호텔에서 뛰어내린다.

'아, 이래서 사람들이 자살을 하는구나. 여기서 나 하나 뛰어내리면 20억 원은 안 갚아도 되고 모든 게 끝날 텐데….'

머릿속이 아득해졌다.

뉴욕에서 올린 두 번째 공연은 그야말로 곤죽을 쐈다. 처참해도 그렇게 처참할 수가 없었다. 시작은 결코 나쁘지 않았다. 정부 수립 50주년이라는 명목으로 김정길 행정자치부 장관이 주선해서 1억~2억 원, 문화관광부에서도 그만큼을 지원금으로 받았다. 동아일보가 주관사, 스폰서도 한둘 붙었으니까 첫 진출 때보다는 한결 심리적 여유가 있었다. 더욱이 이미 한 해 전 공연에서 호평을 받았던 터라 대박은 아니더라도 평년작은 할 것이라는 자신과 기대가 있었다.

1998년 두 번째 뉴욕 공연 홍보 리플릿

작품도 다듬었다. 뉴욕의 첫 공연을 위해 수태굿 장면을 넣었다면, 이 번에는 무과 급제 장면을 새롭게 추가했다. 일본 무사들은 근대화를 통해 복장이 화려하고 세련된 데 비해 우리는 상대적으로 후줄근해 보여서 택견이나 검술 장면 등을 넣어 보완했다. 무엇보다 명성황후를 마음에 품은 홍계훈의 등장을 보다 극적으로 꾸미기 위한 장치였다. 출발은 그렇게 야심찼다.

그런데 복병은 언제 어디서나 도사리고 있기 마련이다. 갑작스럽게 터진 IMF 사태가 원인이었다. 900원대이던 환율이 1800원대까지 뛰었다. 우리가 지불하는 비용은 1800원인데 받는 것은 1400원이었으니 손해가 이만저만 아니었다. 그나마 객석이라도 차면 나을 텐데 이미 볼 사람은 다 봤는지 현지 미국인들은 꿈쩍을 하지 않았다. 그렇다면 교민들이라도 받쳐 줘야 할 텐데 IMF로 분위기가 쫙 가라앉은 탓인지 도무지 움직일 기세를 보이지 않았다. 환율이 어마어마하게 뛴 탓에 그나마 관광객도 없었다. 그렇다고 빈 객석을 두고 공연할 수는 없는 노릇이었다. 눈물을 머금고 각종 단체에 관객이나 채워 달라며 공짜표를 뿌렸다.

21일간 29회 공연에 어림잡아 200만 달러가 적자였다. 우리 돈으로 20억이 넘었다. 이 공연으로 지금껏 내 손에 1억 원 한번 쥐어 본 적이 없었는데 이 큰돈을 어떻게 갚나 생각하니 눈앞이 캄캄했다. 재수 없는 놈이 결국 뒤로 자빠져서 코가 깨진 것이다.

햄릿의 명대사처럼 '죽느냐 사느냐 그것이 문제로다' 하며 호텔방에서 깊은 고뇌에 빠져 있을 때, 서울에서 전화 한 통이 걸려 왔다. 서울에 대홍수가 났다던가 태풍이 왔다던가 하면서 큰일이라도 난 것처럼 얘기했다. 그 말을 받아 전화기에 대고 이렇게 말했다.

"여긴 지금 큰 화재가 나서 가슴이 시커멓게 다 타버렸다. 여럿 죽게 생겼다."

그런데 전화를 끊고 나자 이상한 오기 같은 게 생겼다. '아, 여기가 바닥이야? 앞으로도 더 추락할 데가 남았다면 모르되 여기가 바닥이라면 이제 올라갈 일밖에 안 남았잖아. 이런 일이 처음도 아니고 말이지. 20억? 그거 공연 다섯 번이면 갚을 수 있잖아.'

일단 운영위원 긴급회의를 열었다. 우선 스태프나 배우들의 개런티 같이 급하게 해결해야 할 것은 운영위원들이 서로 얼마씩 부담하는 것으로 합의를 했다. 나머지는 공연을 통해 천천히 갚겠다고 약속을 하는 수밖에 없었다.

이 비극적인 뉴욕 공연을 끝내고 돌아온 이듬해인 1999년 3월, 예술의전당에서 다시 공연을 올렸다. 나라가 온통 IMF 여파로 뒤숭숭할 때인데도 관객들은 〈명성황후〉를 외면하지 않았다. IMF 구제금융 사태가 오히려 나라 잃은 설움을 표현한 작품에 호재로 작용해서인지 관객들의 발길이 끊이지 않았다. 대박이었다. 그해 10월에도, 그다음 해인 2000년 2월에도 무대에 올렸다. 관객들의 관심은 식을 줄을 몰랐다. 한겨울 폭설이 쏟아지는데도 관객이 줄을 이었다. 처음 생각처럼 다섯 번의 공연이 아니라 두 번의 공연으로 20억 빚을 거의 다 갚고 세 번째는 흑자를 냈다. 2000년 12월 공연도 성황을 이뤘다. 믿기지 않는 기적이 일어난 것이다.

1998년 8월, 흥행에 무참히 참패한 뉴욕에서의 두 번째 공연을 끝내고도 우리는 곧바로 귀국하지 않았다. 그 길로 LA로 날아갔다. 첫 뉴욕 공연 때 LA에 교민이 더 많고 더 먼저 정착한 곳인데 왜 안 오느냐는

명성황후

불평 섞인 얘기를 들었던 것이다. 하지만 그때는 뉴욕 공연 준비만으로도 앞뒤 분간을 못 할 정도로 정신이 없었고, 성공 가능성은커녕 진출 여부도 안개 속이라 LA 공연은 꿈도 꾸지 못했다. 그래서 이번 두 번째 미국 공연에서는 뉴욕을 거쳐 LA까지 공연을 하고 오자는 계획이 애초부터 잡혀 있었다. 그러나 이미 뉴욕에서 처참한 성적표를 확인한 뒤라서 모두 코가 쑤욱 빠졌다. 그렇게 만신창이가 된 몸과 마음으로 LA로 날아갔다. 이런 사정을 아는지 모르는지 LA에서 발간되는 《미주 중앙일보》는 공연을 기다리는 특별한 사람들이 있다며 우리가 도착하기 전부터 이런 기사를 띄워 눈길을 끌었다.

〈명성황후〉 LA 공연 손꼽아 기다리는 명성황후 후손

한국 최고의 문화상품으로 떠오른 창작 뮤지컬 〈명성황후〉의 LA 데뷔를 11일 앞두고 있는 가운데 명성황후의 방계 후손들이 LA에 거주하고 있는 것으로 밝혀졌다.

명성황후의 친가 쪽 후손으로 밝혀진 두 사람은 충정공 민영환의 아우로 2대 프랑스 공사를 지냈던 민영찬의 막내따님 민용아(88) 할머니와 민영환과 7촌 조카뻘인 민풍식의 아드님 민병준(68) 할아버지. 민할머니는 명성황후의 손녀뻘이며 민할아버지는 증손뻘 되는 친척이다. 두 사람은 누구보다 〈명성황후〉의 LA 상륙을 감격스러워하며 공연을 손꼽아 기다리고 있다.

두 사람은 명성황후가 시해된 뒤 태어났기 때문에 명성황후를 직접 만나 본 적은 없지만 집안 어른들을 통해 들은 이야기를 아직도 소중하게 간직하고 있다. LA 다운타운의 노인 아파트에 거주하는 민용아 할머니는 "그때는 일반에서 당신에 대해 안 좋게 말하는 이들이 많았지만 아버님은 '다른 사람들 말 믿지 마라. 아주 명석하고 대단한 분이셨다'는 말을 자주 하셨다"고 기억한다. 세상의 평판이 좋지 않았던 부분은 시해 뒤 일제가 명성황후에 대한 모든 기록을 없애고 나쁜 소문을 퍼뜨린 것과 관련이 있는 것으로 보인다.

할머니의 부친 민영찬은 명성황후의 총애를 받아 어렸을 때 아예 대궐에서 생활했고 뒤에 국비로 워싱턴과 오스트리아에 유학, 외교관 수업을 받은 뒤 제2대 프랑스 공사로 부임했었다.

무남독녀로 형제자매가 없었던 명성황후는 친척들을 궁궐로 불러 외로움을 달래곤 했다. 이때 말동무를 했던 집안 어른들에 따르면 명성황후는 "옷도 잘 입으시고 화장도 잘하셨으며 성격이 활발하고 사교적이어서 성대한 연회를 많이 여셨다"는 것이다.

민병준 할아버지도 집안 어른들로부터 "총명하고 과단성 있는 분이셨다"는 얘기를 들었다. "외국 공사의 부인들을 자주 불러 다른 나라에선 어떻게 하는 지 물으셨다 하고, 불어를 배우셨다는 말을 들었습니다."

명성황후와 일본의 갈등을 짐작케 하는 대목도 있다. 민할아버지는 "친척들을 불러 얘기를 나누실 때 자정을 넘기는 적이 많았는데 신변에 위협을 느껴 일찍 주무시질 않았다"는 것.

시해 전 궁궐에서는 이상한 일이 잦았다. 시해 며칠 전 뜰을 거닐던 명성황후 가 초생달 앞에 별이 뜬 것을 보고 "피비린내 나는 일이 생기겠다"고 걱정한 것은 두 사람이 공통적으로 들은 말이다.

민할머니는 명성황후의 말동무였던 할머니로부터 들은 다른 일화 두 가지를 기억하고 있다. "당신의 치마에 아무 까닭 없이 불이 붙어 손으로 털었는데 불이 계속 번져 치마를 벗어던지고 불을 껐는데 곳곳에 구멍이 뚫려 있었다고 해요. 또 수라상을 드시는데 상다리를 감고 있던 뱀이 상 위로 머리를 내민 일도 있었고요."

시해 뒤 일제는 민씨 가문에 대해 당근과 채찍을 함께 사용한 것으로 보인다. 민할아버지는 "충정공의 큰아드님이 당시 12살이셨는데 일본인들이 명월관 같은 술집에 데려가 술을 먹이고 나중엔 아편까지 먹인 것으로 들었다"고 술회한다. 민할머니는 "시해 뒤 족보를 보면 귀족 작위를 받은 사람들이 많았다"고 기억한다. 민할아버지도 "견디다 못 한 일부 친척들은 친일파로 돌아설 수밖에 없었다"고 말한다.

민할머니는 고종의 막내따님 덕혜옹주와 함께 궁 안에 있는 유치원과 소학교를 함께 학교를 다녔는데 덕혜옹주도 "예쁘고 명석했다"고 회상한다. 민할아버지는 "명성황후는 '일편단심'이란 글귀를 즐겨 쓰셨다고 들었는데 우리 집에도 친필 글씨가 있었다"고 전한다.

그렇다고 해도 큰 기대가 있을 리 만무했다. 공연장은 비버리힐스에 있는 슈버트 극장이었다. 지금은 아카데미 시상식을 코닥 극장에서 하지만, 예전에는 바로 이 슈버트 극장에서 했을 정도로 유서 깊은 곳이다. 라디오코리아가 주관을 하고 홍보며 입장권 예매를 맡았다.

9월 11일, 막을 올렸다. 그런데 분위기가 뉴욕과는 아주 딴판이었다. 관객들이 몰려들었다. 구성도 뉴욕과는 정반대로 교민이 70~80%, 현지 미국인이 20~30%를 차지했다. 코리아타운의 교민은 물론이고, 미국의 주류사회에 편입되어 미국인처럼 사는 교민들까지 극장을 찾았다. 우리 교민 중에 이렇게 잘사는 사람이 있을까 싶을 정도로 고급 차에 상류층만 입는다는 옷을 입은 사람들이 즐비했다. 보름 동안 20회 공연을 했는데, 그때마다 매진 사례가 이어졌다. 뜻하지 않은 대박이었다.

이런 수준 높은 공연을 우리나라가 해냈다는 사실에 다들 놀랐다. 자긍심을 갖게 된 교민들이 모처럼 어깨 펴고 다닐 수 있게 되었다며 함박웃음을 지었다. 교민들에게 〈명성황후〉는 이렇게 서로를 하나로 묶어 주고 민족의 자부심과 정체성을 느끼게 해준 커다란 선물이 되었다.

주최측인 라디오코리아는 입장권 판매로 단기간에 적지 않은 3만 달러 정도의 수익을 올렸고, 우리는 손해 보지 않고 수지를 맞출 수 있었다. 그러나 무엇보다 소중한 수익은 문화의 역할을 확인했다는 점과 '아, 이게 되는구나' 하는 기분 좋은 자신감이었다.

LA 공연을 끝내고 돌아온 이듬해 10월, 《중앙일보》에는 이런 기사가 실렸다.

명성황후를 시해하는 장면

한국 뮤지컬 〈명성황후〉가 LA 오베이션 어워즈(Ovation Awards) 여우주연상(이태원·김원정)·조명디자인상(최형오)·음향디자인상(김기영) 등 4개 부문에 후보로 올랐다. LA 오베이션 어워즈는 'LA의 토니상'이라 불리는 미국 최고의 연극·뮤지컬상 중 하나로, 동양 작품으로 이 상 후보에 오른 것은 〈명성황후〉가 처음이다. 또 연극과 뮤지컬을 통틀어 4개 부문 후보에 오른 것은 최다 후보작 5위 안에 드는 기록으로 〈명성황후〉에 대한 세계적 위상과 평가가 한 단계 도약했음을 시사해 주는 것으로 주목된다.

이번 후보작 선정은 지난해 9월 1일부터 올 8월 31일 사이에 LA에서 공연된 총 2백87개 프로덕션의 연극과 뮤지컬 작품을 대상으로 이뤄진 것. 〈명성황후〉는 지난해 9월 11일부터 27일까지 LA의 슈버트 극장에서 20회 공연을 가지는 동안 약 4만 5천 명의 관객을 동원해 객석 점유율 81%를 기록했다. 당시 LA타임즈는 연예 특집판에서 3개 면을 할애해 작품을 소개했으며 "장려함의 의미를 손에 잡힐 듯 생생하게 전달해 준 한국의 에비타"라고 평했다.

… 그러나 무엇보다도 한국 연극계에서 취약한 분야로 여겨져 온 조명과 음향 부문에서 후보에 오른 것이 더욱 주목할 만하다는 것이 연극계의 일반적인 평가다.

〈명성황후〉 브로드웨이 진출과 성과

　　두 번의 미국 공연을 다녀온 뒤로 많은 사람들이 물었다. 왜 돈도 되지 않는 공연을 그렇게 고집하느냐는 것이다. 그 시기에는 여기저기 강연 요청도 많아 한번은 아예 그에 대한 대답을 포함해 '뮤지컬 〈명성황후〉의 브로드웨이 진출과 성과'라는 제목으로 강연을 한 적도 있다. 두 번째 뉴욕 공연과 LA 공연을 마치고 돌아왔을 때니까 시간이 많이 지나기는 했지만, 내 생각과 철학은 지금도 다를 바가 없어서 여기

1998년 LA 슈버트 극장에서 성황리에 공연이 끝난 후 관객들에게 인사하는 배우들

에 그날의 강연 내용을 싣는다. 1998년 11월 12일 국민대학교 종합예술대학원에서 한 강연이다. 현장감을 살리기 위해 경어를 고치지 않고 살렸다.

"제가 뮤지컬 〈명성황후〉로 명성을 많이 얻긴 했지만 빚도 많이 졌습니다. 작년(1997년)에 이어 올해에도 브로드웨이에 진출했는데 정확하게 결산을 얘기한다면 적자를 봤어요. 적자를 봤는데도 왜 자꾸 가느냐 하고 다그치시는 분도 있지만, 저는 뮤지컬이 미국과 영국의 전유물이 아니라는 생각과 해외 공연을 통해서 틈새가 보인다는 것을 확인하면서 자신감을 갖고 자꾸 도전을 하는 겁니다. 우리가 열심히 만든다면 세계 시장에서 인정받는 작품을 만들 수 있다는 확신을 갖게 됐습니다.

사실 제가 브로드웨이에서 공연한다는 생각 자체가 처음부터 많은 사람들에게는 엉뚱하고 비현실적으로 보였을 겁니다. 하지만 저는 뉴욕에서 4년간 공부를 하고 1987년에 돌아오면서 제 작품으로 브로드웨이에 진출하자고 마음먹고 10년의 준비 끝에 실현시켰습니다. 브로드웨이에 처음 진출한 날, 막이 올랐을 때의 감동은 영원히 잊지 못할 겁니다. 관객들이 모두 일어나서 기립박수를 칠 때 저는 주저앉으면서 '드디어 해냈다', '우리도 할 수 있다'는 확신과 무한한 가능성을 예측했습니다. 그리고 함께 출연했던 배우들이나 스태프들이 얻은 '우리도 할 수 있다'는 자신감은 돈으로 살 수 없다는 생각을 했습니다. 물론 짧은 공연 기간으로 적자를 봤지만 언젠가는 당당하게 롱런을 할 수 있는 작품을 올릴 것입니다.

우선 뮤지컬에 대해 잠깐 말씀을 드리겠습니다. 미국의 브로드웨이에서 시작된 뮤지컬은 종주국이라고 일컫는 미국과 영국이 세계 시장을 석권하면서 100년의 역사를 이어오고 있습니다. 특히 미국의 브로드웨이에서 1940년대부터

1950년대까지 〈아가씨와 건달들〉이라든가 〈사운드 오브 뮤직〉, 〈마이 페어 레이디〉 등의 작품이 나오면서 성행하기 시작했습니다. 당시 영국의 뮤지컬 수준은 지방 공연장 수준을 벗어나지 못했지만 걸출한 천재 앤드류 로드 웨버가 등장하면서 영국의 뮤지컬이 세계 시장을 석권했습니다. 지금 뮤지컬의 빅4라고 말하는 〈캣츠〉, 〈레미제라블〉, 〈오페라의 유령〉, 〈미스 사이공〉 등이 모두 영국 작품입니다.

〈캣츠〉의 경우, 1981년 영국에서 처음 막이 오른 뒤 1983년 브로드웨이에 진출해 15년이 지난 지금까지 롱런 기록을 갱신하면서 뮤지컬의 역사를 새롭게 쓰고 있습니다. 앞으로의 사회는 다양성의 사회가 된다는 예측이 많은데, 특히 문화적 다양성이 엄청난 힘으로 다가온다고 많은 사람들이 지적하고 있습니다. 그리고 『메가트렌드 2000』이라는 미래 예측서를 보면 21세기는 순수 문화예술의 르네상스가 다시 온다고 말하고 있습니다. 이미 선진국에서는 이런 징조가 나타나고 있습니다.

여러분도 뉴욕 양키즈라는 프로야구팀을 알고 있을 겁니다. 하지만 뉴욕에는 양키즈 이외에도 축구, 농구 등 많은 프로구단이 있습니다. 그런데 이런 프로스포츠의 일 년 관객 수가 브로드웨이의 일 년 관객 수에 못 미친다는 거예요. 뉴욕 자이언츠와 브로드웨이 행사가 겹친 날, 뉴욕시장이 브로드웨이 행사에 참석했다는 일화가 있습니다. 브로드웨이 행사가 더 많은 수익을 뉴욕에 준다는 것을 대변하는 일화입니다.

그런데 브로드웨이의 80%를 뮤지컬이 장악하고 있고 정극은 20%가량밖에 되지 않습니다. 이 정극들도 알 파치노나 더스틴 호프만 등 유명 배우들의 장기 공연 작품만 살아남고 있습니다. 다양성의 사회 속에서 딱 고정된 세트에서 매번 같은 모습을 보여주는 극장은 사람들이 찾지 않는다는 거지요. 결국 뮤지컬이 평정한다는 말입니다.

명성황후

런던 웨스트엔드의 경우 정부가 적극적으로 지원하는 내셔널 시어터와 로열 셰익스피어 컴퍼니, 이렇게 두 개의 극단이 있습니다. 두 곳 모두 세계적인 극단인데, 여기에서도 영국 정부가 의도적으로 셰익스피어의 작품을 보존하기 위해 실시하는 정극 이외에는 거의 뮤지컬이 장악하고 있습니다. 이런 현상은 뮤지컬이 전 세계 공연예술의 총아로 떠올랐다는 것이고 곧 파생되는 부가가치가 엄청나다는 것을 말합니다. 작품의 롱런에 따른 가치 이외에도 삽입곡의 성공으로 음반시장을 점유하는 것도 엄청납니다. 〈캣츠〉의 '메모리'가 좋은 예지요.

실제로 영국의 두 극단이 벌어들이는 수입이 우리 현대자동차가 일 년에 벌어들이는 수입보다 훨씬 많다고 합니다. 악보를 적은 종이와 연출 계획을 적은 종이, 그리고 노하우가 전부인데 그 몇 장의 종이를 가지고 전 세계에서 거둬들이는 로열티가 세계 5위권의 우리나라 자동차 산업에서 벌어들이는 돈보다 훨씬 더 많다는 것은 문화상품의 가치가 얼마나 큰지를 짐작케 합니다.

저는 문화시장의 개방과 다양성으로 언젠가는 우리나라도 세계 뮤지컬 시장의 한 부분이 될 텐데 그전에 방어를 시작해야 한다고 생각했습니다. 아니 방어보다 일단 우리도 세계 시장을 두들겨 봐야 한다고 생각했습니다. 그리고 우리의 것을 잘 포장해서 세계 시장에 내놓아야겠다고 생각하면서 〈명성황후〉를 준비했습니다. 앞으로는 자국의 문화를 잘 포장해 세계 시장에서 팔릴 수 있도록 하는 문화국가가 세계의 중심이 되고 그렇지 못한 나라는 문화적으로 종속이 되거나 자연스럽게 지구상에서 도태될 수밖에 없습니다.

사실 〈명성황후〉는 1991년부터 4년 동안 준비해서 1995년에 막을 올렸는데 당시 연극계에서는 이번에 틀림없이 망한다고 예상을 했습니다. 하지만 저희들은 가능성이 있다고 확신했습니다. 비록 뮤지컬에 대한 사회적 관심이나 호응, 토양이 부족하기는 하지만 명성황후 서거 100주기인 1995년에 맞추어 막을 올린다면 어떻게든 가능성이 있다고 믿었습니다. 그러나 제작비를 구하지 못

하는 등 많은 고생 끝에 결국 12월 30일 간신히 턱걸이로 작품을 무대에 올렸습니다. 다행히 관객들이 열렬한 반응을 보여주었고, 그런 호응을 바탕으로 외국 관객과의 만남을 서두르게 된 것입니다.

하지만 작년 여름을 생각하면 지금도 아찔합니다. 당시 미국 공연을 앞두고 연습에 몰두할 때인데 공연 준비를 하는 배우들의 낌새가 이상했습니다. 그때 자금난에 시달리고 있었는데 배우들이 연습만 하다가 브로드웨이에 진출하지 못하는 게 아니냐는 생각들을 했던 것 같습니다. 그래서 제가 배우들을 모아 놓고 "걱정하지 마라, 우리는 분명히 브로드웨이에 간다. 정 안 되면 뗏목이라도 타고 갈 테니 걱정하지 말라"고 격려한 적이 있었습니다.

당시 상황이 어려웠던 것은 기업들의 문화적 안목이 매우 낮았기 때문입니다. 저는 우리나라 최초로 브로드웨이에 공연을 가면 많은 기업이 도와줄 것으로 믿었습니다. 줄을 서서 많은 격려와 도움을 줄 것으로 예상했는데 그게 아니었습니다. 그러나 이미 공연은 약속되어 있고 추진했던 것을 포기할 수도 없다는 생각에 국제적 신의를 위해서라도 꼭 가야겠다는 다짐을 했습니다. 결국 운영위원 다섯 명의 집을 은행에 저당 잡히고 브로드웨이에 갔습니다. 물론 브로드웨이에 다녀와서 빚은 다 갚았지만 그때 일을 생각하면 정말 한국이라는 나라의 문화적 토양이 너무 아쉬웠고 이 나라에 태어난 것이 후회스럽고 힘든 시절이었습니다.

저는 첫 브로드웨이 공연을 '투자'라고 생각합니다. 장부상으로야 적자지만 저희들은 그건 적자가 아니라 맡겨 두고 온 것이라고 생각하고 있습니다. 당장의 손익계산은 적자지만 앞으로의 공연과 한국 뮤지컬의 이미지, 그리고 자신감 등을 포함하면 적자는 아니었다고 생각합니다.

결국 브로드웨이에서 작년에 10회 그리고 올해는 30회 정도의 공연을 했습니다. 관객의 80% 이상인 미국인들이 우리 공연을 보고 매번 기립박수로 배우들의 열정에 환호를 보내고 같이 기뻐하고 슬퍼했습니다. 피날레 장면을 보고 《뉴욕타임스》에서는 어느 민족이든 그 장면에 충분히 감동하지 않을 수 없다며 극찬을 했습니다.

저는 이 광경을 보고 우리가 문화상품에서 승부를 걸려면 우리의 전통적인 것만 강요하는 것이 아니라 모든 민족이 공감할 수 있는 내용으로 승부를 걸어야 된다는 것을 깨달았습니다. 우리 것임에도 세계인들과 함께 호흡할 수 있는 그런 작품이 통한다는 것을 경험을 통해 알게 된 것입니다. 예를 들면 우리는 그동안 부채춤이나 사물놀이 같은 우리 전통의 아름다움을 전 세계에 과시했지만, 이젠 이 정도로는 세계인들이 만족을 안 한다는 겁니다. 같이 감동할 수 있는 것을 원한다는 겁니다. 뮤지컬이라는 서양의 그릇에 우리 것을 넣어서 우리뿐만이 아니라 서양 사람들, 그리고 전 세계인들의 입맛에 맞는 것을 개발해냈을 때 문화상품으로서의 값어치가 생긴다는 겁니다.

〈명성황후〉 공연 추진으로 일본을 방문한 적이 있습니다. 일본만 하더라도 뮤지컬 시장이 우리의 10배 이상이 됩니다. 그러나 일본의 가장 취약한 점은 자신들의 작품을 가지고 세계에 진출하지 못했다는 것입니다. 그들의 뮤지컬은 대부분 로열티를 지불하고 미국이나 영국에서 구입하는 건데, 그 작품들은 아무리 잘해도 자기네 것이 되지 않습니다.

이런 일본에서 자신들보다 20년은 뒤처진 것으로 평가받던 우리가 브로드웨이에 진출해 호평을 받은 사실에 놀란 것은 당연했을 겁니다. 상당한 충격을 받은 것으로 알고 있는데 그만큼 저희들이 열심히 했다는 것을 반증하는 거라고 생각하며 기분이 좋았습니다. 특히 배우들의 가창력은 많은 칭찬을 받았는데 이태원 씨의 경우 《뉴욕포스트》에서 최고의 뮤지컬 배우인 줄리 앤드류스의

명성황후

대를 이을 배우가 나타났다고 할 정도로 극찬을 받았습니다. 그리고 전반적인 노래 수준이 최고 수준에 갈 수 있는 그런 자질을 갖고 있다고 인정받았습니다.

물론 작곡 같은 부분은 상당히 취약하지만 이런 부분도 젊은 사람들이 과감하게 뮤지컬 공부를 해서 도전한다면 빠른 시일 내에 세계 시장을 뒤흔들 수 있다고 봅니다. 그렇게 된다면 세계적 문화상품인 뮤지컬에서 한국의 위상은 매우 높아질 것입니다.

저는 〈명성황후〉의 브로드웨이 공연을 하면서 앞으로의 작품들은 영어로도 만들어야겠다는 생각을 했습니다. 당시에 외국 배우도 몇 명 쓰고 대사에도 조금씩 영어가 있고 자막 처리를 했음에도 불구하고 외국인들에게 깊은 감정을 전달하기란 쉽지 않았습니다. 세계 시장에 도전하면서 우리 말은 우수한 말이니까 우리 것으로 하겠다고 아무리 말해도 그들은 인정해 주지 않습니다. 그렇다면 우리가 영어로 작품을 만들어야겠지요. 그래서 다음 2000년에 제작할 작품은 영어로 할 계획도 세우고 있습니다.

또 미국 배우와 미국 제작자를 끌어들이는 것도 중요한 부분입니다. 그랬을 때 브로드웨이의 'one of them', 많은 작품 중의 하나로 평가를 받을 수 있을 것입니다. 우리가 단독으로 만들어 진출하면 일단 거부 반응부터 나오는 게 당연합니다. 이제는 다국적인 방법으로 공략해 나가지 않으면 세계 시장에서 성공하기가 쉽지 않을 겁니다. 그래서 저희들은 앞으로 작품이 완성되면 미국 제작자, 일본 제작자, 또 영국 제작자들을 불러 프리젠테이션을 할 것입니다. 작품 내용은 이렇고, 시나리오는 이렇고, 음악은 이런데 너희들이 투자를 해라, 그리고 너희 현지 배우들을 써도 좋다는 겁니다. 특히 브로드웨이 같은 경우는 6개월 이상의 공연을 할 경우에는 그 나라의 배우로 전부 교체해야 합니다. 6개월까지만 하고 돌아온다면 한국 배우를 가지고 해도 되지만 그 이상 롱런을 준비한다면 현지 배우를 쓰는 방법까지도 고려해서 도전해야만 성공할 수 있습니다.

다음 작품으로는 〈명성황후〉와 같이 우리 역사 이야기인 〈몽유도원도〉를 준비하고 있습니다. 『삼국사기』에 나오는 백제 개로왕 시대 도미부인 설화를 기본으로 하고 있는데 왕의 욕심으로 도미부인이 끝내 망가지는 이야기지만 진정한 사랑을 담고 있는 설화입니다.

대략적인 내용을 설명 드리겠습니다. 백제의 왕들 중에서 남자로서 갖춰야 할 것을 전부 갖춘 개로왕이 있었습니다. 전쟁도 잘하고 잡기에도 능한, 남자다운 남자였는데 어느 날 꿈을 꾸게 됩니다. 꿈속에서 자기가 화살을 맞는데 아름다운 미녀가 나타나 그 화살을 뽑아 주는 것이었습니다. 그래서 개로왕은 꿈에서 깨어난 뒤 화공을 시켜 자신이 꿈에서 본 미녀를 그리게 하고 전국을 뒤진 끝에 그 미녀가 어느 조그만 부락의 촌장 부인이라는 것을 알게 됩니다. 바로 도미부인 아랑입니다. 그래서 개로왕은 아랑을 회유해서 자신의 사람으로 만들려고 하지만 쉽지 않자 아랑의 남편인 도미의 눈을 멀게 만듭니다. 그 뒤 도미는 아랑을 떠나게 되고, 아랑은 그것을 자신의 탓으로 돌리고 자신의 아름다운 얼굴을 스스로 망가뜨립니다. 결국 개로왕은 아랑을 포기하고, 아랑은 다시 눈먼 남편 도미를 만나 함께 이승의 세상을 떠납니다. 제가 생각하기에는 스스로 아름다운 얼굴을 망가뜨린 아랑과 눈먼 남편 도미가 다시 만났을 때, 눈먼 도미가 아내의 얼굴을 어루만질 때 세계 어느 나라의 관객들이라도 눈시울이 뜨거워질 것이라고 생각합니다.

제가 말하는 틈새라는 것이 바로 이런 부분입니다. 동양적 소재지만 진정한 사랑, 자신의 아름다움을 버리면서까지 되찾는 사랑은 모든 사람을 감동시킬 수 있는 그런 내용이라고 생각합니다.

이미 브로드웨이는 소재가 고갈돼 동양으로 눈을 돌리고 있습니다. 얼마 전에 디즈니에서 만든 〈뮬란〉도 그런 측면에서 이해할 수 있습니다. 아마 〈몽유도원도〉를 통해 외형적 아름다움을 극복했을 때 진정한 아름다움을 볼 수 있다는 것을 보여줄 수 있을 겁니다.

뮤지컬이 '공연예술의 총아'라고 하는 것은 단순히 공연에 따른 수익만을 생각하지 않기 때문입니다. 음악과 기념품 등 각종 다양한 부대사업들이 예측할 수 없을 정도의 가치를 가지고 있고, 다른 분야와는 달리 단시일에 승부를 보는 것이 아니라 장기전이기 때문입니다. 〈오페라의 유령〉 같은 경우 일본에서 공연을 하면 수입의 20%를 카메룬 매킨토시에게 로열티로 지불해야 합니다. 또 기념품과 음반 등 수비니어 souvenir 사업의 경우 이익의 50%를 지불합니다.

그렇다면 〈몽유도원도〉도 세계 각국의 언어로 만들어 그들에게 로열티를 받고 팔 수 있다는 말이 됩니다. 특히 〈몽유도원도〉 같은 경우는 그들의 역사적 배경으로 모두 만들어도 돼요. 예를 들면 일본은 일본사람이 일본 옷 입고 하면 되고, 서양의 경우 예전의 봉건주의 어느 시절 무슨 옷을 입혀도 되는 이야기입니다. 그만큼 보편성이 있다는 것인데, 그렇다면 우리도 로열티를 받고 팔 수 있다는 말이 됩니다. 수비니어 사업도 마찬가지지요.

21세기에는 순수문화, 순수예술의 르네상스 시대가 온다고 합니다. 앞으로의 시대는 정보산업의 발달로 인해 인간이 그리워지는 시대가 될 것입니다. 특히 단순히 먹고사는 문제가 해결된 뒤에는 정신적인 양분을 원합니다. 인간과 인간의 만남, 그런 만남을 충족시킬 수 있는 게 바로 뮤지컬이 아닌가 생각합니다. 정말 문화상품의 가능성은 예측할 수 없을 정도라고 확신합니다.

한국에서 스필버그 같은 감독이 나오지 말라는 법이 없습니다. 틀림없이 우리나라에서도 그런 사람이 나와야 합니다. 꿈을 크게 가지십시오. 이제는 한국에서만 잘해선 안 됩니다. 전 세계에서 잘하는 사람이 돼야 됩니다. 우리나라에서만 잘하는 사람은 아무 의미가 없는 세상이 곧 다가옵니다. 이제 목표를 전 세계에서 최고가 되겠다고 수정하세요. 그래야 세계 경쟁, 치열한 경쟁 속에서 살아남습니다. 감사합니다."

영어 버전 〈명성황후〉 들고 런던 무대 입성

뉴욕에서 참패를 경험하고 극단적인 생각까지 품었지만 LA에서의 뜻하지 않은 흥행 성공으로 조금씩 자신감을 되찾았다. 더욱이 귀국 후 무대에 올린 공연에서 승승장구를 거듭하자, 슬슬 기가 살아났다. 내 기가 살아나자, 운영위원들의 얼굴이 다시 어두워졌다. '이번엔 또 무슨 사고를 치려나' 두려운 것이다. 나 때문에 천국과 지옥을 여러 번 경험한 사람들이어서 단련이 될 법도 하지만, 늘 새로운 시도 앞에서는 난색을 표했다. 내가 칠 사고는 다른 데 있지 않았다. '뉴욕 브로드웨이에서도 성공을 거뒀는데 런던 웨스트엔드라고 뭐 다를까' 싶었던 것이다.

처음에는 내가 영국 연수 때 참여한 내셔널 시어터 무대에 올릴 생각이었다. 공연을 계기로 내셔널 시어터를 통해 우리나라와 지속적인 뮤지컬 교류를 하고 싶었던 게 속내였다. 그곳의 해외담당 슈퍼바이저를 통해 의견을 타진하고 조율 중이었는데, 〈캣츠〉의 연출가 트레버 넌이 새로운 극장장이 되면서 계획이 틀어졌다. 새 극장장이 외국 작품 공연을 할 수 없도록 제도 자체를 고쳐 버린 것이다. 웨스트엔드의 다른 극장들

명성황후

은 다들 장기 공연을 유치하고 있어서 우리처럼 투어 팀들은 대관이 불가능했다. 물색 끝에 웨스트엔드에서 조금 떨어진 곳에 2000석 규모의 해머스미스 아폴로 극장을 예약할 수 있었다. 비록 웨스트엔드와 거리가 있기는 했지만 이곳 역시 유서 깊은 동네였다.

2000년 12월 29일, 예술의전당에서의 공연이 끝나고 런던 진출 준비를 시작했다. 이번에는 장면 몇 군데를 바꾸는 것이 아니고, 아예 공연 전체를 영어 버전으로 바꿔 보자는 야심찬 계획을 세웠다. 뉴욕 공연에서 우리말로 노래를 부르고 영어 자막을 썼더니 아무래도 관객들이 무대 장면에 집중하는 데 불편을 느끼는 것 같았다. 위에 슈퍼타이틀, 아래에 서브타이틀, 옆에 사이드타이틀을 보려면 정작 장면은 잘 보이지 않을 수밖에 없다. 그러나 외국인들도 들리는 영어 버전이라면 이런 문제는 단번에 해결할 수 있을 것이라고 생각했다. 뉴욕 메이플라워호텔에서 그냥 떨어져 버릴까 말까 한 차례 고민을 한 뒤로 나는 더욱 무모해져 있었다.

영어가 되는 음악감독 박칼린을 중심으로 전문가들이 모여 가사를 영어로 바꾸느라 진땀깨나 뺐다. 영국식 감성을 표현하기 위해 영국인 작곡가를 끌어들여 너댓 곡을 새롭게 작곡해서 붙였다. 이것 때문에 작곡가인 김희갑 선생이 노여워하기도 했지만, 언제나처럼 중간에 양인자 선생이 설득하고 중재해 주어 잘 넘어갈 수 있었다.

앙상블 멤버 중에 영국인 남자와 결혼한 사람이 있었는데, 그 남편을 불러다가 배우들의 발음 트레이닝도 시켰다. 수십 곡의 뮤지컬 넘버를 몽땅 영어로 공연하려니 여간 어려운 것이 아니었다. 힘든 발음이나 어려운 단어는 쉬운 걸로 바꿔서 관객들에게 들릴 수 있도록 하는 데

왕비마마 오시는 날

집중했다. 그럼에도 불구하고 중학교 때부터 미국 생활을 시작한 이태원과 유학 경험이 있는 몇을 빼고는 다들 힘들어했다. 스파르타식으로 연습을 하니 어느 정도까지 수준이 올랐지만 한계가 있었다. 외국어는 어릴 때부터 하지 않으면 원어민처럼 되기는 어렵겠다는 엉뚱한 깨달음만 얻었다. 그래도 한번은 도전해야 할 과제요 넘어야 할 벽이라는 생각에 강행군을 멈추지 않았다.

그렇게 꼬박 1년을 준비했다. 2002년 2월, 한껏 호기를 부린 영어 버전의 〈명성황후〉를 들고 런던에 입성했다. 내가 런던 연수를 하면서 〈캣츠〉를 보고 큰 충격을 받아 이제 우리 뮤지컬을 만들어야겠다고 마음먹은 지 꼭 20년 만이었다. 브로드웨이 데뷔 때와는 사뭇 다른 감정이 밀려왔다.

현지 언론의 반응은 반반이었다. 맨체스터 신문 같은 곳에서는 "〈레미제라블〉을 대체할 만한 작품"이라는 평가를 했다. 어떤 신문에서는 배우들이 보여준 무대에서의 파이팅은 영국 배우들도 배울 만하다고 썼다. 칼싸움 장면이 흥미로웠다는 기사도 있었다. 셰익스피어의 작품에도 칼싸움 장면은 많이 나오지만 우리처럼 불꽃 튀는 박진감은 없어서 그런 점이 흥미롭다는 평이었다. 회전무대에 대한 극찬도 빠지지 않았다.

그러나 혹평도 여럿이었다. 가장 많은 지적이 한·일 월드컵을 공동 주최하는 나라인데 왜 일본을 나쁘게 묘사하느냐는 것이었다. 일본의 조선 침략과 그로 인한 두 나라의 갈등 관계를 이해하지 못하다 보니 그런 평이 나온 것이었다. 'bold'라는 단어도 눈에 띄었다. 원래 '대담한, 용감한'이라는 뜻이지만 한마디로 '무모하다'는 비아냥을 섞은 표현으로 보였다. 동양인들이 영어의 원조요 자존심 강한 영국에서 영어로 공연을 한다니 웃긴다, 무모하다는 뜻이었을 것이다. 아마도 뉴욕 공연

대연회

처럼 우리말로 공연을 했다면 실리지 않았을지도 모를, 아니 오히려 극찬을 들었을 평이다. "키치kitsch 같다"고 쓴 기사도 있었다. 키치의 사전적 의미는 '인기는 있지만 질 낮은 예술품을 가리키는 속어'지만 기사의 문맥으로 보면 서양 뮤지컬의 모방품이라는 뜻으로 읽혔다. 어떤 기사는 아예 노골적으로 장르 자체가 서양 문화인데 너희가 흉내낸다고 되겠느냐고 쓰기도 했다.

그러나 나는 그 기사에 동의하지 않는다. 형식은 빌렸지만 거기에 우리 혼을 담았다는 사실이 더 중요하다고 보기 때문이다.

뉴욕 공연은 칭찬 일색으로 도배하던 국내 언론들도 런던 공연은 혹평 일색이었다. 가장 먼저 포문을 연 곳은 조선일보였다. 국내 초연과 뉴욕 첫 진출 때 공동주최를 맡았던 조선일보가 두 번째 뉴욕에 진출할 때 동아일보에 주최를 넘기게 된 것이 서운했기 때문인지도 모른다. 런던으로 출발하기에 앞서 조선일보 담당기자는 기자단이면 참가하지 않겠다는 의사를 밝혔다. 기자단이 아니라면 단독 취재를 보장해 달라는 말인데 그럴 수는 없었다. 그랬더니 당시 영국에 체류하던 연극평론가에게 비판적인 현지 기사들을 모아서 보내 달라고 부탁하고, 그것을 종합해서 기사로 내보낸 것이었다. 다른 신문들도 이 기사에 힘입어 부정적인 기사를 앞다투어 실었다. 이 때문에 조선일보 문화부장과 전화로 다툰 일까지 있었다.

물론 배우들이 모두 완벽한 영어를 구사하지는 못했지만 그렇다고 소통이 되지 않은 것은 아니었다. 관객들이 자막 없이 내용을 이해했고, 영어의 본류요 뮤지컬의 본고장에서 시도를 했다는 것만으로도 의미 있는 작업이었다.

수태굿

또 현지 언론《타임스》일요판에 한 주 동안의 공연평을 모아 만화로 평점을 매기는 코너가 있는데, 만세를 부르는 새는 최상, 서 있는 새는 중간, 자빠진 새는 안 좋다는 의미였다. 이 평점에서 〈명성황후〉는 만세 하나, 서 있는 새 하나, 자빠진 새 하나를 받았다. 같은 시기에 공연된 다른 작품들과 비교하면, 그 정도는 중상 정도의 수준이었다. 무엇보다 영국

명성황후

에서는 일본도 아닌 우리가 와서, 그것도 16일 동안 20회의 공연을 소화했다는 사실에 매우 놀라워했다. 내가 현지 언론의 비평에 예민한 반응을 보였더니 관객 중 누군가가 이런 말을 해주었다. "런던에서 비평은 가십처럼 쓰는 거니까 신경 쓰지 마. 열받지도 말고. 내가 본 너희들의 작품은 대단했어. 넌 열심히만 하면 돼." 우리 언론의 보도처럼 런던 공연이 엉망은 아니었다는 말이다.

이러쿵저러쿵 말도 많은 런던 공연이었지만 무엇보다 처음 뮤지컬의 꿈을 꾸게 해준 곳에 내 작품을 들고 와서 마음껏 공연할 수 있었던 것은 내게 아주 의미가 컸다. 세계 시장을 꿈꾼다면 언젠가는 영어 버전의 작품을 만들어야 하는데 완벽하지는 않지만 그 시도를 했다는 것도 개인적으로 뜻깊은 일이었다. 배우들에게는 공연 사이사이에 다른 극장에 걸린 작품들을 보게 했는데, 우리가 그들과 비교해도 전혀 뒤떨어지지 않는다는 자신감을 얻었다고 말했다. 그러면 됐다.

런던에서 돌아온 3월, 곧바로 예술의전당 무대에 섰다. 런던에서의 분위기를 느껴 보라고 처음 사흘 동안 영어 버전으로 공연을 했다. 일종의 기념공연이었다. 관객들의 반응이 괜찮았다. 어떤 관객은 오히려 영어로 노래를 하니까 더 멋있게 들린다는 소감을 전해 주기도 했다. 2003년 9월의 공연도, 그해 12월의 공연도 관객들의 꾸준한 열기로 무대가 후끈 달았다.

'나는 이제 할 만큼 다 했다!'

런던 공연을 마친 후 솔직한 내 소감이었다.

LA, 토론토, 구마모토 공연

　　1995년 초연 이후로 〈명성황후〉는 버전을 바꿔 런던 진출을 준비한 2001년을 빼고는 거의 매해 공연을 했다. 서울에서 하지 못하게 되면 지방에서라도 무대에 올렸다. 그러는 사이사이 외국 나들이도 빼놓지 않았다.

　　2003년에는 LA를 재방문했다. 아카데미 시상식이 열리는 코닥 극장에서 막을 올렸는데, 이 지역에 사스(SARS, 중증급성호흡기증후군)가 발생했는데도 불구하고 흥행은 대박을 쳤다. 첫 공연과 마찬가지로 여전히 우리 교민의 비율이 압도적으로 높았다.

압도적 스펙터클을 보여준 양이와의 전투 장면(LA 코닥 극장)

수태굿

왕비의 최후

"POWERFUL, MOVING, IMPRESSIVE"
BACKSTAGE WEST

"MAGNIFICENT"
NEW YORK TIMES

"A SPARE-NO-
EXPENSE SPECTACLE
EXECUTED WITH
EXQUISITE TASTE"
LOS ANGELES TIMES

캐나다 토론토 공연 홍보 리플릿

2004년에는 캐나다에 진출, 토론토에서 가장 큰 공연장인 허밍버드 센터에서 공연했다. 대부분이 캐나다 현지인들이었고 교포는 10%에 불과했는데, 머비시라는 대형 프로덕션의 시즌 레퍼토리로 채택된 덕을 톡톡히 보았다. 전직이 배우였다는 한 관객이 원폭 장면을 보고는 "리벤지 revenge, 복수냐?"고 물어 "그냥 예술적으로 표현한 것이다"라고 대답했는데, 캐나다인들은 대개 그런 식으로 반응했던 기억이 있다.

명성황후

이중무대로 연출한 삼국간섭과 아다미 별장(토론토 허밍버드센터)

대원군의 섭정

무과시험

가장 인상적이었던 해외 공연은 아무래도 일본이다. 명성황후를 시해했던 낭인 48명 중 21명의 고향이었던 규슈 구마모토에서 역사적인 공연을 한 것은 2009년 10월 8일. 명성황후가 시해된 지 114년이 되는 바로 그날이었다. 정식 공연은 아니었다. 한·일 양국 사이에서 벌어졌던 비극의 역사를 정면에서 다뤘다는 점이나 공연 장소 문제 때문에 정식 공연은 할 수 없었다. 실제 공연의 주요 장면을 편집해서 영상으로 보여 주고, 배우 몇이 삽입된 뮤지컬 넘버 몇 곡을 부르는 갈라쇼 형식이었다. 하지만 일본 땅에서 명성황후를 기리는 노래가 울려 퍼진 것은 결코 의미가 작다고 할 수 없다.

그동안 직·간접적으로 일본 측으로부터 공연 요청을 받은 것이 10여 차례 되고 성사 직전까지 간 적도 있었지만 여러 이유로 불발되고 말았다. 이 공연을 성사시킨 이들은 명성황후 시해 사건을 반성하고 연구하는 전·현직 교사들이 모여 만든 '명성황후를 생각하는 모임' 회원들이었다. 때마침 2009년 1000회 공연을 돌파하고 의미 있는 행사를 구상하던 제작진과 의기투합, 명성황후의 시해일에 맞춰 구마모토 공연을 추진하기로 결정했다. 의사이면서 지역 유지인 가와노 다쓰미河野龍巳 씨가 얽힌 정치적 문제를 풀기 위해 온갖 노력을 기울였다. 명성황후를 시해한 낭인 중 한 명의 외손자이기도 한 가와노 다쓰미 씨는 평생 외조부를 대신해 참회의 삶을 살아왔고, '명성황후를 생각하는 모임' 회원이기도 했다. 현지 교포들 역시 이 의미 있는 행사의 성사를 위해 발 벗고 뛰었다.

그러나 장소를 구하는 일부터 공연 허가를 받는 일, 현지의 지원을 이끌어내는 일까지 쉬운 일이 하나도 없었다. 우리 제작진이 구마모토현

공무원들과 만나 배경을 설명하고 협조를 요청했지만 끝내 확답을 주지 않았다. 현지 한국총영사관에도 협조를 요청했지만 돌아온 대답은 "나중에 하는 게 좋겠다"는 말뿐이었다. 어느 쪽도 그 이유를 명쾌하게 말해 주지 않았다.

그러나 이에 굴하지 않고 양국의 양심 있는 인사들이 백방으로 노력한 끝에 구마모토가쿠엔대학熊本學園大學의 홀을 빌릴 수 있었다. 이윽고 구마모토의 대표적 신문인 《구마모토 니치니치 신문熊本日日新聞》도 후원을 하겠다는 의사를 밝혀 왔다. 끈질긴 설득 끝에 한국총영사관의 협조를 얻어낸 것이 공연을 불과 한 달 앞둔 때, 잇달아 NHK 구마모토 방송국을 비롯한 여러 단체들의 후원이 꼬리를 이었다. 공연에 필요한 조건은 얼추 이렇게 갖춰졌다.

공연 당일, '14호실'이라는 생소한 이름의 500석 공연장에는 화려한 세트도 무대장치도 없었다. 조명이나 음향시설도 열악하기 짝이 없었다. 그럼에도 불구하고 오후 7시, 700명의 관객이 몰려들고 공연이 시작되었다. 관객들은 대부분 중장년층이었지만 10·20대 젊은 층도 눈에 띄었다.

역사의 내막을 모르는 이들을 위해 원작 공연 중 주요 장면을 편집해 대형 스크린에 상영하고, 배우는 라이브로 노래를 불렀다. 명성황후 역의 이태원, 고종 역의 박완, 홍계훈 역의 지혜근이 참여해 명성황후가 무당 진령군을 궁 안에 불러들여 은밀히 굿을 벌이는 '수태굿', 피신한 왕비가 살아 있기를 기원하며 고종이 부르는 '그리운 곤전', 명성황후가 죽기 전날 밤에 부르는 '어두운 밤을 비춰 주오'를 비롯해 다섯 곡을 열창했다.

본래 2시간 10분짜리 공연은 이렇게 한 시간에 마무리됐다. 허술한

〈명성황후〉 출연진이 인사하자 뜨거운 박수를 보내는 관객들

주요 장면을 대형 스크린에 상영하고 배우들은 라이브로 노래한 구마모토 공연

무대와 어설픈 장치, 단 한 번뿐인 공연이었지만 진한 감동은 어느 때보다도 깊고 진했다. 이 비극의 역사를 모르던 사람들은 큰 충격을 받은 모습이었다. 공연이 끝난 직후 가와노 다쓰미 씨는 이태원에게 꽃다발을 증정했다. 모든 사람의 눈시울이 붉게 물들던 모습은 지금도 잊히지 않는다.

이즈음 일본의 공영방송 NHK에서 명성황후 특집을 방송해 내심 반가웠다. 이처럼 역사를 서로 공유하면서 반성할 건 반성하고 발전시킬 건 발전시키는 게 두 나라가 나아갈 바람직한 방향이라고 믿는다. 또한 나 역시 우리의 〈명성황후〉가 서로를 이해하고 장벽을 허무는 데 보탬이 되기를 바란다. 이날 구마모토의 공연은 역사적인 이벤트였다. 이를 계기로 서로를 이해하기 위한 교류가 더욱 활발해지고, 그 일환으로 〈명성황후〉의 정식 공연이 일본 땅에서 성사되기를 기대한다. 그날이야말로 진정한 과거사 청산이 시작되는 첫날로 기록될 것이다.

4
〈명성황후〉의 항해는
아직 끝나지 않았다

〈명성황후〉 20주년 공연

　　세계적인 뮤지컬 제작자 카메룬 매킨토시가 〈레미제라블〉 10주년을 맞아 이런 인사를 했다. "관객들에게 감사드린다. 오늘의 이 영광은 그들이 있었기 때문에 존재한다." 나 또한 〈명성황후〉 20주년을 맞아 똑같은 인사를 우리의 관객들에게 하고 싶었다. 모두가 〈명성황후〉를 사랑해 주신 덕분이다. 그동안 국내 공연은 단 한 번도 실패한 적이 없을 만큼 많은 관객의 사랑을 받았다. 해외 공연에서 무참히 깨지고 돌아와도 바깥에서 남에게 맞고 들어온 자식 돌보듯이 오히려 안타까워하며 더 품어 주었다. 분에 넘치는 대접이었다. 감사하고 또 감사할 따름이다.

　　〈명성황후〉의 20년은 도전과 변화의 역사였다. 뮤지컬 불모지에서 대형 창작 뮤지컬에 뛰어든 것도, 브로드웨이와 웨스트엔드에 진출한 것도 돈키호테가 아니고서는 꿈꾸지 않을 도전이었다. 시행착오도 있었고, 그래서 처절한 실패를 맛보기도 했지만, 그것이 오늘의 밑거름이 되었음은 분명하다. 또 한 작품이 20년씩이나 사랑과 관심을 받을 수 있었던 원동력은 변화다. 20년 전 예술의전당 초연 이후 〈명성황후〉는 무대에 올릴 때마다 꾸준히 수정하고 보완해 왔다. 끊임없는 관객의 호응은 이러한 변화에 대한 응답이었다.

　　굵직굵직한 변화만 살펴보자면, 우선 브로드웨이 진출을 앞두고

삼국간섭과 아다미 별장

살생 의식(2005년 10주년 기념공연, 세종문화회관)

음악의 난이도를 높인 것을 들 수 있다. 브로드웨이 수준에 맞추려다 보니 상대적으로 떨어지는 평범한 음악의 음역대를 높이는 결정을 했고, 이는 연쇄적으로 출연 배우의 교체로까지 이어졌다. 명성황후의 아리아 몇 곡을 추가하기도 했다. 수태굿 장면이 처음 등장한 것도 이때다. 동양의 전통문화와 화려한 색감으로 서양의 시선을 사로잡기엔 이것만 한 것도 없었다.

웨스트엔드 진출 때에는 아예 영어 버전을 선보이는 모험을 시도했다. 런던의 정서를 고려해 영국인 작곡가를 영입, 새 노래 몇 곡을 삽입하기도 했다. 배우들의 영어 발음이나 한·일 간의 독특한 역사를 이해하지 못하는 현지 언론 때문에 논쟁이 벌어지기도 했지만, 관객들의 반응은 나쁘지 않았다.

10주년 기념공연을 앞두고는 명성황후를 권력자가 아니라 한 아이의 엄마요 한 남자의 부인으로 비치도록 내면적인 면을 많이 드러내려 애썼다. 세자의 역할이 부각된 것은 이 때문이다. 더불어 임오군란 장면 여러 곳을 수정해 극적 재미를 더했다. 입궁하는 어린 민비를 넣었다가 나중에 빼거나 왜상을 게이샤로 바꾼 것들처럼 자잘한 것까지 치자면 한도 끝도 없다. 하도 많이 고쳐서 어떤 것이 초연이고 어떤 것이 고쳐졌는지, 솔직히 말하면 나조차 분간하지 못할 정도다.

얼마 전 학생들과 수업을 하면서 〈명성황후〉 초연 영상을 함께 본 적이 있다. 지금의 것과는 비교할 수 없을 정도로 수준 차이가 났다. 세계적인 작품을 만들겠다고 큰소리치고 다니고 또 흥행 성공으로 한동안 어깨에 힘도 줬지만, 아무리 좋게 봐줘도 세계 수준은 아니었다. 초연과 지금의 〈명성황후〉를 비교하자면 스토리의 골격만 남기고 환골탈태한 아예 다른 작품이라고 해도 과언이 아니다. 여전히 남아 있는 건 어린 나이에 간택돼 입궁한 명성황후가 열강의 틈바구니 속에서 뛰어난 정치력을 발휘하다 끝내 일본 낭인들에게 난자당한다는 것뿐이다.

2005년 2월, 예술의전당에 올린 〈명성황후〉는 10주년이라는 타이틀이 붙어서인지 다른 때보다 더 많은 관객이 공연장을 찾았다. 서울 공연이 끝난 뒤에는 지방 공연에 나섰다. 13군데의 지방을 돌았다. 거의 일년 내내 공연이 이어졌다. 지방 공연을 끝내니 마침 예술의전당이 비어서 또 올렸다. 열기는 좀체 식을 줄 몰랐다. 최초의 브로드웨이 입성, 최초의 웨스트엔드 진출, 최초의 1000회 공연 돌파, 150만 관객 동원 기록에 이어 지방 순회 13곳이라는 기록을 세웠다.

딱 여기까지다. 마스터피스Masterpiece라 여겼다. 한 작품을 붙들고 이렇게 오랜 세월을 고쳐 온 기록도 아마 없을 것이다. 더욱이 한 작품이 10년을 이어온 경우도 우리나라에서는 전무했다. 아무도 생각지 못한 일이었다. 그만하면 됐다 싶어서 그때부터 나는 다음 작품 준비에 들어갔다. 다들 알다시피 안중근 의사의 하얼빈 의거를 그린 〈영웅〉이다. 그 후 10년 동안은 손을 대지 않았다. 그런데 그게 여전히 살아남아서 20주년을 맞았다.

20주년이라니 또 의미가 달랐다. 다시 손을 대자고 마음먹었다. 궁중 역사극이라는 장르의 제한 때문에 아무래도 젊은이들의 호응이 중장년층보다 적은 것 같아서 이번엔 아예 그들을 겨냥했다. 더 모던하게, 더 세련되게 바꾸는 게 목표였다. 장면 회전도 빠르게, 세트도 젊은이들의 감각에 맞도록 단순화·추상화했다. 궁중 용어도 너무 낡고 오래된 것은

화이트와 블랙 두 가지 버전으로 만든 20주년 기념공연 포스터

알아듣기 쉬운 용어로 바꿨다. 본래 원폭 투하 장면으로 시작되던 도입부를 명성황후 혼례식으로 바꾼 것도 이 때문이다. 원폭 투하 장면이 의미는 크지만 너무 무겁다는 판단에서였다. 덕분에 분위기도 가벼워지고 명성황후의 인간적인 면도 부각시키는 효과를 거두었다.

여기에 우아함과 상징성까지 가미했다. 새롭게 선보인 휘장의 경우, 우리 전통 결혼식 때 쓰던 차일을 활용해 보자고 해서 나온 아이디어인데, 고급 천을 써서 황실의 우아한 분위기를 살리는 데 한몫 거들었다. 서양화가 이만익 선생의 포스터도 명성황후의 모습에서 나비 문양으로 교체했다. 나비는 명성황후가 쓴 가채의 문양인데, 예로부터 우리에게 복을 가져다준다는 설화가 깃들어 있어서 20주년 상징으로 나비를 쓴 것이다. 명성황후 혼례식 때 나비가 우르르 쏟아져 나오는 효과를 선보인 것도 이런 상징성 때문이다.

20주년 공연에서 명성황후 역을 맡은 신영숙(위)과 김소현(아래)

무과시험

고종을 협박하는 이노우에

그러나 무엇보다 획기적인 변화는 그동안 장기집권을 해오던 타이틀롤 이태원을 대신해 그 자리에 신영숙과 김소현을 더블캐스팅했다는 것이다. 신영숙은 〈명성황후〉로 데뷔해 앙상블을 맡은 지 16년 만에 주인공으로 픽업되었다고 해서 화제를 모았고, 김소현은 〈마리 앙뜨와네트〉, 〈엘리자벳〉 등에서 여왕 역으로 인기를 모은 스타였다.

　　인물의 캐릭터에도 변화를 주었다. 명성황후는 엄마나 부인으로서의 면모보다 민족을 사랑하는 통치권자로서의 역량이 드러나면서도 세련된 모습을 잃지 않도록 했다. 홍계훈의 경우는 열강들의 틈바구니에서 나라를 위해 몸부림치는 노력을 애틋하게 담았다. 여기에 고종과 명성황후, 홍계훈의 삼각관계를 세련되게 부각시켰다.

　　〈명성황후〉 20주년 기념공연은 2015년 7월 예술의전당 무대에 올려 한 달 반을 공연하고 18개 지역 공연을 마쳤다. 지난 10주년 때의 기록 중에서 지방순회 기록을 다시 경신한 것이다.

　　20주년을 맞은 〈명성황후〉를 기념하는 어떤 자리에서 나는 이런 소감을 말했다. 아마도 누가 30주년을 맞은 소감을 얘기하라고 해도 이 마음은 여전할 것이고, 40주년을 맞게 되더라도 크게 다르지 않을 것이 분명하다.

　　"한 작품이 20년을 맞았다고 다들 축하를 하고 또 스스로 축하받을 만한 일이라고 생각하지만, 나는 이것에 대단한 의미를 부여하고 싶지는 않다. 이것 또한 지나가는 점 하나에 불과할 뿐이다. 20주년이 계기가 되어 좀 더 새롭게 만들었을 뿐, 나는 또 나아갈 것이고 앞으로 또 어떻게 변할지 그건 나도 모른다. 다만 내가 이 세상에 없더라도 30년,

50년을 넘어 푸치니의 오페라 〈나비부인〉처럼 오래 공연되는 작품이기를 바란다."

뮤지컬 〈영웅〉의 탄생

〈명성황후〉 10주년 공연 준비를 마무리할 때쯤이었으니까, 대략 2004년 말의 일이다. 사무실로 낯선 사내가 찾아와 불쑥 명함을 내밀었다. 키도 훌쩍하고 시커먼 눈썹이 아주 인상적인 사내는 자신을 '안중근기념사업회 문화국장 김곤'이라고 소개했다. 그는 곧바로 찾아온 용건을 말했다.

"앞으로 5년 후면 안중근 의사 의거 100주기인데, 선생님이 〈명성황후〉 후속으로 안 의사를 다루는 작품을 하나 해주면 좋겠습니다."

당당하면서도 진지한 말투였는데, 내 편에서는 아주 황당하기 짝이 없는 소리였다. 10년을 끌어 왔다고는 하지만 〈명성황후〉를 하면서 하도 곡절을 많이 겪은 터라 귀에 들어올 리가 없었다. 내 입에서 진지한 얘기가 나갈 리 만무했다.

"제작비는 누가 대나?"

"그건 선생님이 알아서 하셔야 합니다."

기가 막히지 않은가. 숭모회나 기념사업회에서 지원을 하겠다고 해도 생각을 해볼까 말까 한 마당에, 한두 푼 드는 것도 아닌 제작비를 몽땅 부담해야 한다니 기가 찰 노릇 아닌가. 딱 잘라 거절했다.

"아무리 의미가 담긴 일이라도 그건 안 된다. 나라도 애국도 이제 끝이다. 나는 〈명성황후〉 하나로 됐다."

일주일 뒤 그가 다시 찾아왔다.

"안중근 의사 이야기가 〈명성황후〉 후속편인 셈인데 왜 안 하려고 하십니까?"

이건 또 뭔 뚱딴지 같은 소린가. 명성황후 시해와 안중근 의사의 하얼빈 의거가 대체 어떤 상관관계가 있다고. 언뜻 이해하기 힘들었다.

"안중근 의사의 의거가 어떻게 〈명성황후〉의 후속이 될 수 있나. 두 인물 사이의 시간 차이가 얼만데 그게 말이 된다고 생각하나?"

"안중근 의사께서 법정에서 이토 히로부미를 저격한 이유 열다섯 가지를 말했습니다. 그 첫 번째 이유로 명성황후 시해를 들었는데, 왜 후속이 아니란 말입니까?"

어럽쇼, 이건 또 뭔 소리람. 나로서는 처음 듣는 말이었다. 안중근 의사에 대해서는 남들이 아는 만큼만 알았지 그런 세세한 내막은 알지 못했기 때문에 더 대꾸할 말이 떠오르지 않았다.

"아무튼 그래도 나는 할 생각이 없다."

그는 돌아갔다. 그런데 묘하게도 자꾸 안 의사가 법정에서 명성황후 시해를 의거의 첫 번째 이유로 들었고, 그래서 안 의사를 다루는 것이 〈명성황후〉의 후속이 될 것이라는 사내의 얘기가 머릿속에 남아 좀체 떠나지 않았다. 궁금해서 자료를 찾아보니 정말 그랬다. 법정에서 한 진술이 기록으로 남아 있었다. 좀 더 구체적으로 알아봐야겠다는 생각이 들었다. 그러나 생각만큼 자료가 많지 않아, 주변의 몇몇 소설가들이 안중근을 쓰고 싶어도 그러지 못한다는 것을 알게 되었다. 뒤지다 뒤지다가 다큐멘터리로 만든 북한 영화까지 보게 되었는데, 잘 만들긴 했지만 이데올로기를 지나치게 강조해서 지루한 게 흠이었다. 그러나 수확이 아주 없는 것은 아니었다. 그때까지만 해도 많은 이들이 주의 깊게 들여다보지 않았던 안중근의 동양평화론이 눈에 띄었다.

다들 알다시피 사형선고를 받은 안중근은 항소를 하지 않는 대신, 일본에 한 가지 요청을 한다. 자신이 집필 중인 글이 끝날 때까지 사형을 미뤄 달라는 요구였다. 하지만 약속은 지켜지지 않았다. 본래 서序, 전감前鑑, 현상現狀, 복선伏線, 문답問答 등 모두 5장으로 구성된 이 글이 겨우 서론을 마치고 전감을 쓰고 있을 때쯤 사형이 집행되었다. 선고를 받은 지 한 달여 만의 집행이니 그야말로 속전속결이다. 이때 안 의사가 감옥에서 쓰던 글이 「동양평화론」이다. 그의 동양평화론은 이런 사유로 미완에 그쳤지만, 그가 얘기하려던 동양평화를 위한 구상은 일본인 간수와의 대화를 통해 남겨졌고 알려졌다.

중립지대에 한국과 청나라와 일본의 협력을 위한 기구를 설치할 것, 세 나라의 공동은행을 설치하고 공동화폐를 사용할 것, 서구 열강의 침입에 공동으로 맞설 것, 일본의 주도로 경제개발에 힘쓸 것, 서로의 주권을 존중하고 평화적 관계를 맺을 것과 같은 내용이 동양평화론의 골자다. 이는 수십 년이 지난 현재의 유럽연합EU과 같은 구상이다. 국제연합UN이 등장하기도 훨씬 전인 1910년에 30대의 한국인 안중근이 일찌감치 이런 제안을 했다는 사실이 놀라울 뿐이다. 또 일본의 침략 구실인 동양평화가 자국을 중심으로 한 패권주의에 있다면, 안중근의 그것은 삼국 각자의 주권을 존중하고 협력을 바탕으로 한다는 점에서 뚜렷한 차이가 있었다.

명성황후

단순히 일제강점기 하얼빈역에서 일본의 통감 이토 히로부미를 저격한 독립운동가로만 여겼던 안중근이 세종대왕이나 이순신처럼 위대해 보였다. 그럼에도 불구하고 이런 위인의 위대한 사상을 어느 누구도 손대지 않았다니 한편으로는 놀랍기도 하고 한편으로는 다행스럽기도 했다. 머릿속이 바삐 움직였다. 극중 하이라이트라 할 하얼빈 장면을 근사하게 꾸미고, 이걸 작품에 녹이면 이전과는 아주 다른 괜찮은 얘기가 될 것 같다는 감이 왔다. 불쑥 찾아와 안 의사 얘기를 만들어 주면 좋겠다던 낯선 사내는 이미 지워진 지 오래다.

대본부터 만들어야 했다. 〈명성황후〉를 함께 작업한 이문열에게 상의를 했지만 애초부터 무리였다. 그즈음 이문열은 신문 칼럼을 통해 시민단체를 정권의 홍위병에 비유했다가 논쟁으로 번졌고, 결국 책 장례식까지 당했던 참이어서 거절을 이해할 만했다. 대신 근대사에 밝은 젊은 작가를 물색해 월급을 주면서 대본 작업에 들어갔다. 얼개가 짜여진 대본이 나오기까지 2년이 걸렸지만, 지금 생각해 보면 이 젊은 작가와의 작업이 얼마나 다행스러운 일인지 모른다. 대본을 들고 올 때마다 이거 고쳐라 저거 고쳐라 지적도 많고, 이런 인물도 넣었다가 저런 인물도 넣었다가 또다시 빼는가 하면, 스토리를 이리 뒤집고 저리 뒤집는 일도 다반사였으니, 과연 거장 이문열한테도 그런 주문이 가능했을까 싶은 마음이 드니 말이다.

대신 이문열에게는 오래도록 고마운 일 하나가 있다. 2009년이 안중근 의사의 의거 100주년이었고, 나도 그해 거사일에 맞춰 작품을 올리려던 참이었는데, 마침 이문열이 《조선일보》에 같은 이유로 소설을 연재하게 되었다는 것이다. '소설 안중근'이라는 부제를 단 『불멸』이 그것이다. 연재는 그해 1월 1일부터 12월 31일까지 딱 1년간이었는데, 그때 부탁을 했다. 뮤지컬 〈영웅〉의 개막일이자 거사일인 10월 26일에 의거 장면을 넣어 달라고. 한참 훗날에야 가능할 약속이었는데도 이문열은 그 약속을 잊지 않았다. 연재 중인 소설의 전개로 보자면 아직 나올 때도 아닌 얘기를 그날 미리 당겨 쓰는 것으로 안 의사의 의거를 기념했고, 나는 5년 동안 작업해 왔던 뮤지컬 〈영웅〉을 무대에 올리는 것으로 그날을 재현했다. 참 멋지고 뿌듯한 일이 아닐 수 없다.

얼추 대본이 나오자 음악이며 무대 준비에 들어갔다. 우선 음악 만들 사람을 여러모로 물색하고 시도했지만 다들 썩 내키지 않았다. 외국 작곡가에게도 맡겨 봤지만 마찬가지였다. 그때 떠오른 인물이 박칼린에 이어 음악감독을 하는 김문정의 남편 오상준이었다. 김문정은 〈명성황후〉의 세션으로 인연을 맺어 〈둘리〉를 할 때부터는 음악감독을 맡긴 터여서 남편 오상준과도 일찌감치 알고 지내는 사이였는데, 그 실력을 오래도록 곁에서 봐왔던 탓에 이번 작품을 같이해 봐도 좋겠다고 여겼다. 그러나 본인이 마다하면 어쩔 수 없는 법이고, 또 하겠다고 나서더라도 작품에 걸맞은 수준의 음악이 나오지 않으면 그 또한 동행이 어려울 수밖에 없다. 오상준에게 대본을 주어 읽어 보게 하고, 내게 찾아온 사내의 얘기부터 그동안의 상황을 쭉 설명하고는 한마디를 덧붙였다.

"생각해 보고 가슴이 뜨거워지면 연락해."

가슴이 뜨거워지면 연락하라는 말은 내가 누군가와 함께 일하고자 할 때 늘 하는 이야기다. 창작이라는 분야는, 예술이라는 작업은, 누가 하자고 해서 될 일도 아니고 하라고 해서 할 수 있는 일도 아니다. 스스로 의욕이 생기고 마치 무당이 굿을 하면서 신이 몸에 내리는 것처럼,

작품과 접신接神하지 않고서는 결코 좋은 결과물이 나올 수 없다는 걸 경험으로 체득한 탓이다.

훗날 들은 오상준의 말에 따르면, 그날 집으로 돌아가는 버스 안에서 이미 악상이 떠올랐단다. 그게 지금 〈영웅〉의 오프닝 넘버. 집에 도착하자마자 샤워를 한 차례 하고는 곧바로 안중근기념관을 찾아가 그의 생애와 업적을 꼼꼼히 들여다보며 푸욱 빠져들었다는데, 내가 보기에 그것이 곧 안중근과의 접신 과정이었다. 그 때문이었는지 그가 써온 곡들은 거의 손볼 데가 없을 정도로 내 의도에 가까웠다. 행여 조금이라도 고개를 갸웃거릴라치면 그것이 그에게는 오히려 동기부여가 되어 다음 번에는 더 완벽한 곡을 내밀었다. 그것이 지금의 뮤지컬 〈영웅〉 속에서 펼쳐지는 버라이어티한 넘버들이다. 이 넘버들 중 몇 곡은 얼마 지나지 않아 대본의 일부와 함께 QR 코드를 통해 듣고 볼 수 있도록 아이들의 교과서에도 실리는 뜻하지 않은 뿌듯함까지 선사했으니, 제작과 연출을 처음부터 끝까지 지휘한 입장에서는 꽤나 보람 있는 작업으로 기억된다.

무대는 이미 〈명성황후〉에서 스펙터클한 장면을 연출하는 회전무대를 선보여 놀라운 기량을 인정받은 박동우와 머리를 맞댔다. 가장 신경을 쓴 장면은 거사 당일 하얼빈역의 풍경이다. 기차에서 내린 이토 히로부미가 줄지어 선 환영객들의 인사를 받으며 걷고 있을 때 안중근의 저격을 받게 되니까 극의 하이라이트인 셈이어서, 가장 규모 있고 웅장하면서 눈길이 가는 장면을 구현해야 했다. 그때 문득 떠오른 게 마술사 데이비드 커퍼필드였다. 세계인이 다 보는 앞에서 자유의 여신상을 사라지게 했다가 다시 그 자리에 세워 놓기도 하는 마술이라면, 무대 안으로 기차가 들어오는 장면이나 기차를 띄워 올리고 가라앉히는 장면을 실감나게 재현해 낼 수 있겠다 싶었다. 그러기 위해서는 컴퓨터그래픽CG만 한 것이 없었다. 당시만 해도 우리나라에 컴퓨터그래픽이 막 도입되던 시기라서 업체를 찾는 일도 쉽지 않고 가격도 만만치 않았다. 그런데 뜻밖에도 제일 실력이 좋다고 알려진 회사가 마침 재정적으로 어려움을 겪던 처지라 둘의 이해관계가 맞아떨어지는 바람에 어렵잖게 해결할 수 있었으니 그저 행운이랄밖에 무슨 말이 더 필요하랴.

틈나는 대로 조연출을 불러다 놓고 이야기 순서에 따라 장면별로 벽에 빽빽하게 붙인 전체 시놉시스를 이렇게도 바꿔 보고 저렇게도 바꿔 보는가 하면, 아예 들어내기도 하고 다른 구도로 변경하는 일은 다반사였다. 가상 인물을 넣었다가 빼는 일도, 일찍 죽여 보기도 하고 천천히 죽여 보기도 하고, 없던 로맨스를 만들었다가 도로 허무는 일로 혼자서 신이 났는데, 사무실 분위기는 사뭇 달랐다. 내 앞에서는 대놓고 말하는 사람이 없었지만, 내가 없는 자리에서 조연출에게는 다들 "그거 왜 하냐"고 못마땅해한다는 것이다. 한결같이 하는 말들이 너무 뻔한 얘기라서라거나 위인전이라서 재미없다고 생각한다는 거였다. 신경이 안 쓰였다고 하면 거짓말일 테다.

그래서 하루는 직원들을 모두 불러다가 이번 작품의 스토리부터 디자인까지 꼼꼼히 설명을 했다. 하지만 어느 누구도 귀담아 듣는 눈치가 아니어서 서운한 마음에 버럭 소리를 지른 적도 있다. 아무도 안 하면 나 혼자서라도 할 테니 다들 손 떼라면서. 지금 생각해 보면 유치하기 짝이 없는 행동이지만 그땐 그렇게 빠져 있었다. 안중근에 매달려 시간 가는 줄 모르고 살다 보니 5년이 흘렀다. 그 기간마저도 너무 짧다고 느껴질 만큼 시간은 빠르게 갔다.

명성황후

안중근 의사의 의거를 그린 뮤지컬 〈영웅〉

어느새 공연이 코앞으로 다가왔다. 장면 장면을 떼내어 연습하던 것을 전체적으로 맞춰 봐야 하고, 특히 이 작품에서는 독립군들이 일본군에게 쫓기는 장면에 위험한 야마카시(파쿠르parcours를 일상적으로 이르는 말인데, 신체의 움직임만으로 달리고 뛰어넘고 구르고 오르면서 자기만의 길을 만들어 가는 운동) 동작을 넣었기 때문에 사전 무대 연습은 필수였다. 공연을 올리려고 대관한 극장이 있기는 하지만, 이것들을 모두 조정하기에는 시간이 모자라 지방의 문예회관을 아예 한 달 동안 빌렸다. 각 파트의 동선을 비롯해 모든 점검이 끝나고, 처음부터 끝까지 마지막 예행연습을 하는 런스루Run through를 마치고서는 모두가 눈물을 훔쳤다. 특히 작품의 특성상 출연 장면이 많지 않아 제 역할만 끝내고 객석에 앉아 무대를 지켜본 여배우들은 눈물을 펑펑 쏟았다. 정식으로 공연을 무대에 올리기 전에 맞춰 본 마지막 프리뷰를 끝내자, 그동안 뒤에서 그렇게 반대했던 직원들도 내게로 달려와 죄송하다며 연신 고개를 숙였다. 배우들이 흘린 눈물의 의미와 직원들이 건네는 사과의 뜻이 무엇인지 모르지 않기에, 그동안 겪어야 했던 어려움과 서운함도 한겨울 독한 배갈을 들이키고 한길에 나서면 훅 날아가는 취기마냥 순식간에 사라져 버렸다.

'됐다, 이거면 됐어.'

그렇게 안중근은 다시 살아와 우리 곁에 섰다. 〈명성황후〉가 〈영웅〉이라는 옥동자를 분만한 것이다.

2008년인가 보다. 안중근 의사 의거 99주기 행사를 한다면서 기념사업회로부터 초청을 받았다. 기념사업회 관계자들이 다들 소개되고 행사가 끝날 때까지도 사내의 모습은 보이지 않았다. 그때까지도 나는 그 사내의 이름을 기억하지 못했다. 사무처장을 하는 이에게 물었다.

"문화국장이라고 눈썹 시커먼 친구가 안 보이네. 어디 갔나?"

"아, 그 친구요… 죽었어요, 심장마비로. 2년쯤 됐어요."

그 후 나는 〈영웅〉을 무대에 올리면서 프로그램에 이런 얘기를 넣었다. "내가 이 작품을 하게 된 것은 젊은 안중근이 나를 찾아왔기 때문"이라고.

〈영웅〉 탄생 15년

〈영웅〉이 처음부터 관객의 주목을 받았던 것은 아니다. 첫 공연이 끝나고 결산을 해보니 적자만 십수억이었다. 〈명성황후〉를 시작할 때와 다름없이 후원이나 투자 하나 없이 제작에 들인 돈만 40억 원이 넘었는데, 관객 수익은 20억 원을 조금 웃돌 정도니 나머지는 고스란히 빚으로 남았다. 그나마 작품에 대한 평가가 나쁘지 않아 서울시에서 조금, 이런저런 단체나 기관에서도 십시일반으로 20억가량 협조를 해준 덕분에 어렵사리 손익분기점을 맞출 수 있었다. 여간 다행스러운 일이 아니다. 이 지면을 통해 감사의 인사를 드린다.

다만 뮤지컬 불모지인 우리나라에서 30년이 되도록 장기공연을 하는 〈명성황후〉를 통해, 그리고 15년을 넘긴 〈영웅〉으로 나름대로 창작 뮤지컬의 정착에 기여했고, 또 성공 가능성을 보인 우리가 이 정도라면, 다른 누구도 이 바닥에 섣불리 발을 들이밀기 쉽지 않을 것이라는 예상은 너무나 당연하다. 그렇기에 대부분의 뮤지컬 극단이 창작은 엄두도 못 내고 어쩔 수 없이 외국 유명 공연의 라이선스를 사서 그 이름값에 편승하게 되는 것은 아닌지, 문화예술 관계자들은 이참에 돌아볼 것을 권하고 싶다. 가끔씩 우리의 문화예술 정책이란 걸 보면 이것이 전 세계가 열광하는 K-팝, K-드라마, K-푸드를 넘어 세계 유수의 영화제를 석권하고 노벨문학상 수상자까지 속속 배출해 내는 나라가 맞는지 싶을 정도로 믿기지 않는 일들이 도처에서 발견된다. 그럴 때마다 문화예술 현장을 평생 지켜온 한 사람으로서 불쑥불쑥 회의가 든다.

옛 속담에 "아이 하나를 키우는 데에도 온 동네가 필요하다"는 말이 있다. 홀로 자라는 아이 없듯이 문화예술계도 마찬가지다. 어린아이일수록 더 많은 보살핌이 필요하듯이, 토대가 깊지 않고 열악한 분야일수록 더 많은 관심과 집중적인 지원이 필요하다. 할 말이야 목구멍 끝까지 가득 차 있지만 다른 지면을 빌리기로 하고, 바른 정책이 올곧은 성장을 견인한다는 말만큼은 부언해 두고 싶다.

〈영웅〉을 무대에 올리고 적잖은 비난에 시달린 일도 떠오른다. 안중근과 이토 히로부미가 동양평화에 관해 논하는 장면이 그렇다. 둘을 나란히 등장시킨 것은 일본이 침략의 구실로 삼은 동양평화론의 허상과 안중근이 구상한 동양평화론을 대비시켜 보자는 나름의 의도에서였다. 하지만 관객들의 눈에는 무대에 두 인물을 나란히 세운 것부터 못마땅했고, 심지어 일본의 논리를 옹호하는 것 아니냐는 여론의 평가까지 나와서 자못 당황스러웠다. 의도야 어찌 되었든 간에 관객의 눈에 그렇게 비친다면 그것은 연출의 오판이다. 그 후로는 아예 그 장면을 뺐다. 그렇다고 해서 이 작품의 주제인 안중근의 동양평화론까지 들어낼 수는 없는 일이어서, 그 장면을 일본인 간수 지바 도시치千葉十七와의 대화로 대

명성황후

체했다. 지바는 옥중 안중근의 인품과 애국 정신에 감명을 받아 끝까지 존경하고 흠모한 인물. 안중근이 미완성으로 남겨둔 채 죽음을 맞아야 했던 '동양평화론'의 골자도 그와의 대화를 통해 남게 된 것으로 알려지고 있어, 오히려 설득력 있게 바뀔 수 있었다. 특히 15주년 공연부터 지바 역으로 합류한 배우 노지마 나오토野島直人는 일본 극단 '시키四季' 출신으로, 이미 우리 뮤지컬 〈빨래〉의 일본 공연에도 참여한 바 있고, 영화 〈영웅〉에서도 같은 역할을 소화한 적이 있는 데다, 발음까지 일본인 어투의 어설픈 한국말을 자연스럽게 구사해서 사실감까지 더했으니, 나로서는 얼마나 다행스러운 일인지 모른다.

〈영웅〉을 무대에 올리자마자 명성황후가 옥동자를 낳았다는 소리를 들었고, 이듬해 2010년 안중근 역으로 출연한 정성화가 더뮤지컬어워즈와 한국뮤지컬대상의 남우주연상을 휩쓸었지만, 해가 몇 번 바뀌어도 흥행은 여전히 고만고만했다. 공개 오디션을 통해 개그맨에서 뮤지컬 배우로 변신한 정성화가 코믹한 이미지를 벗고 우렁찬 성량과 객석까지 확연히 전달되는 또렷한 발음, 내면까지 표현하는 카리스마 있는 연기로 호평을 얻은 것은 뮤지컬계로서는 그중 큰 수확이었다. 2010년에 합류한 양준모도 풍부한 성량과 안중근의 인간적이면서도 영웅으로서의 면모를 잘 살렸다는 평가를 받았다. 이들이 부른 넘버를 담은 OST는 없어서 못 팔 정도로 불티가 났고, 출연하는 공연은 일찌감치 매진됐다. 그래도 제작자요 연출가 입장에서는 겨우 적자나 면하는 수준이었다.

그렇게 겨우겨우 명맥을 이어가던 2017년 벽두부터 믿을 수 없는 일이 벌어졌다. 예매가 줄을 잇고 매회 객석이 가득 찼다. 그해 1월, 안중근 역에 2010년 세종문화회관 공연 이후 다른 일정으로 빠졌던 양준모가

안중근 역을 맡은 정성화가 재판정에서 '누가 죄인인가'를 부르는 장면

복귀하고 안재욱과 이지훈이 합류하면서 기존의 정성화를 포함해 안중근 역을 맡았던 네 주인공이 텔레비전 유명 토크 프로그램에 나간 일이 발단이었다. 거기서 이 넷이 〈영웅〉의 넘버 중 하나인 '누가 죄인인가'를 부르게 되었는데, 그즈음을 통틀어 최고의 시청률을 기록해 화제가 되었다. 특히 이날 부른 '누가 죄인인가'의 가사는 안중근이 재판정에서 밝힌 이토 히로부미의 저격 이유 열다섯 가지를 열거하고, 이런 후렴으로 이어진다.

> 나라를 위해 싸운 우리. 과연 누가 죄인인가.
> 우리를 벌할 자 누구인가. 우리들은 움직였다.
> 나라를 위해 싸운 우리. 과연 누가 죄인인가.
> - 우리는 뭉쳤다. 조국과 민족을 위하여.
> 우리를 벌할 자 누구인가. 우리들은 용감했다.
> - 우린 할 일을 했을 뿐 물러설 순 없다.
> 나라 위해 싸운 이들 벌할 자 누구인가.
> 과연 누가 죄인인가. 벌할 자 누구인가.
> 나라를 위해 싸운 우리. 과연 누가 죄인인가.
> - 우리는 뭉쳤다 조국과 민족을 위하여.

당시 광화문에서는 연일 대통령의 탄핵을 요구하는 시민들의 시위가 끊이지 않았다. 한 달 전인 2016년 12월에 국회를 통과한 탄핵안이 헌법재판소의 심의를 기다리던 시기여서, 이런 가사들이 시청자의 마음을 움직인 것으로 여겨진다. 또 방송이 되던 날이 마침 〈영웅〉을 다시 올리는 날과 우연찮게도 맞아떨어졌고, 공연장 역시 시위가 벌어지는 광화문의 세종문화회관이었다는 것도 참 기이한 인연이다. 통상 공연을 위한 대관이 적어도 한두 해 전에 결정된다는 것을 감안하면 더욱 그렇다.

관객들의 연령이 확 낮아진 것은 대개 중년 관객이 많은 〈명성황후〉에서는 볼 수 없는 현상이어서, 나로서는 더욱 반가웠다. 일찌감치 문화를 경험한 사람이 훗날 문화의 생산자가 될 가능성이 높다는 평소의 소신 때문이다. 내가 〈둘리〉 같은 어린이 뮤지컬을 만들어 공연한 것도 그런 이유에서인데, 요즘 현장에서 만나는 배우나 스태프 중에는 30년 전의 〈명성황후〉나 15년을 넘긴 〈영웅〉을 어릴 때 보고 꿈을 키우다가 이 분야에 뛰어들었다는 얘기를 심심찮게 듣는다. 텔레비전에서 유명세를 타는 어떤 유명한 역사 강사 역시 〈명성황후〉를 보고 일찌감치 역사에 관심을 가지게 되었다는 얘기를 전해 들은 바도 있다. 그럴 때마다 숱한 어려움 속에서도 이 길을 놓지 않고 끝까지 믿음을 버리지 않았던 내 자신과, 현장에서 그 믿음을 확인시켜 주는 어린 동료들을 떠올리면 늘 가슴이 저릿저릿하다. 낼모레 팔순을 바라보는 나이에도 내가 현장을 떠나지 못하는 이유다.

뮤지컬 〈영웅〉의 흥행에 한몫 거든 것은 영화 〈영웅〉의 역할도 작지 않다. 뮤지컬을 본 윤제균 감독이 채 마르지도 않은 눈물을 매달고 찾아와서는 영화로 만들고 싶다는 제안을 했다. 영화 〈해운대〉와 〈국제시장〉으로 이미 쌍천만 감독이라는 명칭을 훈장처럼 달고 있는 흥행 감독이고 의지도 확고해 보여 그러라고 했다. 영화판을 경험하고 싶은 개인적인 욕심도 아주 없지는 않았다. 하지만 선뜻 투자에 나서려는 사람을 구하지 못해 엎느냐 가느냐를 몇 년 동안 거듭하다가, 지칠 즈음이 되어서야 뮤지컬 〈영웅〉의 주역인 정성화를 주인공 안중근으로 캐스팅하는 데 성공하면서 기적처럼 투자처를 찾았다. 그때는 이미 시간이 꽤나 흐른 뒤여서 영화관에 대한 내 관심도 조금씩 사그라들었고, 간혹 현장을 찾아가더라도 눈곱만큼도 관여할 구석이 보이지 않아 윤 감독에게는 미안한 말이 되겠지만 관심도 많이 식었다.

그 뒤로 영화가 마무리되었다는 소식은 들었지만 때마침 불어닥친 코로나 사태로 2020년에 걸겠다던 영화가 차일피일 미뤄지면서 2022년에야 개봉을 했다. 관객이 350만 명 정도 들었다는데, 영화 흥행으로서는 실패에 가깝다고들 했다. 피차 관객의 선택에 따라 웃고 우는 처지인지를 모르지 않기에 내 일인 듯 안타까워했다. 하지만 우리와는 다르게 엄청난 물량으로 쏟아붓는 영화 광고가 뮤지컬을 함께 알리는 또 다른 광고 역할을 한 데다, 영화 관람객 중에 원작인 뮤지컬을 보고 싶어 하는 이들도 적잖이 생겨나면서 우리로서는 보이지 않는 혜택을 받았으니, 이 또한 뮤지컬 〈영웅〉이 날개를 다는 데 한몫 거든 게 분명하다. 허나 영화에도 공동제작자로 이름을 올린 나로서는 웃기도 울기도 어정쩡한, 참으로 웃픈 일이라 하겠다.

문화는 스토리, 즉 이야기를 파는 일이다. 〈영웅〉을 만들고 공연을 이끌어 오면서 나는 이 명제를 여러 차례 실감했다. 나를 찾아온 낯선 사내부터 심상치 않았고, 명성황후와 안중근의 연결고리를 확인하는 순간 뒤통수가 얼얼해지는 것을 경험했다. 단순히 하얼빈역에서 일본 통감을 암살한 독립 투사로만 알았던 안중근에게서 동양평화론이라는 거대 담론을 발견하면서 청년인 듯 가슴이 끓었고, 젊은 관객들을 맞으며 미래를 보았다. 세종문화회관 공연이 대통령 탄핵 집회와 겹칠 줄 누가 알았으며, 생각지도 않았던 영화 제작이 뮤지컬을 견인해 줄 것이라고 생각지도 못했다. 마치 긴 꿈을 꾼 기분이다.

진부한 말이기는 하지만 이 대목에서 나는 '진인사대천명盡人事待天命'을 떠올린다. 사람의 할 바를 다하고 하늘의 뜻을 기다린다는 이 케케묵은 말의 의미를 이제야 제대로 깨닫는다. 이름이나 잔재주로 작품을 만들 일이 아니다. 매 순간순간 나를 다하고 정성을 깃들이고 영혼까지 불어넣은 뒤에야 작품을 세상에 내놓을 일이다. 그 뒤는 하늘의 소관이다. 하늘인 관객의 몫이다. 이렇게 해서 현장을 떠나는 그날까지 나를 쥐어짜야 할 이유가 또 하나 생겼다.

내 탓이오, 내 큰 탓이로다

2018년은 시작부터 마음이 바빴다. 그해 〈명성황후〉와 〈영웅〉을 잇는 또 다른 뮤지컬 〈웬즈데이〉를 무대에 올리기로 일찌감치 예정되어 있었기 때문이다. 〈웬즈데이〉는 일제강점기 일본군에 의해 강제로 동원된 위안부 할머니들의 이야기를 다룬 작품으로, 이미 눈치챘겠지만 〈웬즈데이〉라는 제목부터 매주 수요일이면 30년이 넘도록 일본대사관 앞에서 이어져 온 관련자들의 사과와 배상, 책임자 처벌을 요구하는 집회 명칭에서 따온 것이다.

우리 사회에서 일본군 위안부 문제가 전면에 등장한 것은 1991년

광복절 즈음에 지금은 작고하신 피해 당사자 김학순 할머니의 증언이 있고 나서다. 이전까지도 문제를 제기하는 목소리가 없었던 것은 아니지만 구체적인 피해 당사자의 얼굴과 목소리가 나온 것은 그때가 처음이었다. 이듬해인 1992년 1월 일본 총리의 방한을 계기로 시작된 수요집회는 단일 집회로는 세계 최장기 기록을 세울 정도로 끈질기게 이어졌다. 지금은 전국 곳곳에 세워진 '평화의 소녀상'이 처음 선보인 것도 수요집회 1천 회를 맞은 2011년 12월 일본대사관 앞이다. 이런 모습을 쭈욱 지켜보면서 문득 떠오른 생각이 있었다.

'누군가는 이 이야기를 예술로 만들면 좋겠다. 단순히 일본의 만행을 고발하는 데 그치는 것이 아니라 꽃다운 소녀였을 할머니들의 화려한 꿈과 좌절, 아픔을 드러내는 용기, 세대를 넘어서 공감하는 아름다운 연대와 투쟁이 희망으로 승화되는 과정을 작품으로 표현하면 좋을 텐데….'

늘 아쉬움이 많았다. 일 때문에 중국을 오가면서 우연찮게 만나게 되는 이들 중에는 현지에 사는 위안부 피해자 분들도 있었는데, 그럴 때마다 해결하지 못한 묵은 숙제처럼 마음에 남았다.

그러던 것이 〈명성황후〉와 〈영웅〉을 거듭 무대에 올리고, 관객들의 반응도 나쁘지 않은 것을 보면서 자연스레 후속작을 고민할 무렵, 주머니 속에 감춰둔 송곳마냥 슬그머니 내 욕구를 자극했다. 그래, 누군가에게 기댈 게 아니라 내가 해보자. 시작은 김학순 할머니의 증언 장면으로 하고, 소녀상이 등장하는 1천 회 수요집회까지를 그려 보자. 그렇게 되면 대한제국 시기의 〈명성황후〉와 일제강점기의 〈영웅〉을 자연스럽게 잇는 작품이 되겠다는 생각이 들었다. 나아가 항일 역사 뮤지컬 3부작의 완성이라는 의미도 부여할 수 있겠다고 여겼다.

위안부 할머니들의 이야기 〈웬즈데이〉는 그렇게 시작되었다. 일단 마음을 먹었으니, 또 〈명성황후〉나 〈영웅〉을 처음 만들 때와 다름없이 바닥부터 기어야 할 일이다. 여전히 엎고 뒤집기를 수없이 반복한 끝에 대본을 완성하고 무대디자인도 얼개를 갖출 때쯤엔, 벌써 서너 해가 훌쩍 지나 있었다. 공연장 대관도 일찌감치 끝났고 12월부터 시작되는 공연 일정도 나왔는데, 문제가 있다면 작품에 쓰일 몇몇 곡이 썩 흡족하지 않다는 게 유일한 골머리였다. 곡이 완성되어야 캐스팅을 마무리하고 본격적인 연습에 들어갈 텐데, 차일피일 늦춰지니 마음부터 동당거리지 않을 수 없었다. 하지만 경험에 비춰 보건대 시간이 해결해 줄 문제였다. 그것 빼고는 아무 문제가 없었다.

2월 들어서 일찌감치 새 작품을 알리는 보도자료 배포도 끝내고, 내친 김에 제작발표회를 겸한 기자회견 일정까지 잡아 모든 언론사에 알렸다. 생각지도 못한 일이 벌어진 건 바로 그 기자회견을 코앞에 둔 때였다.

"선배님 이름이 찌라시에 나와요. 어쩐 일인가 해서요?"

후배에게서 영문 모를 전화 한 통을 받았다. 얘기인즉, 내가 미투Me, too 가해자로 증권가 찌라시에 이름이 올라 있다는 말이었다. 그것도 제일 먼저 언급이 된다면서. 처음에는 농담으로 여겼다. 황당하기도 했다. 아무리 생각해도 그런 오해를 살 법한 일이 없는데 사람들 입에 내 이름이 오르내리고 있다니 믿어지지 않았다. 후배에게 찌라시를 보내 달라고 해서 받아 보니 과연 내 이름 석 자가 떡하니 들어 있었다. 망연할 따름이었다.

기자들에게서 걸려 오는 전화도 불이 났다. 일이 이렇게 된 이상, 더욱이 새 작품의 제작발표회를 앞둔 시점이라서 입장 표명이 불가피해 보였다.

안녕하십니까, 윤호진입니다.

최근 공연계에 불미스러운 성폭력 사건들이 불거지고 있는 것에 대해 오랜 시간 공연계에 몸담고 있는 사람으로서 참담함과 책임감을 느낍니다. 피해를 당하신 분들과 불편함을 느끼시는 관객 분들께도 진심으로 면목이 없습니다.

저 역시 의혹에서 자유로울 수 없다고 생각하며, 제 이름이 거론된 다는 소식을 들었습니다. 이러한 상황에서 신작 뮤지컬의 제작발표를 한다는 것은 부적절하다는 생각입니다. 할머님들과 힘겨운 싸움을 하고 계신 분들께 저의 개인적인 의혹으로 누를 끼쳐서는 안 된다는 생각이 들었기 때문입니다.

그래서 28일 예정되었던 신작 뮤지컬의 제작발표 기자회견은 미루고자 합니다. 저에 대한 의혹을 먼저 푸는 것이 순리라는 판단에서입니다.

더불어 저의 행동으로 인해 불쾌함을 느끼신 분이 계시다면 진심으로 사과드리고 싶습니다. 피해 신고센터나 에이콤, 또는 주변 지인을 통해서라도 꼭 연락 주시기 바랍니다.

50여 년간 공연을 하면서 앞만 보고 오며, 자부심에 취해 제 자신과 주변을 둘러보지 못한 것에 대한 자책이 듭니다. 기득권에 속해 있는 한 사람으로서, 지금 용기 있는 분들이 목소리를 내고 있는 이 운동이 우리 사회를 건강하게 만드는 밑거름이 되기 바라며, 저는 이 운동에 걸림돌이 되지 않기 위해 삼성오신三省吾身하겠습니다. 그분들의 용기를 격려해 주시고 지켜 주시기 바랍니다. 또한 공연계의 권력과 기득권의 성폭력 문제로 인해, 이 시간에도 땀 흘리고 있는 제작진과 배우들의 순수한 열정에 피해가 없기를 바랍니다.

2018. 2.12
윤호진 드림

곧바로 내 이름 앞에 붙었던 모든 직함을 내려놓았다. 불미스러운 일에 이름이 오르내리게 된 이상, 내가 사랑했던 무대와 나를 응원했던 모든 관객들에게 할 수 있는 최소한의 예의였다. 나도 모르는 사이에 어떤 말과 어떤 행동이 누군가에게는 칼이 되어 마음을 베었는지 알 수 없으나, 자숙만이 답이었다.

그렇게 지낸 시간이 벌써 7~8년. 20대 이후 좌고우면하지 않고 무대만을 지켜 왔던 내가, 처음으로 지나온 길을 돌아보고 또 나아가야 할 길을 찬찬히 생각해 보게 된 시간이었음을 고백하지 않을 수 없다. 그사이 백의종군하는 마음으로 한 발짝 떨어진 시선으로 무대를 보았고, 그 시선으로 새로운 작품을 구상했다. 〈웬즈데이〉를 대신할 항일 역사 뮤지컬 3부작의 마지막 편으로 인간 이순신을 그린 〈칼의 노래〉를 기획하고, 내 마지막 혼을 갈아넣을 글로벌 뮤지컬 〈몽유도원〉을 새롭게 다듬었다.

〈명성황후〉 25주년 공연장 덮친 코로나 사태

　　25주년을 맞는 〈명성황후〉는 그야말로 무대 바닥을 빼고는 모든 걸 갈아엎었다. 세상을 발칵 뒤집었던 미투 운동도 가라앉았지만, 그날 이후 나는 모든 직함을 내려놨다. 〈영웅〉을 비롯해 몇 편의 작품에서 연출부로 일을 해왔던 안재승에게 연출을 넘기고, 예술감독이라는 이름만 건 채 이 새로운 작업에 매달렸다. 백의종군하는 마음이라면 너무 거창할까. 연출이 젊어졌으니 작품도 젊게 손볼 필요가 있어서 시작한 일이지만, 무려 2년이나 걸린 대작업이었다.

　　가장 눈에 띄는 변화는 기존 대사 없이 노래로만 진행하는 성스루 형식에 대사를 섞었다는 점이다. 음향이나 공연장 사정에 따라 노래만으로는 완벽히 전달하지 못하던 문제들이 해소되었고, 좀 더 섬세한 감정 표현도 가능해졌다. 세계적인 뮤지컬의 흐름도 점차 그렇게 바뀌는 추세이기도 했다. 내용 전달이 수월해지면 관객들의 몰입도도 높아지리라는 기대도 담았다.

　　실재했던 역사를 주제로 삼은 작품이라서 전체적으로 긴장감이 높은 편이라는 지적을 반영해, 스토리부터 안무와 음악까지도 과감하게 잘라내고 다듬었다. 자연스럽게 속도감이 생기고 한층 가벼워졌다. 세계적인 피아니스트이면서 작곡가인 재일교포 양방언이 작품에 쓰인 모든 곡의 편곡을 책임졌다. 평창올림픽 개·폐회식의 공동 음악감독이기도 했던 양방언은 고전과 현대, 동양과 서양이 조화를 이루는 한층 세련된 음악을 구사해 냈다. 여기에 더해 소품과 의상도 현대적인 감각에 맞도록 과감

당시의 화려한 궁궐, 화염에 뒤덮인 참혹한 대궐을 선명하게 보여준 LED 패널

하게 교체해서 작품에 세련된 맛을 얹었다.

무대만큼 변화를 준 것도 없는데, 기존의 경사진 나선형 회전무대는 워낙 독보적이고 창의적인 장치라서 그대로 두고, LED를 과감하게 사용했다. 무대 배경으로 쓰인 거대한 LED 패널은 역사극이라면 누구나 가졌을 선입견인 무거운 분위기를 덜어 주기 위한 시도이기도 하고, 당시의 화려한 궁궐, 외세가 침략해 오는 바다, 날아드는 화살, 화염에 뒤덮인 참혹한 대궐을 선명하게 보여줌으로써 조선의 현실을 바로 눈앞에서 대하듯 사실감을 더하려는 나름의 노력이었다. 여기에 회전무대와 LED가 어우러지면서 더해지는 긴장감과 박진감은 사실 애초에는 생각지도 못했던 수확이었다.

준비는 다 끝났다. 이제 관객을 맞아 젊게 단장한 〈명성황후〉를 평가받을 일만 남았다. 하지만 세상일이 그렇게 녹록지만은 않다는 사실이 얼마 지나지 않아 현실로 드러났다. 전 세계를 휩쓴 코로나바이러스의 한복판에 서게 된 것이다.

예정대로라면 〈명성황후〉 25주년을 맞는 2021년 1월 6일부터 예술의전당 오페라극장에서 이 작품을 올리기로 했다. 그러나 극심한 코로나로 인해 시행된 사회적 거리두기가 발목을 잡았다. 물론 사회적 거리두기가 개막에 맞춰 발생한 것은 아니다. 코로나가 발생한 것은 훨씬 더 전이고 거리두기 역시 2020년 3월부터 시행되었다가 상황이 나아지면 완화하기를 거듭하고 있었다. 그때부터 속으로는 '이러다가 공연을 못 올리는 거 아냐?' 하는 조바심이 든 것도 사실이지만, 그때쯤이면 나아질지도 모른다는 일말의 기대는 있었다.

하지만 공연을 목전에 둔 11월부터는 사회적 거리두기 2.5단계라고 해서 5인 이상 집합 금지에 동창회, 송년회, 회식은 물론이고 돌잔치나 칠순 같은 개인적인 모임도 일절 금지했다. 결혼식이나 장례식까지도 사람 수를 제한했으니 말해 무엇할까. 거리두기 시행 시한이 2021년 1월 3일까지라고 했으니 공연에는 지장이 없겠지만, 혹시나 싶은 마음에 일단 개막 날짜를 2주 늦춘 1월 19일로 연기하고 양해를 구했다.

"현재 확산세에 있는 코로나19 방역을 위한 정부의 정책에 적극 협조하고, 배우와 스태프의 안전한 제작 환경과 코로나19에 대한 관객 분들의 염려를 충분히 고려해 공연 개막 연기를 결정하게 되었다. 공연에 참여하고 기다려 주신 많은 분들의 양해를 부탁드린다."

그러나 혹시나는 늘 그렇듯이 역시나가 되고, 거리두기는 다시 연장되었다. 〈명성황후〉 25주년 기념공연은 아예 무대에 올리지도 못할 거라는 우려가 현실로 다가왔다. 이미 한 차례 개막을 연기했던 터라 또 연기를 할 수도 없었다. 그것은 이미 예매를 했다가 공연 연기로 환불하고 또다시 예매했을 관객에 대한 예의가 아니었다. 다시 날짜를 연기한다면 그것은 공연을 아예 접는다는 말과 다르지 않았다.

지혜를 모아야 했다. 관객들도 무작정 기다릴 수만 없는 것처럼 스태프나 배우들도 언제까지 스케줄 빼놓고 기다릴 수 있는 게 아니기 때문이다. 일단 약속했던 19일에는 무대에 올리기로 합의했다. 더 나아가 20일까지 이틀간 3회 공연을 하기로 합의했다. 그리고 그 뒤는 언제가 될지 모르지만 무기한 연기를 하자고 뜻을 모았다. 상황에 따라 그것으로 25주년 기념공연의 막을 내릴 수도 있었다. 극장에도 그렇게 통보를 했다.

공식 개막이라고는 할 수 없으니 프리뷰라는 이름으로 열린 이날 공연장 풍경을 나는 지금도 잊을 수 없다. 누구 하나 빼놓지 않고 희고 검은 마스크를 쓰고, 굿즈샵이나 포토존 앞에서는 거리두기를 준수하며 줄을 섰고, 취식도 할 수 없고 대화도 제한되었으니 평소 같으면 시끌벅적할 로비가 두런거리는 울림만 전해져 올 뿐 조용했다. 객석은 더 볼 만했다. 퐁당퐁당(한 칸 띄어 앉기)도 아니고 퐁당당퐁당당(두 칸 띄어 앉기)이니 전 석이 매진되었다고 하더라도 평소의 만석에 비해 3분의 1에 불과해서 썰렁하기 그지없었다. 웃을 수도 울 수도 없는 현실이 눈앞에 펼쳐졌다. 전회 만석을 채워도 유지를 할까 말까 하는 판에 그 정도라면 흥행은 이미 물 건너간 것과 다름없었다. 다행히 새롭게 단장한 작품에 대한 평가는 좋아서 기사들은 한결같이 우리가 바꾼 지점과 그 의도를 알아채고 호평했다.

"대사가 첨가되어 전개가 세밀해졌다."

"LED 활용으로 조선의 화려한 궁궐이 손에 잡힐 듯 선명해 탄성이 절로 나온다."

"기존과 달리 LED 패널을 활용한 무대 연출로 실감나는 배경 묘사로 눈길을 사로잡았다."

"서양 오랑캐가 쳐들어오는 장면은 영상에 배 3척을 헬리콥터처럼 최첨단으로 표현하고, 이를 대적하는 조선은 겨우 농민들의 곡괭이와 구식 군대의 힘 없는 창인데도 경쾌한 꽹과리와 장단 속에 적을 물리치는 것으로 표현해 인상적이다. 신식 군대를 키우는 장면은 가요풍 음악에 7채 장단과 피리, 태평소 등 국악기로 흥을 한껏 돋우며 박력 있는 군기를 잘 살렸다."

LED 활용으로 선명하고 실감 나는 무대 연출이 돋보인 25주년 기념공연 '양이와의 전투'

풍성하고 활기찬 화관무

"사진 한 장 제대로 남아 있지 않은 명성황후는 기품 있는 의상 덕분에 얼굴 있는 왕비로 재탄생했다."

"서병구가 짠 앙상블의 안무는 풍성하고 활기차다."

"역동적인 단체 안무와 합창은 시종일관 눈을 뗄 수 없게 하는 작품의 힘이다."

이틀에 걸친 세 차례의 프리뷰가 성공적으로 끝났지만, 본격적인 고민은 그때부터 시작이었다. 상황이 나아질 때까지 무기한 연기를 하겠다고 선언했지만 그날이 언제일지는 아무도 장담할 수 없는 노릇이었다. 더욱이 지금처럼 두 칸 띄어 앉기가 계속된다면 더 생각할 것도 없이 포기를 하는 게 옳은 판단이었다. 공연계에서는 대개 객석점유율 60%를 손익분기점으로 보는 게 일반적이다. 그렇게 보자면 이 공연은 하면 할수록 오히려 적자가 날 게 분명했다. 그렇다고 해서 포기를 하자니 이 작품만 보고 매달려 온 스태프들과 배우들 생각을 하지 않을 수 없었다. 공연판의 스태프나 배우는 비정규직 노동자와 같아서 공연이 없으면 수입도 없게 된다. 그동안 그들이 오늘을 위해 흘린 땀을 누가 보상할 것인가. 이를 두고 진퇴양난이라고 하는 걸 게다. 공연을 올리면 내가 죽고 여기서 엎으면 스태프나 배우들의 처지가 어떻게 될지 눈에 뻔했다.

나뿐 아니라 그즈음 영화를 비롯해 공연문화예술계는 객석 문제로 뒤숭숭했다. 〈명성황후〉 25주년 프리뷰 자리에도 국립극장장을 지낸 안호상 홍익대 공연예술대학원장을 비롯해 유수의 공연단체 대표, 나라나 공공단체가 운영하는 극장의 대표들이 응원을 위해 모였는데 다들 이 문제를 지적하기 바빴다. 한결같이 객석 30%를 채우고서 공연을 하라는 게 말이 되느냐는 소리였다. 물도 안 마시고, 서로 말도 안 하는 데다가, 한결같이 마스크를 쓴 채 시종일관 정면에서 펼쳐지는 공연만 보다가 나가는데 2차 감염이 웬말이냐며 푸념을 늘어놓았다. 심지어 이런 걸 대책이라고 내놓은 관계자는 극장에서 공연이나 한번 제대로 봤는지 모르겠다는 자조 섞인 비아냥도 나왔다.

급기야 영화와 공연단체들이 모인 '코로나피해대책마련 범 관람문화계 연대모임'이라는 조직도 구성되어 "코로나19 상황에서 극장이나 공연장에서의 2차 감염은 없었다"며 "좌석의 70% 가동이 필요하다"고 주장했다. 이 모임에서는 구체적인 방안으로 공연 관람객이 연인이나 친구, 가족끼리 함께 오는 경우가 많다는 점을 들어, 두 자리 착석 후에 한 자리를 비우거나 동반자끼리는 같이 앉게 하고 한 칸을 띄우는 '현실적 거리두기'를 건의하기도 했지만, 정부는 요지부동이었다. 나 역시 프리뷰 공연 자리에서 만난 기자들에게 똑같은 하소연을 했다.

"속상해서 어쩔 줄을 모르겠다. 객석을 절반도 못 채우게 하면 대체 어떻게 공연을 올리라는 건가. 25주년에 맞춰 새롭게 만든 세트나 의상 비용도 손해가 크지만, 무엇보다 일자리 잃은 배우들은 어떻게 하나? 그들은 공연이 취소될까 봐 잠도 못 자고 있다고 한다. 오늘 프리뷰 공연이 끝나면 언제 다시 공연이 올라갈지 모르니 아르바이트를 구하는 일도 쉽지 않다고 하소연을 하는 형편이다."

아무리 골똘히 생각해도 나도 살고 배우나 스태프도 함께 사는 묘안이 떠오르지 않았다. 여러 차례 회의를 거듭했지만 직원들은 한결같이 여기서 접어야 한다고 주장했다. 쌓아 놓은 돈이 있는 회사도 아닌데 무대에 올릴수록 눈덩이처럼 커질 적자를 어떻게 감당하느냐는 거였다. 하나도 틀린 말이 없었다. 정상적인 사고를 하는 사람이라면 누구라도 그렇게 생각하고 그렇게 판단하는 게 옳았다. 하지만 내 눈에는 이 무대를 위해 오랫동안 함께 고생하고 노력해 온 배우나 스태프들이 자꾸만 어른거렸다. 결단을 내려야 했다. 시간을 끌수록 그들이 아르바이트 일자리를 구하는 일마저 더 까다로워진다.

'애써 공들여 새롭게 단장한 25주년 작품인데 이대로 막을 내릴 수는 없다. 몇 번의 공연 연기에도 참고 기다려 준 관객들에게 보답하고 기대에 부응해야 한다. 코로나로 힘든 날을 보내는 국민들에게도 힘이 될 수 있으면 좋겠다. 무엇보다 이 작업을 함께해 온 스태프들과 배우들의 노고를 이렇게 허망하게 날릴 수는 없다. 가자!

적자? 언제는 돈이 있어서 작품을 했나? 모두의 반대를 무릅쓰고 〈명성황후〉를 처음 시작할 때는 변변한 후원 하나 없는 맨주먹 아니었나? IMF와 사스로 미국 공연을 망치고 죽느니 사느니 심각하게 고민할 때에도 결국 살아남았지 않은가?'

순간 〈명성황후〉를 들고 거친 벌판과도 같던 현장을 좌표도 없이 헤매던 지난 25년이 활동 필름처럼 머릿속을 빠르게 헤집고 지나갔다. 그래, 가자!

25주년 기념공연은 프리뷰가 끝나고 보름쯤 지난 2월 2일 정식으로 개막했다. 애초 26일까지 하려던 공연이었지만 더 많은 사람이 볼 수 있도록 연장 공연까지 열흘을 더 하고서야 막을 내렸다. 코로나라는 재난 상황 속에서도 공연을 보러 한달음에 와준 관객들, 하마터면 일자리를 잃을 뻔했던 스태프나 배우들을 생각하면 백 번 잘 내린 결정이고, 여전히 같은 상황이 오더라도 다시 번복할 생각은 추호도 없다.

명성황후와 세자

　예상했던 대로 큰 손해를 봤다. 그런데 뜻밖에도 2017년부터 뜨거운 반응을 얻었던 〈영웅〉의 인기가 시들지 않는 바람에 그나마 쫄딱 망하는 길은 피했다. 〈명성황후〉가 〈영웅〉을 낳았다면 이번엔 〈영웅〉이 〈명성황후〉를 봉양한 셈이었다.

　〈명성황후〉의 25년은 그렇게 넘겼지만, 공연계에 수십 년을 몸담아 왔지만 그때처럼 힘든 시기는 없었다는 내 기억의 페이지는 아마도 영원히 넘어가지 않을 것이다. 아직도 철들지 않은 내 가슴 위로 명성황후와 세자의 노래가 흐른다.

왕비　내 나이 어릴 적 세자만 할 적에
　　　여염의 아이로 자랐어라
　　　구경 좋아하고 얌전한 체하는
　　　그런 천진한 소녀였었지

세자　넓고 깊은 궁에서 자라난 소자
　　　궁금해요 궁궐 밖 백성살이
　　　소자는 커서 어른이 되어
　　　넓은 세상 보고 싶어요

왕비　그럼 그래야 하지
　　　기특하다 우리 세자
　　　꿈을 크게 가져야지
　　　위로는 두 아일 잃은 후
　　　세자를 품에 안았을 때
　　　어미의 마음은 하늘을 등에 업은 듯 땅을 안은 듯

세자　이제 씩씩한 나라의 기둥이 되어
　　　저 넓은 세상을 맞으리라 우리

무과시험

백성이여 일어나라

서른 살 맞은 뮤지컬 〈명성황후〉

　　코로나로 뜻하지 않은 직격탄을 맞았던 〈명성황후〉 25주년 기념공연은 비록 흥행은 참패를 면치 못했지만, 다양한 시도를 했다는 점에서 시선을 모았다. 여러 시도 중에서도 가장 눈에 띄는 변화는 그동안 고집해 오던 성스루 형식에 대사를 입혔다는 점과 LED를 무대디자인에 적용해서 밝고 사실감 넘치는 화면을 보여주고자 했다는 점이다. 그러나 연출 의도가 모두 긍정적으로 작용한 것만은 아니다.

　　대사를 삽입한 것은 관객들에게 더 구체적인 정보를 주어 극의 상황을 이해하는 한편, 역사에 대한 인식이 생기게끔 하기 위해서였다. 그런 면에서 이러한 변화는 긍정적이라고 할 수 있었다. 명성황후나 고종이 왜 그런 행동을 했는지, 왜 군대를 해산해야 했는지 쉽게 이해할 수 있는 친절한 안내자 역할을 충분히 해냈다.

　　반면 무대에 LED를 사용한 것은 자칫 칙칙해지기 쉬운 역사극으로서의 분위기를 좀 더 밝게 하고, 선명함과 화려함으로 젊은 감각을 구현해 내기 위한 시도였다. 실연에서는 분명 노린 효과를 표현하기는 했지만, 관객들의 반응은 반반이었다. 좋았다는 측이야 연출 의도에 부합하는 이들이겠지만, 반대하는 측은 테크닉이 과해서 거슬린다는 반응이었다. 무대가 화려하니 정작 배우들이 보이지 않는다는 단점을 지적하기도 했다. 수긍할 수 있는 일이다. 나 역시 동의하는 의견이다. 그래서 30주년 공연은 기존의 아날로그를 보완하는 방식으로 방향을 잡았다. 〈명성황후〉는 아날로그가 맞다.

공연이 끝나면 이렇게 전체를 한번 돌아보게 된다. 어떤 스토리는 빼거나 바로잡고 장면을 뒤바꾸기도 한다. 가사도 상황에 맞게 손을 보고 안무도 수정한다. 무대나 조명도 바꾸고, 심지어 의상과 소품까지도 교체한다. 30년을 이어오는 동안 단 한 번도 수정 없이 같은 작품을 무대에 올려 본 적이 없다. 그래서 〈명성황후〉는 언제 다시 보더라도 다르고 새롭다. 이것이 내가 극장을 찾은 관객들에게 드리는 최고의 선물이다. 또한 꾸준한 변화와 새로운 시도가 작품을 만드는 사람이라면 반드시 가져야 할 책임이요 의무이면서 역할이라고 믿는다.

20주년을 맞았을 때 제일 많이 받은 질문이 "소감이 어떠냐?"는 거였다. 내 대답은 한결같았다. "큰 의미를 두지 않는다. 지나가는 점일 뿐이다." 30년을 맞는 지금, 누가 물어도 내 대답은 여전하다. 그다음으로 많은 질문이 "한 작품을 긴 세월 동안 무대에 올리는 비결이 무엇이냐?"는 것이다. "꾸준히 극장을 찾아 준 관객들 덕분이다." 그에 대한 답변 역시 지금도 다르지 않다. 입에 발린 소리가 아니라 꾸준히 관객이 있으니 꾸준히 올릴 수 있는 것이다. 〈명성황후〉가 30년을 한결같이 사랑과 관심을 받을 수 있는 것은 관객의 힘이 아니고서는 다른 데서 이유를 찾을 수 없다. 그런 관객의 고마움에 보답하는 방법은 단 하나다. 더 좋은 작품, 더 많은 감동을 주는 작품을 만드는 것이다. 그러기 위해서 닦고 조이고 기름 치는 정비공의 마음으로 고치고 또 고치고, 바꾸고 또 바꾼다. 더 이상 손볼 데 없는 마스터피스라고 여겨질 때까지.

30년을 맞아 여기저기 손을 대다 보니, 어쩌다 초연 때인 오리지널과 비슷한 분위기가 되었다. 집 떠나 타향을 돌고 돌아 다시 집으로 돌아온 것 같은 기분이라고나 할까. 그러나 세월을 고스란히 지붕에 이고 낡아서 누추해진 집이 아니라, 고향집의 푸근함과 따스함은 그대로 간직하고 있으면서도 여기저기 다듬고 고쳐서 더 넓고 깊어진 집이라고 하는 게 옳겠다.

그렇게 〈명성황후〉 30주년 기념공연은 마치 귀향인 듯 원점으로 간다. 그것은 후퇴나 회귀가 아니라 금의환향이고, 또 하나의 발전적 업그레이드다. 마지막 리허설을 마치고 무대를 향해 엄지를 내밀었다. 오케이, 이걸로 30주년을 맞자.

돌아보면 런던 웨스트엔드에서 뮤지컬 〈캣츠〉를 보고 무릎을 치던 때 까맣던 머리가 백발이 되었다. 연극판을 뒤로하고 뮤지컬을 해야겠다고 늦깎이 학생이 되고, "10년 뒤에는 내 작품을 들고 다시 오겠다"며 브로드웨이를 떠날 때만 해도 다들 어이없어했다. 왜 안 그랬을까. 나조차도 이런 일이 실제로 벌어지리라고는 확신하지 못했는데….

그런데 정말 10년째 되던 해, 〈명성황후〉를 들고 영국 말고는 누구도 밟아 본 적이 없다는 브로드웨이에 진출한 건 기적이었다. 그때 나를 취재하겠다고 따라나선 일본 NHK 한국지사장과 뉴욕대학교를 방문했을 때 홍보 책임자가 그랬다지.

"이런 일은 뉴욕대학교 출신 중에서도 처음이다. 학교에 사진을 걸어야 되겠다."

IMF는 브로드웨이 링컨센터에서 겪고, 사스는 LA 코닥 극장에서 맞았다. 코로나가 창궐할 때는 예술의전당이었다. 이 난관의 한복판에서도 〈명성황후〉는 무대에 올랐다. IMF 때의 뉴욕 공연은 더 살고 싶지 않을 만큼 최악이었지만, 돌아와서 올린 서울 무대는 성황을 이뤘다. 마지막 피날레곡 '백성이여 일어나라' 대목에서는 다들 일어나 눈물을 펑펑 쏟았다. 힘없는 나라 백성의 설움과 현실을 이겨내려는 의지의 토로였다. 나는 그 모습에서 나라를 빼앗기고 독립운동을 하던 투사들의 모습을 보았고, 국민을 하나로 뭉치게 하는 문화와 예술의 힘을 느꼈다. 내가 한 점 후회 없이 이 바닥을 지키는 이유다.

공연을 제작해 본 사람들은 다 그렇겠지만, 내가 〈명성황후〉를 처음 만들 때만 해도 이 작품을 30년 동안 공연할 것이라는 생각은 꿈에도 하지 못했다. 그도 그럴 것이 처음 만들어 보는 대형 창작 뮤지컬인 데다, 그때만 해도 뮤지컬은 낯선 장르였다. 함께 일하던 사람도 다들 반대했다. 곁을 떠나기도 했다. 가진 것이라고는 오직 돈키호테와 같은 무대뽕 정신이었다. 무대뽕 정신을 순화하면 신념쯤 되려나. 그게 통했다. 나는 아직도 신념의 힘을 믿는다. 신념이 오늘을 만들었다. 그동안 겪었던 숱한 어려움을 이겨낼 수 있었던 것도 신념 때문이다. 그래서 나는 아직도 돈보다 신념 편이다.

코로나 때를 제외하고는 〈명성황후〉가 국내에서 실패한 적이 거의 없었다. 그래서 극장이 펑크 나면 연락이 왔고 〈명성황후〉를 무대에 올리면 수익이 생겼다. 그렇게 생긴 수익은 다시 공연에 집어넣었다. 이재에 밝아서 강남에 아파트라도 한 채 사두었으면 좋으련만, 그런 위인도 못 되었다. 누군가는 어리석다고 손가락질할지 모르겠지만, 나는 더 좋은 작품으로 관객과 만나는 게 아파트의 가치보다 더 낫다고 생각한다. 그 역시 내 신념이다. 그 우직한 신념이 오늘의 〈명성황후〉 30년을 이끌었고, 〈영웅〉을 15년째 무대에 올리는 원천이다. 심지어 이런 작업을 통해 누군가의 역사 인식까지 제고할 수 있다면, 한번 인생을 걸어 볼 만하지 않은가.

어전회의

대연회

물론 명성황후에 대한 평가에 다양한 시각이 있는 것도 안다. 하지만 일본의 자료가 "나라를 망하게 한 암탉"이라는 부정적 평가 일색인 데 반해, 서구의 것은 다르다. 가령 목사인 남편을 따라 조선 생활을 15년 동안 했던 언더우드 부인이 쓴 『조선견문록–상투의 나라』에는 명성황후를 "폭넓고 진보적인 정책에 탁월성을 보였고 애국적이었으며, 또 조국의 최대 이익에 헌신했고, 동양의 왕비들에게 기대되는 것보다 훨씬 더 적극적으로 백성에게 이익을 주었다"고 설명하고 있다.

이렇듯 일본과 서구의 평가는 극명하게 갈린다. 뮤지컬 대본 쓰기를 한사코 마다하다가 결국 희곡 〈여우사냥〉으로 명성황후를 다룬 작가 이문열도 한 인터뷰에서 "명성황후에 대한 애정이 없어 처음엔 곤혹스러웠다"면서도 "일본 자료와 달리 영미권 자료는 명성황후에게 우호적이라서 도움이 됐다"고 밝힌 바 있다. 논쟁을 위한 자리가 아니니 각설하고, 여하튼 명성황후가 정치적 노선을 바꿔 가면서까지 나라를 살리기 위해 다양한 고민을 했던 인물인 것은 분명하다. 명성황후가 오늘날 우리에게 주는 교훈을 잊지 말자는 얘기다.

〈명성황후〉를 하면서 나는 우리 것의 소중함을 다시금 깨달았다. 처음 뉴욕 링컨센터를 찾았을 때 홍보를 맡았던 누군가가 말했다. "너네는 이제 사물놀이 좀 그만 가지고 와. 너희 좋은 전통을 가지고 현대화시킨 걸 가져와. 지금 우리한테 공감을 주고 감동을 줄 수 있는 작품을 가져와야 먹혀."

지금도 내가 마음속에 새겨두고 있는 말이다. 그래서 〈명성황후〉의 수태굿 장면에 놀라워하고 현대적으로 해석한 전통 의상에 입을 다물지 못하는 이유를 안다.

〈명성황후〉를 관람한 외국 언론이 물었다. "왜 음악은 너희 것이 아니야?" 그 얘기를 듣고 그때까지만 해도 서양적인 구조였던 음악을 편곡을 통해 뒤집었다. 느낌이 확 달라졌다.

우리 음악의 리듬과 박자는 재즈와 닿아 있다. 무속 음악은 더 그렇다. 우리가 무속의 리듬으로 접신을 하듯이 저들은 재즈를 통해 접신한다. 샤먼의 빠른 템포와 화려함을 가장 많이 닮아 있는 것이 바로 우리 음악이다. 이 음악을 수태굿에 얹으면 무복의 화려함과 함께 서양 관객의 맥을 못 추게 만드는 신비한 힘이 나온다. 그것은 엄청난 파괴력이기도 하다.

이런 무대를 보려고 관객들은 30분 넘게 줄을 서야 하는 티켓박스를 떠나지 못하는 것이다. 브로드웨이의 대형 뮤지컬 〈오페라의 유령〉은 막을 내렸다. 〈레미제라블〉도 더 이상 공연하지 않는다. 〈위키드〉가 유일하게 10년을 넘겼다. 브로드웨이에 걸린 대형 뮤지컬은 이제 없다고 봐도 틀린 말이 아니다. 새롭게 제작되거나 제작 중이라는 뉴스도 없는 걸 보면 한동안은 내걸 만한 것이 없다고 봐도 무방하다. 아니 제작할 것이나 있는지도 모르겠다. 영국이 셰익스피어를 우려먹고 살았다면, 브로드웨이는 대형 소비시장을 내세워 뮤지컬로 먹고 살았다. 셰익스피어는 기관의 보조금에 의지해 공연의 명맥을 유지하고 있는 형편이고, 미국의 뮤지컬은 자본 없이는 설 수 없다. 이제 바닥난 그 시장이 머잖아 바로 우리의 자리가 되리라고 믿는다. 한때 전 세계를 주름잡았던 할리우드의 블록버스터들이 이제는 한류에 밀려 자리를 내준 것처럼.

누군가 내게 희망사항 하나를 얘기하라면, 지금 비워진 브로드웨이의 대극장에 〈명성황후〉를 넣고 싶다고 말하겠다. 우리가 만든 작품을 언제든지 볼 수 있도록. 지금은 한 작품이 들어가겠지만, 점점 그 수가 늘어 브로드웨이를 다 덮고 남을 날이 올지도 모른다. 그만큼 우리 문화는 K-팝이 그랬던 것처럼, K-드라마가 그런 것처럼, 무궁무진한 가능성이 있고 파도파도 끝없는 소재들이 널려 있다. 발은 땅을 딛고 있어도 머리는 하늘을 향하라고 했던가. 우리 것 위에 서서 세계를 바라보자. 가장 한국적인 것이 가장 세계적이라는 말이 있잖은가. 그것이 100년을 이어온 푸치니의 오페라에 버금가는 작품을 생산하는 가장 바람직한 길이다.

우리 민족에게는 독특한 DNA가 있다. '신명'이라는 DNA다. 종교적으로 보면 '샤머니즘' 정도로 표현할 수 있겠다. 신명이 나면 힘든 줄 모른다. 그것이 우리 민족이 가지고 있는 힘의 원천이다. 전쟁으로 황폐화된 나라가 길지 않은 시간에 세계의 중심에 우뚝 선 것도 신명의 힘이다. 영화, 음악, 드라마, 댄스에 노벨문학상 수상자까지 배출해 낸 한류 바람은 쉽게 꺼지지 않을 것이다. 한류 바람은 신명, 곧 신바람이기 때문이기도 하다.

사람의 나이 서른을 한자어로 이립而立이라고 한다. 공자가 서른에 자립했다는 데서 유래한 말인데, 이 나이가 되면 가정과 사회의 기반을 다져야 한다는 말이다. 그런 의미에서 보자면 〈명성황후〉는 나이에 걸맞게 자랐다. 내가 낳아서가 아니라, 그야말로 금쪽 같은 존재다. 함께 넘고 건넌 물이며 강이 아스레하다. 더 오래 곁에서 곱고 장하게 자라는 모습을 보면 좋겠는데, 나이도 나이인 데다 요 몇 년 사이에 큰 병치레도 하고 수술도 했더니 자신이 서지 않는다. 하지만 언제까지가 될는지 모르겠지만, 내가 현장을 지키는 동안은 지금처럼 가꾸고 다듬는 일을 게을

명성황후

리하지 않을 것이다.

20주년 자리에서 한 약속이 있다. 지금껏 단 한 차례도 무대에 올라 인사를 하지 않았지만, 30주년에는 지금껏 서로가 서로에게 힘이 되어 온 운영진들과 휠체어를 타고서라도 인사를 드리겠다는 약속 말이다. 이 제 그 약속의 시간이 되었다. 10년이 흐른 뒤에도 이 행복한 시간이 되풀이되기를 바란다.

〈명성황후〉 그 이후

1

김대중 전 대통령 시절에 〈명성황후〉가 중국에 진출할 뻔한 적이 있었다. 중국에서 작품을 보고는 동북 3성을 포함해서 9개 성을 순회공연하자는 제안을 해온 것이다. 한국과 중국이 비용으로 각각 100만 달러씩을 내자는 구체적인 계획까지 밝혔다. 100만 달러라면 당시 환율로 대략 8억 원인데, 이런 제안서를 올렸더니 문화체육부장관이던 신낙균 장관이 결재를 하지 않았다. 이유야 모르겠다. 문화 마인드가 없다고 이해할 따름이다. 이런 소식을 들은 중국 또한 의아해했다. 그러면서 이런 말을 덧붙였다. "남한이란 나라는 참 이상하다. 그 가난한 북한의 〈꽃 파는 처녀〉는 중국에서 하도 공연을 많이 해서 중국인들이 노래를 외울 정도인데, 남한은 아무 투자 없이 돈만 벌어 가려고 하는 것 같다." 참 부끄러운 경험이었다.

그런데 2015년 하반기에 다시 공연을 해달라는 연락이 왔다. 갑자기 왜 그런가 했더니 일본 《산케이신문》에서 박근혜 대통령을 민비로 묘사한 게 중국 내에서 화제가 되었던 것이다. 박근혜 대통령은 중국 전승절에 참여한 것 때문에 중국인들에게 인기가 많았는데, 그런 대통령을 민비로 묘사한 것을 보고 '야, 이거 재미있겠다' 해서 공연을 하자는 것이었다.

하지만 그때는 이미 〈명성황후〉가 20주년을 맞아 2016년 3월까지 순회공연이 잡혀 있어서 도무지 갈 형편이 되지 않았다. 요즘 다시 협의를 하는 중이어서 성사될 것으로 보이지만 넘어야 할 산이 아주 없는 것은 아니다. 이번에도 역시 중국에서는 브로드웨이 작품보다 인지도에서 떨어지니 이 작품을 널리 알리려면 한국 정부가 일정한 투자를 해야 한다는 것이 조건인데, 또 같은 이유로 주저앉게 될지 어떨지 모르겠다.

북경대학교 초청으로 강연을 갔다가 이런 질문을 받았다. "왜 당신은 영국과 미국 유학을 했으면서도, 귀국 후 첫 작품의 소재를 너희 것으로 삼았나?" 세계적인 뮤지컬을 하겠다면서 왜 한국적인 특수한 소재를 택했느냐는 질문인데, 나는 이렇게 대답했다.

"나라와 나라끼리 무력으로 충돌했을 때는 무력으로 방어할 수 있지만, 문화라는 것은 한번 넘어 들어오면 방어할 수가 없다. 결국 우리 것을 만드는 것 외에는 방법이 없다."

진심이다. 나는 런던과 뉴욕의 세계적인 뮤지컬을 보면서 이것이 앞으로 엄청난 위력을 발휘하는 공연 장르가 될 것이라고 확신했다. 그런데 우리가 이것에 대해 하나도 준비를 안 하고 있다가는 미래에 우리 시장을 외국 작품에 고스란히 내줄 수밖에 없다고 생각했다. 그래서 나라도 준비하자고, 미쳤다는 소리에도 아랑곳하지 않고 뛰어들었다. 그때부터 우리는 어떤 작품을 만들어야 하나 고민했고, 우리 것으로 어떤 소재

명성황후

를 선택할지 다각도로 검토했다.

남들은 웃었지만 나는 세계적인 작품을 만들자는 신념에서 시작했다. 단지 실험을 해보거나 만드는 데 그치는 게 아니라 제대로 만들어서 세계 시장에 내놓겠다는 의욕과 포부로 만들었다. 결국 뮤지컬의 본고장인 브로드웨이에 진출했고 웨스트엔드에 입성하는 데 성공했다. 그런데 우리에게 가장 가까운 시장은 중국이다. 아직은 우리보다 수준이 떨어지지만 그 잠재력은 엄청나다. 그 시장은 성공하기만 하면 황금알을 낳는 거위다. 문제는 오라고 하는데도 갈 형편이 못 된다는 것이다.

현대는 한 사람의 아이디어가 그 나라를 먹여 살리는 시대다. 그 한 사람은 미친놈이다. 훈장만 주고 끝낼 일이 아니다. 선택과 집중으로 콘텐츠를 개발하고 육성해야 하는데 그걸 특혜로 보는 풍토가 바뀌어야 한다. 개인의 능력은 한계가 있다. 지속적인 지원이 있었더라면 〈명성황후〉는 이미 세계적인 문화상품이 될 수 있었다. 하지만 현실은 이웃인 중국조차 진입하지 못하고 있다.

몇 해 전 중국 류저우柳州에서 열린 국제컨퍼런스에 동양 대표로 초청을 받아 다녀왔다. 그 자리에서 나는 이런 연설을 했다.

"나는 브로드웨이와 웨스트엔드를 경험한 사람이다. 경험해 보니 동양에서는 브로드웨이나 웨스트엔드를 볼 필요가 없다. 동양에서 우리 것을 소재로 우리 시장을 만들 필요가 있다. 그러면 브로드웨이나 웨스트엔드와 좋은 승부를 할 수 있을 것이다. 심하게 얘기하면 방어를 위한 바리케이드를 쳐야 한다는 것이다. 서양이 몰려 들어오기 전에 우리 것을 숙성시켜야지, 그렇지 않으면 동양의 시장을 모두 서양에 내주게 된다.

그런데 여기서 동양이나 우리라는 것은 바로 중국과 한국이다. 일본은 문화가 달라서 스스로 동양이라고 생각하지 않는다. 중국과 한국의 작품을 만들고 시장을 만들자."

그런데 이 자리에서 감추고 하지 않은 말이 있다. 브로드웨이나 웨스트엔드는 쉽사리 중국에 진출하지 못한다. 언젠가는 진출하겠지만 지금 당장은 아니다. 아직 사회주의적 관행이 남아 있어서 검열도 심하고 까다롭다. 그래서 정서와 경험이 비슷한 우리나라야말로 가장 빨리 접근할 수 있는 조건을 갖추고 있다. 내가 제2의 무엇인가를 만든다면 그 무대는 중국이 될 것이다. 그것이 성사된다면 그동안 내가 쌓아 온 노하우를 제대로 펼쳐 보고 싶은 포부가 있다. 그렇다고 마냥 기다린다고 될 일이 아니다. 중국의 성장세가 놀랍기 때문이다.

당시 컨퍼런스 개막식에 동족東族이라는 소수민족이 〈동족의 사계〉라는 제목으로 무용극을 선보였다. 음악도 무용도 수준급이어서 무척 놀랐다. 이미 경극이 생활화된 나라라서 이제 뮤지컬이 활성화하기만 하면 언제든지 세계 최고가 될 잠재력을 지녔다. 먹힐 것이냐 삼킬 것이냐. 그 결정은 우리 손에 달렸다.

2

3부작으로 기획한 항일 역사 뮤지컬 마지막 편인 〈웬즈데이〉를 포기하고 대체 작품을 찾을 때 읽게 된 책이 김훈의 『칼의 노래』다. 물론 이 책이 그때가 처음은 아니다. 이미 10여 년 전 지인에게서 『칼의 노래』를 뮤지컬로 만들어 보라는 제안을 받고 읽은 적이 있는데, 그때 머릿속에 그려진 장면은 바다에서의 전투, 물 위에 둥둥 떠다니는 수군의 시신같이 온통 참혹한 것투성이였다. 게다가 무대에 해전海戰 모습을 넣어야 하다니…. 당시엔 이런 걸 어떻게 뮤지컬로 만드냐며 집어던졌는데, 다시 집어든 이번에는 전쟁뿐 아니라 공간이며 드라마가 보이니 참 신기한 일이다.

이순신만이 아니라 그 시대 민중들과 그들의 삶이 보인다. 난리통에도 혼례를 올리고, 장을 담그고, 강강수월래 같은 춤을 추는 사람들, 계절 따라 산에 들에 피고 지는 꽃들. 그러면서도 전쟁을 극복해 나가는 민초들의 모습. 이 모든 것을 품은 이순신의 나라에 대한 충성심, 부모를 생각하는 효심, 자식을 위하는 마음까지 고스란히 한 편의 드라마다. 나라를 위기에서 건져내고 장렬히 산화한 장군으로만 알던 이순신의 인간적인 면모를 바라보게 하는 작품이다. 넘기는 페이지를 따라 머릿속으로 장면과 장면들이 휙휙 지나가는 게 이 책이 그 책 맞나 싶을 정도로 영 딴판이다.

〈명성황후〉와 〈영웅〉을 잇기에 손색이 없다. 덜컥 이 〈칼의 노래〉를 항일 역사 뮤지컬 연작의 세 번째 자리에 놓기로 했다.

3

〈몽유도원〉은 최인호의 소설 『몽유도원도』를 뮤지컬로 만든 작품인데, 2002년에 처음 무대에 올렸다. 몽유도원도란 본래 안평대군이 꿈속에서 본 도원의 풍경을 안견이 그린 그림을 말하는데, 뮤지컬의 내용은 백제의 '도미 설화'를 옮겼다. 백제의 개로왕이 평민인 도미의 아내 아랑을 차지하려다가 실패하게 되는 이야기지만, 이렇게 한 줄로 정리하기에는 그 사연이 너무 애틋하다. 아내를 지키려는 도미는 왕에 의해 눈이 뽑힌 채 쫓겨나고, 왕의 수청을 기지로 벗어난 아랑은 쫓기는 신세가 된다. 두 사람이 다시 만난 곳은 나루터. 밀려온 조각배에 몸을 싣고 고구려로 도망간다는 얘기가 설화의 줄거리다. 원전인 『삼국사기』에서도 단 몇 줄밖에 안 되는 이야기를 최인호의 상상이 더해져 장편소설로 재탄생한 작품이다. 가슴 먹먹해지는 사랑 이야기가 아닐 수 없다.

나는 이 이야기를 다시 뮤지컬로 재구성해서 진정한 사랑은 외면의 아름다움이 아니라 내면에 깃들어 있다는 얘기를 하고 싶었다. 그러나 무엇보다 이 이야기의 장면 장면이 이보다 더 우리 것다울 수 없다는 데에 욕심을 냈다. 그래서 〈명성황후〉를 완성한 다음 곧바로 제작에 들어갔고 무대에 올렸지만, 초연 이후 스무 해 넘게 창고 속에 처박아 놓았다. 세계 무대에 당당하게 내놓기에는 어딘지 모르지만 부족해 보인다는 판단 때문이었다. 그 스무 해 동안 한시도 이 작품을 포기한 적이 없었다. 이야기의 소재며 주제며 조금만 손을 보면 세상의 화젯거리가 될 텐데 그게 어딜까, 그게 무얼까. 그 사이 〈영웅〉을 만들고 〈명성황후〉와 함께 끝없는 수정과 보완을 하는 동안, 슬그머니 〈몽유도원〉도 따라 나왔다.

상상을 도와준 것은 〈풍류대장〉과 같은 경연 프로그램에 출연한 요즘 젊은 국악인들의 음악 덕이 컸다. 우리 전통 복장을 하고 우리 음악만으로 세상에 나가도 세계가 열광하는 이유를 알아챈 것이다. 요즘 머릿속은 온통 〈몽유도원〉의 음악과 의상과 무대 생각으로 한가할 틈이 없다. 음악이야 우리 소리인 정가와 판소리를 기본으로 해야 할 것이고, 이리

섞으면 어떨까 저리 부르면 어떨까 혼자서 신이 났다. 의상은 삼한의 복
식을 세련되게 표현하면 좋겠고, 무대는 아예 한 폭의 수묵화가 되게 하
면 어떨지. 나루터 장면이 하이라이트가 될 텐데 석양이 내리는 바다를
향해 점점 작아지는 도미와 아랑. 이때는 부족 사람들이 모여 노래를 부
르는 거지, 옛 아리랑을. 아릉아릉 아라리… 하고.

　이미 대본은 끝냈고, 음악 작업도 절반쯤은 진행됐다. 무대 구성도
기본 구상이 섰으니 나머지는 일도 아니다. 미국 공연 일정도 이미 잡혔
으니 번역만 매끈하게 하고 소화해서 토니상까지 가자꾸나. 영화, 음악,
문학이 세계의 산을 넘었으니 이젠 우리 뮤지컬 차례가 아니란 법도 없
잖은가. 이 끝없는 상상은 요즘 내 소일거리다.

4

　2016년 영국에서 현지인들과 작업을 해놓은 것이 있다. 독일의 극작
가 게오르크 뷔히너가 죽기 전 마지막으로 쓴 작품으로 알려진 『보이체
크』다. 주인공인 보이체크가 돈을 벌기 위해 자신을 극한으로 몰아붙인
끝에 정신이상 증세를 보이고, 마침내 자신의 연인을 살해하고 만다는
내용으로 부조리극의 기념비적인 작품이다. 본래 연극인 이 작품은 그
유명세와 의미 때문에 영화와 오페라로까지 만들어져 아직껏 전 세계인
의 사랑과 관심을 받고 있다. 그러나 아직 아무도 뮤지컬로 만들지는 않
아서 손을 대보자는 욕심이 났다. 〈명성황후〉와 〈영웅〉을 만든 경험과
노하우가 어디까지 통할 것인지 확인하고 싶은 마음도 아주 없지는 않
았다.

아예 현지로 뛰어들기로 하고 영국에 가서 오디션 작업부터 했다. 오디션을 통해 연출과 배우들을 모두 현지인들로 선발했다. 그러니까 연출과 배우들이 있는 영국은 무대요, 내가 있는 우리나라는 조정실인 셈이다. 가끔씩 가서 연습 과정도 지켜보고 지도도 하고 작품 전체를 프로듀싱하는 일이 내 역할. 본래 2024년 9월에 무대에 올릴 예정이었는데, 시간을 더 달라는 현지 크리에이터들의 요구로 2026년 2월로 연기한 상태다. 영국에서의 공연이 내 생각만큼 성공적으로 끝난다면 독일에도 진출하고 오스트리아도 가고 러시아까지 노릴 생각에 벌써부터 설렌다. 이걸 다 하려면, 어휴, 몇 살까지 살아야 하는 거람.

5

나는 꿈이 많다. 하고 싶은 것도 많다. 다면기를 두는 바둑기사처럼 지금도 몇 개의 작품을 머릿속에 넣고 시뮬레이션을 하고, 하루에도 몇 번씩 담당자와 체크를 한다. 오지랖이 넓다고 생각할 수도 있겠지만, 나는 마음먹은 것은 무엇이든지 이루어진다고 생각하는 사람이다. 연극을 만들 때부터 뮤지컬을 만드는 지금까지 남들이 모두 안 된다는 길만 걸어왔다. 그리고 언제나 보란 듯이 성공을 거뒀다. 그 어렵다는 연극판에서도 적자를 내본 적이 없다.

해적판이나 올리던 뮤지컬계에 정식으로 로열티를 지불하며 작품을 들여왔고, 뮤지컬 불모지인 이 땅에서 대형 창작 뮤지컬을 만들었다. 다들 제정신이 아니라고 손가락질했고 외면했다. 그런데 그 뮤지컬 〈명성황후〉가 30년을 롱런하고 본고장인 브로드웨이와 웨스트엔드에서 호평을 받았다. 남들이 모두 불가능하다고 하는 것을 현실로 이뤄 냈다.

불가능을 가능케 하는 힘, 그것은 돈도 아니고 권력도 아니다. '의지'
다. '열정'이다. '꿈'이다. 나는 그렇게 살았다.

그래서 말하고 싶다. 지금 꿈이 없는 이는 꿈을 꾸라고. 또 꿈을 꾸고
있는 이는 더 큰 꿈을 꾸라고. 그러면 머잖아 세상이 여러분의 것이 된다.
상상만으로도 벅차지 않은가.

부록

뮤지컬 〈명성황후〉
30년

부록 '뮤지컬 〈명성황후〉 30년'은 세 사람의 필자가 썼다. 뮤지컬 〈명성황후〉의 탄생부터 20주년 기념공연까지를 다룬 1장부터 6장까지는 〈명성황후〉 공연사와 해외 공연 동향에 관한 연구로 박사학위를 받은 이윤정(현 홍익대 교수)이 썼고, 그 후부터 30주년 기념 공연까지 지속 가능한 마스터피스를 만들기 위한 10년간의 여정을 정리한 7장부터 9장까지는 〈명성황후〉 연출가 안재승이 썼다. 마지막으로 〈명성황후〉 무대미술 30년사를 정리한 10장은 무대디자이너 박동우가 썼다.

1

뮤지컬 〈명성황후〉의 탄생

최초의 뮤지컬 전문극단 '에이콤'

1991년 '에이콤'이라는 뮤지컬 전문극단이 설립되기 전까지는 우리나라에 뮤지컬만을 전문으로 공연하는 극단이 없었다. '전통의 재창조'라는 모토 아래 1960년대부터 1980년대까지 뮤지컬이 공연되기는 했지만, 전문적이고 상업적인 뮤지컬을 위해 설립되어 서양 뮤지컬의 개념을 본격적으로 도입하고 활용했던 뮤지컬 극단은 찾아볼 수 없었다.

에이콤은 연출가 윤호진을 주축으로 연출가 정진수, 배우 손숙, 소설가 이문열, 메트로 프로덕트 대표 이상렬, 하츠 대표 이수문이 뜻을 모으고 주식회사 한샘의 지원을 받아 발족했다. 2년가량의 준비 기간을 거쳐 서울 역삼역 부근에 100여 평의 연습실과 사무실을 열었다. 윤호진은 에이콤이 구성되자마자 명성황후를 소재로 하는 뮤지컬을 만들자고 제의했다. '명성황후'라는 소재가 갖는 역사성과 그에 수반되는 전통과 현대의 과도기 왕실 문화를 웅장하게 그려낼 수 있을 것으로 본 것이다.

1990년대에 윤호진은 이미 한국 연극계에서 가장 핫한 연출가 중 한 명이었다. 윤호진은 특히 정치적이고 논쟁적인 작품을 많이 공연했다.

1970년대와 1980년대에 공연한 〈아일랜드〉, 〈신의 아그네스〉가 대표적인 작품들이다. 이들 작품으로 연출력을 인정받은 윤호진은 1982년 '올해의 예술가'로 선정되어 영국 런던에서 6개월간 공부할 수 있는 기회를 가졌다. 당시 그의 뇌리에 박혀 지워지지 않았던 뮤지컬이 바로 〈캣츠〉였다. 그 뮤지컬을 보고 자신의 인생이 바뀌었다고 말할 정도였다.

그 뒤 뮤지컬을 공부하기 위해 뉴욕대학교에 입학한 윤호진은 졸업 후 한국으로 돌아와 그의 꿈을 현실로 만들기 위한 첫발을 내디뎠다. 그의 꿈과 예술성을 믿고 후원해 준 사람들과 자신과 예술적 지향점이 같은 예술가들을 설득한 끝에 에이콤을 창단한 것이다. 그리고 한국의 역사적 사건을 소재로 하되 서양 뮤지컬의 특징을 살려 만드는 창작 뮤지컬 〈명성황후〉를 기획했다. 그는 명성황후라는 인물 자체가 우리나라 관객들뿐만 아니라 다른 나라 관객들의 흥미도 충분히 끌 수 있는 소재라고 판단했다. 19세기 말 조선이 강대국들에 치여 격동의 세월을 보내던 시기에 허약한 왕권과 국권을 지키기 위해 그들과 맞서다 참혹하게 죽임을 당한 '비운의 국모'라는 소재는 사람들의 관심을 끌기에 충분하다고 본 것이다. 윤호진은 일국의 왕비를 그토록 무참하게 살해한 일본의 만행을 전 세계에 알리고 싶었다.

이를 위해 명성황후 서거 100주년이 되는 해인 1995년에 맞춰 공연을 기획했다. 마침 그즈음 한국 역사학자들 사이에서 눈에 띄게 명성황후에 대한 재평가가 이루어지기 시작했다. 식민사관에 기초해 일본 역사가들이 만들어낸 민비의 모습에 반발했던 것이다. 윤호진도 그러한 비판에 공감하며, 현대적으로 해석하고 재평가한 뮤지컬 〈명성황후〉 제작에 박차를 가했다.

뮤지컬 〈명성황후〉는 어떻게 만들어졌는가

윤호진은 먼저 소설가 이문열에게 〈명성황후〉 대본을 의뢰했다. 이문열이야말로 일상적인 이야기를 사회적·역사적으로 풀어 나갈 수 있는 작가라고 생각했기 때문이다. 윤호진은 1980년대에 그의 소설 『들소』, 『우리들의 일그러진 영웅』을 각색하여 무대에 올렸고, 두 작품 모두 대중적으로 큰 호응을 얻은 바 있다.

윤호진의 끈질긴 설득에 이문열은 대본을 쓰기로 결정했다. 대신 한 번도 쓴 적이 없었던 연극 대본을, 그것도 뮤지컬 대본을 쓰기 위해서는 공부할 시간이 필요했다. 그는 에이콤의 후원으로 1993년 1월부터 3월까지 두 달 동안 미국과 영국을 여행하며 뮤지컬들을 관람했다. 그리고 마침내 1994년 뮤지컬 〈명성황후〉의 기초가 된 〈여우사냥〉을 집필했다.

이문열이 대본을 쓰는 동안, 윤호진은 함께 작업할 사람들을 찾아 나섰다. 그는 먼저 뮤지컬 〈레미제라블〉과 〈미스 사이공〉의 음악을 작곡한 프랑스 작곡가 미셸 쇤베르그를 만났다. 그러나 그가 요구한 창작비는 당시 에이콤의 재정 상태로는 도저히 감당할 수 없는 금액이어서 포기해야 했다.

쇤베르그와의 작업을 포기하고 난감해하던 윤호진은 어느 날 택시를 타고 가다 운명처럼 곡 하나를 만났다. 테너 박인수와 가수 이동원이 부른 '향수'였다. 곧바로 곡을 쓴 김희갑 선생을 수소문해서 만난 그는 〈명성황후〉 작곡을 부탁했고, 그 결과 한국적 감성이 풍부한 감동적인 선율이 탄생할 수 있었다. 노랫말은 그의 부인이자 시인인 양인자가 맛깔나게 써주었다.

국내 작곡가를 쓰는 대신 편곡은 〈캣츠〉, 〈코러스라인〉, 〈지저스 크라이스트 슈퍼스타〉를 편곡한 피터 케이시를 섭외했다. 뮤지컬의 성격상 대중적으로 화려한 음역대를 표현하며 서구적 취향과 한국적 감성의 음악을 조화시키는 작업이 필요했기 때문이다.

음악감독으로는 캘리포니아예술대학에서 첼로를, 서울대 국악과에서 작곡을 전공한 박칼린을 영입했다. 당시 세계적인 뮤지컬을 만들기 위해서는 이중컬처를 가진 능력자가 필요했기 때문이다.

무대감독으로는 대본을 정확히 해석하여 효과적으로 무대화하는 것으로 유명한 박동우 무대미술가를 영입했다. 그 결과, 박동우가 제안한 이중회전무대는 역사의 소용돌이에 휘말려 들어가는 조선인들의 모습과 긴장감 있게 밀려오는 서구 열강들의 움직임을 잘 표현했다는 찬사를 받았다.

의상은 김현숙 의상디자이너가 맡았다. 그녀는 〈명성황후〉 공연을 위해 철저하게 고증을 거친 전통 의상을 바탕으로 특유의 예술적 감각을 발휘, 화려한 색조를 더함으로써 등장인물들의 권위와 배경을 효과적으로 전달하는 데 크게 기여했다. 안무는 에이콤 창단 이후 공연한 창작 뮤지컬의 안무를 담당했던 서병구가 맡았다. 그는 노련하고 세련된 안무로 인물들의 심리와 작품을 잘 표현했다는 평을 들었다.

그리고 희곡을 뮤지컬 대본으로 옮기는 작업은 조연출을 맡은 극작가 박상현이 맡았고, 영화 〈살인의 추억〉 원작자로 유명한 한국예술종합학교 교수 김광림이 윤색을 도왔다.

등장인물의 구도와 극의 구성이 서서히 드러나면서, 캐스팅에도 언론의 관심이 모아졌다. 국내 최고의 전문가들로 구성된 프로덕션팀과 창

1995년 초연 포스터

작팀만큼이나 화제를 불러일으켰던 것은 〈명성황후〉의 주연 배우들이었다. 명성황후 역은 당시 최고의 인기를 누리고 있던 여배우 윤석화가, 고종 역은 SBS 드라마 〈모래시계〉를 통해 인기를 얻은 홍경인이 맡았다. 그 밖의 역할들은 모두 공개 오디션을 통해 뽑았는데, 수많은 지망자가 몰려들어 높은 경쟁률을 기록했다.

1995년 첫 막 오른 뮤지컬 〈명성황후〉

1995년 마침내 첫 공연의 막이 올랐다. 극의 타이틀은 〈뮤지컬 명성황후-이문열의 여우사냥〉이었다. 〈명성황후〉는 원작을 바탕으로 수정한 각색본에서 뮤지컬 대본으로 수정되는 과정을 거쳐 모두 61개의 넘버로 이루어진 뮤지컬로 만들어졌다. 첫 공연은 1995년 12월 30일부터 1996년 1월 9일까지 서울 예술의전당 오페라극장에서 이루어졌다. 윤호진은 창작팀과 함께 애초에 의도했던 대로 한국적이지만 세계적으로도 인정받을 수 있는 뮤지컬이 되도록 서양 뮤지컬과 비슷한 형태를 갖추되, 한국적 이야기를 담은 뮤지컬을 창조하기 위해 노력했다.

작곡가 김희갑은 그동안 한국 관객들을 사로잡았던 미국식 뮤지컬의 음악적 관습에서 벗어나 주로 우리나라의 동양적 5음계를 가지고 작곡했다. 편곡자 피터 케이시는 생소한 5음계의 곡들에 처음엔 당황했으나 차차 익숙해졌으며, 오히려 열정과 고요함이 공존하는 묘한 이중성에 매력을 느꼈다. 그의 노련한 편곡에 힘입어 웅장한 스케일에 동양적 5음계가 녹아들어간 멋진 곡이 탄생했다.

음악감독을 맡은 박칼린은 뮤지컬 프로덕션에 소속된 음악감독이 어떤 일을 하는지 보여주었다. 그녀는 당시 오케스트라 지휘, 녹음, 음향효과에 관여했을 뿐만 아니라, 배우들의 감정 연기와 음정까지 꼼꼼하게 잡아 주었다.

〈명성황후〉 스펙터클의 시작, 박동우의 무대

〈명성황후〉의 대표적인 장면은 이중경사 회전무대와 이중무대, 그리고 박진감과 생동감이 넘치는 3차원적인 무대 구성에서 나온다. 무대미술가 박동우가 〈명성황후〉의 모든 무대를 초연부터 30주년 기념공연까지 도맡았다.

〈명성황후〉 무대미술의 가장 두드러진 특징은 무대장치를 과학적으로 잘 살렸다는 것이다. 박동우는 이중으로 도는 경사진 회전무대를 만들어 극적으로 휘몰아치는 명성황후의 운명과 조선의 위태로움을 잘 표현했다. 이중회전무대는 장면이 끊김없이 전환되도록 하기 위해 고안되었는데, 이것은 대본의 문학적 해석을 좀 더 극화하는 데 기여했다. 이중경사무대 안에도 작은 경사 무대를 숨겨놓아 필요한 장면마다 이중경사무대 안에서 또 다른 작은 무대가 올라오거나 부분적으로 경사진 무대로 변화시킴으로써 인물 간의 갈등을 드러냈다. 이중경사 회전무대는 초연이후 해외 공연 과정을 거치며 보다 현대적이고 과학적으로 발전해 왔다.

박동우 무대의 또 다른 업적은 이중무대를 사용했다는 것이다. 이중무대는 기존의 무대가 위로 들어올려지면서 아래 있던 무대가 위로 올

명성황후

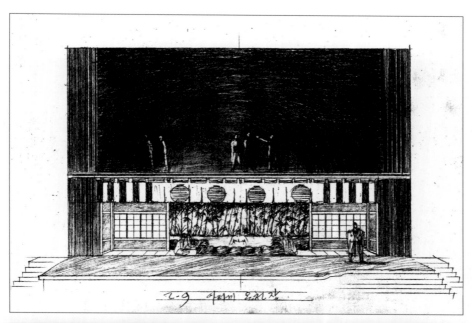

이중무대의 효과를 극적으로 보여준 박동우의 스케치(위)와 공연 장면(아래)

백성들의 집이 따닥따닥 붙어 있는 한성의 시가지 모습

라와 결국 2층으로 된 무대가 관객에게 보이게 되는 구조다. 이 무대가 쓰인 것은 조선이 삼국간섭으로 나라를 지키려는 장면과 일본 아다미 온천장에서 미우라와 암살자들이 '여우사냥'을 결심하는 장면이다. 위층에는 고종과 왕비, 그리고 여러 나라 외교 사절들이 있고, 아래층에는 아다미 온천장에 둘러앉은 암살자들이 미우라와 함께 명성황후를 시해할 결의를 하는 장면이다. 이러한 이중무대는 관객들에게 긴장감과 극적인 쾌감을 선사했다.

역사적 유물들을 극화시킨 박동우의 무대는 작품의 역사성과 볼거리를 제공하는 데도 효과적이었다. 경복궁을 미니어처로 복원하는가 하면, 회전무대 바닥에 당시의 천문도인 '천상열차분야지도'를 그려넣어 회전하는 무대의 움직임을 강조했다. 특히 일본 법정 장면에서 등장한 경복궁 미니어처는 철저한 고증을 거쳐 복원한 것으로, 궁궐의 위엄과 함께 역사의 뒤안으로 사라져가는 조선 왕조의 여운을 나타냈다. 더욱이 이 장면은 서막 이후 서서히 천장으로 들어올려지며 사라짐으로써 관객들을 앞으로 펼쳐질 이야기 속으로 초대하는 역할을 하는 동시에 조선 왕조가 마술처럼 사라져 버렸던 과거의 역사를 역설적으로 표현해 주었다.

또한 고종과 왕비가 회의를 하는 장면에서는 멀리 백성들의 집이 따닥따닥 붙어 있는 한성의 시가지 모습을 뒷배경으로 넣어 당시 백성들의 삶과 앞으로 어지러워질 나라의 앞날을 예고하는 듯한 복선 역할을 했다. 이처럼 박동우의 무대예술로 〈명성황후〉는 관객들에게 입체적 볼거리를 선사하는 것은 물론, 인물들의 심리와 처한 상황을 극적으로 드러냈다.

김현숙 의상디자이너의 〈명성황후〉 의상 소재와 의상 스케치

장중한 질감의 세련된 의상들

김현숙 의상디자이너 또한 〈명성황후〉의 스펙터클에 빠져서는 안 되는 중요한 예술가다. 그녀는 당시 획기적이라고 할 만큼 '지금'의 무대예술을 역사적 고증과 융합하여 탄생시켰다.

조선 말기 전통 의상을 연구하는 것으로 작업을 시작한 김현숙은 사료들을 바탕으로 뮤지컬 〈명성황후〉에 적합한 새로운 스타일의 의상을 만들어냈다. 전통 의상의 선과 형태를 변형하고 과장하는 것은 물론, 종래의 전통 의상 길이와 질량, 부피까지 변형하고 응용하여 시각의 스펙터클을 강조했다.

또한 전통 옷감에 구애받음 없이 다양한 소재와 과감한 텍스츄어 질감을 활용하여 뮤지컬의 비극적 스토리에 적합한 현대적 색상의 새로운 미학적 조합을 시도했다. 기존의 의상 제작 관습에서 벗어나 실험적인 제작 방식을 택한 것이다. 그 결과 〈명성황후〉에 걸맞은 장엄한 형상과 실루엣, 풍부한 색상과 장중한 질감을 가진, 감도 높고 세련된 의상을 창조하는 데 성공했다. 이처럼 〈명성황후〉는 우리 고유의 전통이 담겨 있는 무대와 의상을 통해 한국 문화를 뮤지컬이라는 장르를 빌려 관객들에게 소개하는 역할도 했다.

"한국 창작 뮤지컬의 수준을 한 단계 높인 수작"

언론들은 〈명성황후〉의 출현을 무척 반겼다. 뮤지컬의 소재부터가 흥미로웠기 때문이다. 역사적으로 논쟁이 되고 있고 무거운 소재를 뮤지컬이라는 장르로 풀어냈다는 것 자체가 흥미를 끌기에 충분했던 것이다. 결과적으로 웅장하면서도 비극적인 소재를 극적으로 승화시켰다는 찬사를 받았다. 《조선일보》 윤정호 기자는 "흔히 사극이라면 목적극을 연상시킨 데 비해 〈명성황후〉는 비장미와 함께 재미와 감동을 함께 준다는 찬사를 받고 있다"며 "배우들의 탄탄한 연기, 장중한 무대미술과 화려한 의상, 노래로만 이어지는 형식의 독특함 등으로 잘 살려내 세계 무대를 향한 가능성을 제시했다는 평을 얻었다"고 썼다.

이처럼 첫 공연은 한국에서 공전의 히트를 하며 상업적으로 성공하고 예술적인 면에서도 많은 찬사를 받았다. 10일 만에 3만 5천 명이 보았을 정도였다.

반면 뮤지컬의 특징, 인물, 이야기 구성 등에 관해 일부 아쉬움을 나타내기도 했다. 그럼에도 불구하고 〈명성황후〉는 한국 창작 뮤지컬이 성장하는 데 중요한 발판을 마련했으며, 더불어 다른 뮤지컬 전문극단의 창단을 부추겼다. 또한 한국 창작 뮤지컬로 상업적 성공을 거둔 첫 사례가 됨으로써 문화산업으로서 뮤지컬의 가치도 입증해 보였다.

2

한국 뮤지컬 최초로 브로드웨이 진출

1997년 뉴욕 투어

1997년 윤호진은 〈명성황후〉 뉴욕 투어를 떠나기 전에 기자회견을 갖고 다음과 같이 밝혔다. "뉴욕 공연을 위해 전 제작진과 출연진 100여 명이 노개런티로 나섰다. 뮤지컬에 나오는 가사처럼 우리는 아무리 힘든 상황에서도 앞으로 나아가고 역사를 만들어낼 것이다." 스태프들과 출연진의 희생을 강조하면서 자금난을 에둘러 말한 것이다.

음악감독 박칼린은 윤호진의 그런 결정에 대해 《뉴욕포스트》 기자에게 "이번 공연은 브로드웨이 시장에 진출하기 위한 일종의 테스트다. … 이익을 적게 남기더라도 경험을 더하자"는 것이 브로드웨이 공연의 목적이라고 말했다. 박칼린뿐만 아니라 다른 공연 관계자들도 한국 최초의 브로드웨이 공연이니만큼 공연을 시작한다는 데 의의를 두었다. 윤호진은 브로드웨이에서 공연하는 것이 앞으로 다른 브로드웨이산 뮤지컬과 공정한 경쟁을 벌일 수 있는 기회라면서 동양적 콘텐츠, 아시안적 소재와 합쳐진 탄탄한 스토리 라인이 외국 관객을 사로잡을 것이라고 생각했다. 그렇게 되면 '보편적인 극장성'을 띠게 될 것이라는 이야기였다.

에이콤이 외국 관객, 특히 브로드웨이 관객들이 선호할 것으로 예상한 점은 두 가지였다. 첫째는 그들이 스케일이 큰 뮤지컬을 좋아할 것이라는 점과, 둘째는 이국적인 동양적 요소들이 삽입되면 한국의 전통문화가 관객들을 매료시킬 것이라는 이야기였다. 또한 국내 관객들이 이미 미국 문화에 익숙해진 상황에서 한국적 요소를 융합하여 서양식 뮤지컬을 만들어내면 국제적으로도 받아들여지고 호응을 이끌어낼 수 있을 것이라고 예상했다. 나아가 브로드웨이나 웨스트엔드에서 공연되는, 이른바 주류 뮤지컬과 경쟁하면서 입지를 굳혀 나가겠다는 포부도 있었다. 당시 뉴욕 브로드웨이는 리바이벌 작품 공연으로 수익을 많이 올리고 있었는데, 리바이벌 작품이 롱런하고 있음에도 작품의 종류는 거의 늘지 않았다. 그런 이유로 에이콤은 〈명성황후〉가 리바이벌 작품에 식상해 있는 관객들에게 새로운 볼거리를 제공할 것으로 기대했다.

뉴욕시 거리에 붙은 홍보 포스터(왼쪽)와 극장 앞에 길게 늘어선 사람들(오른쪽)

브로드웨이에서 공연된 최초의 아시아 뮤지컬

에이콤은 공연장을 알아보다가 링컨센터가 하절기를 맞아 2주가량 빈다는 연락을 받았다. 링컨센터는 미국의 국립극장과도 같은 곳이어서, 그곳에서 공연되는 작품에 대한 신뢰와 예술적 지지도가 높다. 에이콤은 8월 15일부터 24일까지 12회 공연하는 조건으로 링컨센터와 계약을 했다. 결과는 예상보다 훨씬 좋았다. 총 2만 5천 명의 관객이 관람했던 것이다.

공연에 앞서 에이콤은 자금난을 해결하기 위해 은행을 돌아다니며 대출을 받았다. 아울러 스폰서를 찾아 재정 지원을 요청했다. 당장 1억 5천만 원이 필요했으나 은행에서 빌린 돈은 9천만 원에 불과했다. 당시 뉴욕공연추진위원장이었던 김영환은 자신과 회사 중역들의 집을 저당 잡혀 부족한 자금을 충당해야 했다.

에이콤은 미국에 거주하는 한국 교민들을 주요 타깃으로 잡아 마케팅 비용을 최대한 줄였다. 에이콤은 'The Open Work'라는, 뉴욕을 거점으로 하는 기획사에 의뢰하여 뉴욕·뉴저지·코네티컷 주에 있는 한인들을 대상으로 홍보 활동을 진행했다. 특히 한인타운을 대상으로 한국 문화와 예술을 접할 수 있는 기회라고 강조했다.

에이콤은 뮤지컬 광고를 한인신문과 한국TV방송국에 내보내는 한편, 팸플릿과 포스터를 한국인 마켓과 교회, 한식당, 한국인이 운영하는 가게들과 대학교 캠퍼스 등에 뿌리며 〈명성황후〉를 널리 알렸다. 결과적으로 많은 교포들이 공연을 관람, 공연 마지막 3일간은 전 좌석이 매진되어 입석까지 마련해야 했을 정도였다. 한인 관객이 다수를 차지하긴

했지만, 40퍼센트가량은 외국인이었다.

〈명성황후〉는 브로드웨이에서 공연된 최초의 아시아 뮤지컬이었다. 〈명성황후〉가 브로드웨이 무대에 설 수 있었던 것은 창작팀이 세계적인 뮤지컬을 만들기 위해 수정 작업을 거친 덕분이었다. 윤호진은 해외 투어를 위해 뮤지컬의 제목뿐 아니라 역사적 사건, 인물, 캐스팅에 변화를 주었다. 외국 관객들이 선호할 만한 볼거리도 중요하지만 역사물로서 정확한 사실을 전달하는 것도 중요했기 때문이다. 마케팅팀은 외국 관객들에게는 이국적 스타일의 뮤

1997년 뉴욕 공연 포스터

지컬임을 강조하며 홍보했다. 이를 위해 1997년 미국 공연용 포스터를 새로 제작했다. 영어 타이틀은 'The Last Empress'로 정했다. 명성황후를 문자 그대로 번역한 것이 아니라 '마지막 황후'라는 제목으로 외국 관객에게 어필하려 한 것이다.

사실 한국 역사에서 조선 왕조의 마지막 황후는 고종과 명성황후의 아들인 순종의 비인 순정효황후다. 그럼에도 뮤지컬 제목을 'The Last Empress'라고 한 것은 외국 관객들의 흥미를 끌기 위해서였다. 1987년 중국의 마지막 황제를 소재로 만든 베르나르도 베르톨루치의 〈The Last Emperor〉에 착안하여 영어 타이틀을 지은 것이다. 윤호진은 명성황후의 죽음이 일본의 식민지화로 직결되었기 때문에 그녀의 죽음이야말로 조선 왕조의 마지막을 고하는 조종이 되었다고 설명한다. 결국 '마지막'이라는 말이 명성황후의 최후를 극적으로 관객에게 전달할 수 있는 것만은 확실했다.

명성황후 역 공개 오디션

1995년 초연 때 스타였던 윤석화를 캐스팅하여 국내 관객을 끌어들였던 것과 달리, 에이콤은 뉴욕 공연을 앞두고 공개 오디션을 통해 명성황후 역에 성악가인 김원정과 이태원을 더블캐스팅했다.

명성황후 역을 맡은 김원정은 줄리어드 음대와 캘리포니아 예술대학을 나와 이탈리아·독일·미국 등지에서 활동하고 있었다. 이태원 역시 줄리어드 음대 졸업 후 미국 브로드웨이에서 〈왕과 나〉의 레이디 티엥 역할로 실력을 이미 인정받은 인재였다. 메트로폴리탄과 애나폴리스 오페라 경연대회에서 전국우수상과 최우수상을 받기도 했다. 이태원은 미국 투어 중 언론과의 인터뷰에서 명성황후의 역할을 특히 강조했는데, 그 이유는 자신이 그동안 외국에서 맡았던 소위 정형화되고 편견에 사로잡힌 아시아 여성상과 달리 명성황후가 자기주장이 강하고 역경에 굴하지 않고 살아간 여성이었기 때문이다.

이러한 명성황후의 여성상은 1997년 뉴욕 공연 포스터에서도 엿볼 수 있다. 윤호진은 한국적 정서를 잘 표현하는 것으로 유명한 이만익 화가에게 명성황후의 초상화를 그려줄 것을 부탁하고 그 초상화를 이용해 포스터를 제작했다. 이만익은 한국 전통의 다섯 가지 색, 즉 검은색·흰색·노란색·파란색·빨간색을 사용하여 일장기가 붙은 칼들에 둘러싸여 있음에도 비장한 미소를 짓고 있는 명성황후를 그렸다.

극의 구조와 스펙터클 수정 작업

윤호진은 1997년 뉴욕 공연을 위해 수태굿 장면을 추가했다. 창작팀은 불편한 장면들을 삭제하고, 순서를 바꾸었으며, 새로운 장면을 추가해 극의 전체 구조를 개선했다. 그중에서 명성황후와 대원군의 갈등을 고조시키며 세자의 잉태를 기원하는 수태굿 장면은 이후 〈명성황후〉의 하이라이트 중 하나로 꼽힌다. 또한 초연에서 내성적이고 수동적인 여인으로 묘사된 어릴 적 명성황후의 모습을 1997년 공연에서는 좀 더 외향적이고 적극적인 여성으로 표현함으로써 명성황후의 캐릭터를 훨씬 더 입체적으로 살렸다.

또한 대원군의 해설자 위치를 없애고, 대신 대원군을 장면마다 적극 활용하여 19세기 말 조선의 정치적·사회적 상황을 드러냈다. '운현궁으로 가는 돌석'을 삭제하고 '다시 권좌에'를 늘려 대원군의 정치적 영향력을 강조했으며, 1995년 초연 1막 2장에 나오는 '내 가슴속에 별 하나'의 제목과 가사는 '내겐 누가 님일까요?'로 수정했다.

그리고 극적인 효과를 강조하기 위해 2막 도입부의 두 넘버 '개혁을 축원해 주오', '조선의 아침이 밝아 오네'를 2막 8장의 마지막으로 옮김으로써 보다 웅장한 코러스 효과를 기대했다. 또한 '이상하다 눈꽃 날리네'를 8장과 9장 마지막에 각각 배치함으로써 왕비의 극적인 죽음을 예고했다.

해외 공연용으로 다시 제작한 무대

무대미술가 박동우는 초연 때의 무대가 1.0 버전이라면, 1997년의 무대는 2.0 버전이라고 부른다. 1997년 뉴욕 공연은 초연 당시 예술의전당 오페라하우스에 맞추어 제작된 무대를 그보다 5미터나 작은 크기의 링컨센터에서 해야 했기에 여러 장치를 다시 제작해야만 했다. 그 과정은 불가능을 가능으로 바꾼 기적이나 다름없었다.

먼저 이중회전무대의 발전이다. 초연 때는 이중회전무대이긴 하지만 입체적인 구조로 계단이 올라오고 내려가는 부분은 아직 기계화되어 있지 않았으나, 뉴욕 공연에서는 그 장치를 직접 고안하여 회전무대에 설치했다. 또한 고종과 왕비의 아리아 장면에서 사용했던 이중경사무대를 링컨센터의 구조상 할 수 없게 되자, 국내에서 분리 가능한 이중회전무대를 새로 제작해 뉴욕으로 가져갔다. 1997년 뉴욕 무대에서 싣고 간 회전무대 조각들을 맞추어 운행한 결과는 대성공이었다. 초연 때와 달리 이중회전무대 안에 설치되었던 작은 무대들을 생략하고 평평한 원형 무대의 각도를 조절해 가며 같은 장면들을 표현하는 방법을 택했는데, 결과는 오히려 더 모던하고 역동적인 장면이 연출되었다. 그곳의 스태프들과 단원들도 놀라움을 감추지 못했다.

박동우의 완벽한 무대는 여기에서 끝이 아니었다. 아다미 온천장과 삼국간섭 장면을 이중무대로 대비시키는 것이 링컨센터 여건상 불가능하자, 두 장면 사이에 투명막을 설치하고 조명을 사용하여 대비시키는 효과를 주었다. 이 장면을 위해 윤호진은 아래 무대에서 행해지는 두 장면을 연출하면서 기존에 온천탕에 둘러앉아 있던 모든 암살자를 일렬로

후지산이 멀리 보이고 뒤에 벚꽃나무가 있는 온천장의 모습

앉게 했다. 이 장면에서 힌트를 얻어, 박동우는 1999년 공연부터 암살자들이 일렬로 앉아 있는 배경으로 대나무가 보이는 온천장 대신 후지산이 멀리 보이고 바로 뒤쪽에 벚꽃나무가 있는 다다미방으로 바꾸었다. 그 결과 초연 때보다 더 입체적인 느낌을 주는 것은 물론, 차갑고 위협적인 일본 암살자들의 모습이 부각되면서 위층에서 벌어지는 삼국간섭 장면과 더욱 극명한 대조를 이루었다.

1997년 뉴욕 공연을 위해 수정된 장면 중 가장 극적인 효과가 있었던 것은 '양이와의 전투' 장면이다. 1995년 초연에서는 거대한 양이선이 무대 가운데를 뚫고 들어오게 만들었으나, 그 세트를 뉴욕으로 운반할 수

명성황후

가 없어 고안해 낸 것이 세 개의 돛대에 타고 있는 양이들과 그 아래에서 "물러가라!"고 외치는 조선 백성들과 군대의 장면이다. 이 장면은 비평가들의 찬사를 받으며 1997년 뉴욕 공연 이후 국내에 들어와서도 계속 사용되고 있다.

마지막으로 경복궁 전체의 구조물을 복원한 미니어처의 모습도 1997년 뉴욕 공연 때부터 변화되었다. 그때 줄여서 사용한 경복궁 미니어처는 귀국 후에도 계속해서 사용되고 있다. 이렇듯 1997년 뉴욕 공연을 위해 양식화된 무대는 〈명성황후〉의 극 전개를 더욱 탄탄하게 해주었을 뿐 아니라, 기술적으로도 국내 무대미술계에 큰 업적을 남겼다.

무속 문화의 무대화, 수태굿 장면

글로벌 프로덕션을 위한 창작팀이 거둔 가장 큰 성과라면 수태굿 장면을 추가한 것이다. '세자를 위하여' 다음에 추가된 이 장면은 윤호진의 숙원이라 할 수 있는 장르 융합의 결과였다. 창작팀은 수태굿 장면을 한국 고유의 정체성을 보여주는 것으로 강조하며 토속적인 제사 형태를 무대화했다. 굿이 한국의 유일한 전통문화임을 강조하며 이것이 무대화될 때 한국 관객뿐만 아니라 전 세계 관객들도 저변에 무의식적으로 흐르는 한국인의 정서를 받아들일 것으로 확신했기 때문이다.

윤호진은 현대적으로 해석된 굿을 무대 위에 올리고자 했다. 1997년 뉴욕 공연에서는 화려한 옷을 입은 여자 무당 다섯이 창을 부르고 무당춤을 출 때 무대 아래 오케스트라 파트에서 국악이 흘러나오며 무당춤은 절정으로 치닫는다.

뉴욕 비평가들의 리뷰

뉴욕 초연을 앞두고 지역 언론사들은 이 뮤지컬이 '동양'에 뿌리가 있음을 강조했다. 특히 수태굿 장면은 비평가들뿐만 아니라 관객들에게 가장 기억에 남는 장면으로 꼽혔다. 연극평론가 아니타 게이츠는 《뉴욕타임스》지에 "민비는 아르헨티나의 에바 페론과 같이 몰락한 양반 집안에서 태어나 최정상까지 오른 강인한 인물"이라며 "그녀의 이야기를 소재로 만든 〈명성황후〉는 장엄한 뮤지컬"이라고 평했다. 또한 무대·조명·의상을 비롯한 스펙터클에 대해서도 찬사를 아끼지 않았다. "조명은 천상의 황금빛처럼 쏟아졌으며, 궁중 장면에서부터 배에 이르기까지 기발한 무대, 화려하고 풍부한 색상의 의상 등은 관객에게 진짜 훌륭한 극이 무엇인가를 느끼게 했다"고 썼다.

하지만 여론의 반응이 모두 긍정적이었던 것만은 아니었다. 한국 전통문화에 바탕을 둔 수태굿 같은 장면들은 찬사를 받았지만, 에이콤이 외국 관객에게 친숙하게 다가가기 위해 차용한 서양 뮤지컬 형태는 오히려 식상하다는 평을 받았다.

귀국 : 포스트 브로드웨이

1997년 뉴욕 공연을 마치고 돌아온 후 〈명성황후〉는 급격히 유명세를 탔다. 한국의 대표적인 연극평론가 김윤철은 《코리아타임스》에 "〈명성황후〉의 브로드웨이 입성은 가히 야구선수 박찬호의 메이저리그 진출과 비견할 만하다"고 평했다.

에이콤은 1997년 뉴욕 공연을 위해 수정한 프로덕션을 귀국 후 국내에서 다시 공연했다. 이때부터 〈명성황후〉는 '국민 뮤지컬'이라고 불리며 상업적으로 큰 성공을 거두었다. 뮤지컬을 본 관객이 10만 명을 돌파해 에이콤은 1998년 두 번째 뉴욕 공연을 준비하기까지 1997년 뉴욕 투어로 짊어진 부채를 모두 갚고, 심지어 수익도 올릴 수 있었다.

서양 뮤지컬 형태의 공연이 해외 관객에게 어필할 수 있을 것이라고 예상한 에이콤의 시도는 어느 정도 적중했다. 하지만 브로드웨이와 웨스트엔드 등지에서 상업적으로 성공한 뮤지컬을 바탕으로 〈명성황후〉의 스타일을 결정지었다는 한계 또한 드러냈다. '과연 서양에서 상업적으로 성공한 뮤지컬이 세계를 대변하는 뮤지컬 형태의 기준인가?'라는 의문을 제기하게 만든 것이다.

그럼에도 불구하고 글로벌 프로덕션의 공식화된 개념을 정립하고 발전시키기 위한 과정에서 〈명성황후〉가 디딤돌 역할을 한 것만은 분명했다. 당시 에이콤은 한국 뮤지컬계에 불고 있는 변화의 욕구가 글로벌 공연이라는 개념과 융합하여 실제 해외 공연으로 연결될 수 있음을 보여주었다.

1998년 뉴욕과 LA 투어

1997년 뉴욕 공연 이후 많은 언론이 〈명성황후〉를 "세계화 시대의 대표적인 문화상품"이라고 보도했다. 더욱이 김영삼 정권 말기 한국 경제를 강타한 IMF 위기 상황은 〈명성황후〉가 국가적 문화사업 마케팅의 선두주자로 나서게 했다. 당시 국가의 위기를 극복하기 위한 노력의 일환으로 세계화에 걸맞은 예술 분야에 대한 재정 지원을 아끼지 않았던 정부는 〈명성황후〉가 국민에게 애국심을 불어넣어 줄 것으로 판단했다. 언론들도 〈명성황후〉를 한국 경제에 공헌하는 문화산업의 좋은 예라고 강조했다. 문화관광부는 대한민국 정부 수립 50주년 기념행사의 하나로 〈명성황후〉를 선정하고 5억 원을 투자했다. 대기업들도 1998년 미국 투어에 대한 재정 지원을 해주었다. 대한항공은 출연진 항공료와 장비 수송을, 대우자동차는 협찬사로 나섰다.

1997년 뉴욕 공연과 1998년 뉴욕 공연 모두 비수기인 8월에 이루어졌다. 1998년 공연 역시 링컨센터에서 7월 31일부터 8월 23일까지 21일간 29회 이루어졌다. 당시 현지 대표였던 스티븐 레비는 링컨센터의 예술감독이 1997년 공연의 성과를 기뻐하며 1998년에도 와서 다시 공연해 줄 것을 요청했다고 밝혔다.

뉴욕 공연 이후 LA 공연은 9월 11일부터 10월 4일까지 19일간 26회 비버리힐스에 위치한 슈버트 극장에서 진행되었다. 에이콤은 1997년보다 4배가 넘는 금액을 마케팅 활동에 썼다. 미국의 주요 공중파인 ABC·NBC·CNN에 보도자료를 보내고, 《뉴욕타임스》·《뉴욕포스트》 같은 주요 언론사에도 적극 홍보했다. 또한 〈The Last Empress〉 홈페이지를 한국어와 영어 버전으로 개설했다. 뿐만 아니라 한인사회 관객을 타깃으로 잡고 홍보 활동에 본격적으로 나섰다. 미국의 한인 언론사들은 〈명성황후〉를 한국의 정체성과 한국인으로서의 자부심을 높이기 위한 공연으로 소개하며 홍보를 도왔다. 그 결과 1998년 공연장에 온 관객의 절반가량이 한국인이었다.

1998년 LA 슈버트 극장 앞에 길게 줄지어 기다리고 있는 사람들

1998년 공연은 전년도 공연과 비교하여 두 배 이상의 수익을 냈다. 1997년에는 12회 공연했으나 1998년에는 55회 공연을 했던 것이다. 1997년 뉴욕 공연이 서양 관객들에게 한국 뮤지컬의 존재를 알렸다면 1998년 LA 투어는 상업적으로도 성공할 수 있음을 보여주었다.

더 화려하고 풍성해진 볼거리

에이콤은 1998년 미국 투어를 위해 대본을 수정하는 등 글로벌 공연의 개념을 재정리하고 국내 관객뿐 아니라 해외 관객들의 흥미를 유발할 수 있는 연극적 요소들을 추가했다.

먼저 볼거리를 더 추가했다. 1막 5장의 '7인의 사절'에서는 외국 사절들이 긴 나무신을 신고 나와 강대국의 영향력을 보여주었다. 대본은 민족주의적인 면을 좀 더 부각시키고 외국 관객을 만족시키기 위해 극의 구조를 보다 개연성 있고 간결하게 수정했다. 한국 문화와 역사적 소재를 강조하고 한국 문화와 예술적 능력을 강조할 수 있는 볼거리를 추가한 것이다.

또한 1997년 뉴욕 비평가들의 지적을 받았던 나열 방식의 스토리텔링 구조를 해결하기 위해 새로운 장면을 추가했다. 1막 8장의 '무과시험'이 그것이다. 12명의 무과시험 응시자들이 함께 기량을 선보이며 호위무사로 선출되는 과정을 보여주는 장면이다. 안무감독 서병구는 택견과 전통무예를 응용하여 안무를 만들었다.

한편 1막 5장에 나오는 네 개의 넘버 '민중의 노래', '4인의 왜상', '이또오의 야심', '구식 군대의 반란'을 합쳐 '별기군, 구식군'을 만들었다. 그리고 '우리는 환궁하리라' 장면 전에 홍계훈이 왕비를 임오군란의 혼란 속에서 구출해 내는 장면을 넣었다. 또한 1997년 공연에서는 대원군이 왕비 암살에 관련되었는지 자세히 나오지 않은 반면, 1998년 공연에서는 '사태가 급변했다'를 통해 일본인들이 왕비 시해 책임을 회피하기 위한 방책으로 대원군을 꼬드겨 개입하게 했다는 증거를 제시한다.

1997년 공연에 나오는 1막 4장의 '조선은 단군의 나라'는 단군에 관한 내용이 국내 관객 위주로 씌어 있어 보다 일반적인 동양문화를 강조하는 가사로 바꾸었다. 그리고 2막 12장에서는 새롭게 '천둥 번개' 장면을 넣어 왕비 죽음의 전조를 알리는 극적 효과를 주었다. 홍계훈의 아리아 '당신은 나의 운명'과 왕비의 아리아 '어둔 밤을 비춰 주오' 사이에는

명성황후

강대국의 영향력을 보여주는 '7인의 사절'

세자가 천둥소리에 잠 못 이루고 왕비의 침실로 찾아오는 장면을 넣었
다. 이 장면에서 왕비는 세자를 다시 방으로 돌려보내며, 자연의 섭리는
인간도 어찌할 수 없다는 메시지를 남기는데, 이는 곧 폭풍처럼 몰아닥
칠 일본 암살자들의 등장과 왕비의 피할 수 없는 죽음을 알리는 복선의
메시지로 작용한다.

창작팀은 피날레 곡인 '백성이여 일어나라'를 보강하여 웅장한 장면
을 연출했다. 1997년 뉴욕 공연에서 이 넘버는 이미 "국적을 불문하고
사람들의 마음을 사로잡기에 충분하다"는 평을 받았다. 백성들의 가사
는 다섯 줄에서 열 줄로 늘어났고 코러스들은 낮은 톤으로 후렴구를 반
복했다. 그 내용은 일본에 대한 적대감을 강화하여 애국심을 강조한다
는 평가를 받기도 했지만, 음악적으로는 안정감 있는 곡이 되었다. 새로

추가된 백성들의 노래에 왕비의 죽음을 슬퍼하는 감성이 추가되면서 명성황후는 '조선의 국모'로서 백성들의 존경을 받는 인물이 되었다.

영어 자막 새로 번역

에이콤은 1998년 미국 투어를 앞두고 영어 자막을 새로 번역했다. 영어권 관객들이 잘 이해할 수 있도록 가사를 보다 자연스러운 영어 문장으로 바꾸기 위해서였다. 윤호진은 이 작업을 고려대학교 영문학과 전준택 교수에게 의뢰했다. 1998년에는 특별히 여섯 곡을 영어 가사로 공연했는데, 1막의 '마마께선 성정을 가다듬고', '문 좀 열어주', '7인의 사절', '삼국간섭과 아다미 별장', '왕비는 오늘 불어 공부를 하신다', '잘 오셨소'가 그것이다. 전 교수는 영어 자막을 원문에 충실하게 번역했으나, 미묘한 감정 변화나 시적 감각을 충분히 전달하지 못했다는 비판을 받았다.

"환상적인 조명, 우아한 무대 세트"

에이콤은 이처럼 해외 관객을 사로잡을 수 있는 볼거리를 늘리고 한국 전통문화를 강조하며 극적으로 개연성 있는 구조를 만들기 위해 노력했다. 1997년에 비해 뉴욕 비평가들의 호응도는 낮았지만, 대신 최초 공연 때 새로운 한국 뮤지컬을 환영하는 분위기에서 한 발 더 나아가 프로덕션을 인정하고 평하는 분위기가 강했다. 1997년 당시 뉴욕 비평가들이 서양의 메가 뮤지컬을 모방하는 수준에 그쳤다는 평가를 한 데 반해, 1998년 LA 비평가들은 "〈명성황후〉의 동양과 서양 공연 형태의 융합이 흥미롭다"며 긍정적으로 평가했다. 《뉴욕타임스》는 "환상적인 조명, 우아한 무대 세트, 풍성하고 화려한 의상에 이르기까지 훌륭한 구경거리"라고 극찬했다.

특히 LA 공연의 반응은 상당히 긍정적이었으며, 한인사회의 도움과 호응이 그 어느 때보다도 컸다. 뉴저지 한국교회협의회 부회장 이희문 목사는 《동아일보》와의 인터뷰에서 "이 위기의 시대에 내가 누구인가, 한국이 지금 어디에 서 있으며, 무엇을 해야 하는가를 가슴 벅차게 알려 준 작품이다. IMF 체제 이후 미국 사회에서 땅에 떨어진 한국의 위상이 일거에 올라간 것 같아 속이 시원하다"고 말했다. 뉴욕뿐 아니라 LA 한인사회에서는 한국 뮤지컬의 세계 진출을 지원하는 국가의 입장을 옹호하며, 나아가 한국인으로서 긍지를 느끼며 〈명성황후〉를 감상하고 지원해야 하는 움직임이 일었다. 이들은 한인 2세와 1.5세를 위한 역사 교육 효과와 한국인의 정서를 알리는 데 뮤지컬의 가치를 두었다.

그러나 야심차게 진행한 1998년 뉴욕 공연은 IMF 위기의 여파로 교민 사회의 경기가 좋지 않아 관객이 많이 들지 않은 데다 환율까지 두 배로 뛰는 바람에 200만 달러의 적자를 내고 막을 내렸다. 하지만 귀국 후 공연에 관객들이 몰려들면서 에이콤은 절체절명의 위기에서 벗어날 수 있었다. 공연 두 번 만에 20억가량의 빚을 거의 갚고 세 번째 공연부터는 수익을 올리기 시작한 것이다. IMF 구제금융 사태로 고통받고 있던 국민들이 나라가 망하는 아픔과 설움을 그린 〈명성황후〉에 적극 공감하며 극장을 찾아 준 덕분이었다.

3

2002년 영국 무대 입성

영어 버전의 런던 투어

〈명성황후〉의 세 번째 해외 투어였던 2002년 런던 투어는 영어 버전으로 공연했다. 1998년 미국 투어 때 발표한 여덟 개의 영어 가사로 된 넘버와 함께 나머지 넘버들도 모두 자막이 아닌 영어로 공연한 것이다. 관객들이 좀 더 친숙하게 받아들일 수 있도록 하기 위해서였다.

런던 공연은 해머스미스 아폴로 극장에서 2월 1일부터 16일까지 총 19회 이루어졌다. 영어 버전의 뮤지컬을 공연하기 위해 에이콤은 창작팀뿐만 아니라 프로덕션팀까지 영국·호주·미국 예술가들을 영입했다. 작사가이자 작곡가로 조지아나 세인트 조지, 지휘자로 존 릭비, 편곡자로 피터 케이시에 이어 스테판 콜만이 합류했다.

영국 리버풀 출신인 세인트 조지는 영국과 뉴욕 등지에서 활동한 송라이터였다. 윤호진은 그에게 영어 가사를 새로 써달라고 부탁했다. 2년간에 걸친 작업 끝에 마침내 새로운 뮤지컬 넘버가 완성되었다. 새 지휘자 존 릭비는 〈왕과 나〉, 〈조셉과 놀라운 테크니컬러 드림코트〉 등의 뮤지컬을 지휘한 경력이 있었고, 〈스탈라잇 익스프레스〉, 〈미스 사이공〉,

2002년 런던 공연 포스터

〈나폴레옹〉 등의 프로덕션 음악감독으로 일하기도 했다.

프로덕션 현지 대표인 이희환은 서양 예술가들과의 협력을 위해 언론 책임자인 수 헤이먼과 함께 일하며 '프레스 나잇 Press Night'이란 타이틀 아래 2월 5일과 6일 기자회견을 여는가 하면, 영국의 주요 언론사와 잡지사들의 문화부 기자들을 만나 보도자료를 배포하고 질의응답을 하는 시간을 가졌다. 언론 시사회에 참가한 비평가와 관계자들은 모두 200명이었다.

2002년 공연 홍보와 마케팅은 듀인털스 Dewynters라는 영국 회사에 맡겼다. 이 회사는 유명 뮤지컬 제작사인 카메룬 매킨토시를 비롯해 〈캣츠〉, 〈레미제라블〉, 〈스탈 라잇 익스프레스〉, 〈이스트 윅의 마녀들〉, 〈마이 페어 레이디〉 등의 홍보 활동을 한 곳이었다. 듀인털스는 〈명성황후〉 보도자료를 30개가 넘는 언론사에 배포하고 건물 간판과 런던 지하철 홍보 게시판 등에 포스터를 부착했다. 뿐만 아니라 주 관객층이 거주하는 켄싱턴, 체스트윅, 리치몬드 등에 포스터와 전단을 배포하고 영국 국립 극장인 사우스뱅크센터, 로열 앨버트 홀, 바비칸 아트센터, 티켓 마스터 등에도 〈명성황후〉를 홍보했다. 듀인털스는 마케팅의 콘셉트를 '다양성'으로 잡고, 특히 중국·한국·인도 출신의 관객들과 외국 유학생들을 상대로 마케팅을 펼쳤다.

듀인털스가 기본 마케팅 전략을 중심으로 활동했다면 에이콤은 한인 커뮤니티를 주요 타깃으로 삼아 마케팅을 진행했다. 런던 한인문화

공연이 진행된 런던 해머스미스 아폴로 극장

센터를 중심으로 홍보 활동을 펴는 한편, 영국에 거주하는 한국 유학생
들을 모집해 뮤지컬을 홍보해 달라고 부탁했다. 그 결과 일반 대중에게
도 뮤지컬이 널리 알려져 공연 일주일 동안 한국인 관객이 40%라면 외
국인 관객이 60%를 차지할 정도로 외국인 관객이 많이 관람했다.

런던 공연을 위해 에이콤은 문화관광부와 한국국제교류재단, 그리
고 몇몇 대기업으로부터 총 17억 원을 투자받았다. 공연을 관람한 관객
은 모두 1만 5천 명가량이었고, 기본 객석점유율은 40%로 총 7억 원의
수입을 올렸다. 하지만 여전히 3억가량의 적자를 보았다. 그러나 에이콤
은 런던 뮤지컬 시장의 환경과 런던 관객의 선호도를 알 수 있었다는 데
공연의 의의를 두었다.

명성황후

계속되는 무한도전의 무대

2002년 런던 공연은 다른 해외 공연들과 비교할 때 무대감독 박동우에게 가장 큰 도전이 되었던 무대였다. 런던 해머스미스 아폴로 극장은 〈명성황후〉가 소화하기 힘든 극장이었다. 무대 깊이가 10미터나 차이 나서 런던 극장의 도면도를 두고 관객석 앞쪽까지 덧마루를 연장하여 공간을 넓힌 후 양쪽으로 프로시니엄 기둥을 설치하여 무대를 새로 만들어야 했다. 또한 극장 벽에 배경막을 붙이는 작업을 하기 위해 현지에서 인력을 따로 고용해야만 했다. 이와 같은 치밀한 사전 작업을 거쳐 박동우는 영국 무대에 〈명성황후〉의 스펙터클을 고스란히 옮길 수 있었다.

공연평을 둘러싼 논쟁

런던 비평가들은 주로 의상·무대·안무와 관련된 볼거리 위주로 평을 했다. 또한 명성황후 역을 맡은 이태원의 풍부한 성량과 연기력에 찬사를 보냈다. 이처럼 스펙터클은 영국 비평가들로부터 찬사를 받았지만, 이야기의 구조 면에서는 부정적인 평가를 받았다. 이전의 동양과 서양의 접목에 대한 긍정적인 평가와 달리, 영국 비평가들은 〈명성황후〉를 서양메가 뮤지컬의 단순한 복제품이라며 서양적 음악과 구성의 어색한 모방에 지나지 않는다고 비판했다. 특히 기존의 비평들과 달리, 공연 자체를 평가하기보다 한국 문화 전반에 걸친 편견을 드러냈다.

반일 감정도 비평가들의 논란거리였다. 첫 장면에 나오는 히로시마 원폭 투하 장면을 과도한 애국심의 표현이라고 비판하는가 하면, 2002년

건강하게 자라소서

잘 오셨

월드컵 개막작으로 〈명성황후〉를 택한 게 과연 올바른 결정이냐고 의문을 제기했다. 한 발 더 나아가 몇몇 비평가들은 〈명성황후〉에 표현된 한국 문화와 전통을 폄하했다. 심지어 작품의 역사성마저 무시하는 발언을 하기도 했다. 이러한 비평들은 작품에 관한 평가라기보다는 국가에 대한 비난으로 받아들여져 에이콤과 한국의 일부 학자들이 거세게 반발했다.

한국 언론들은 런던 비평가들의 혹평을 보도하며 〈명성황후〉 공연이 영국에서 실패했다고 보도했다. 윤호진은 언론을 통해 한국에 보도된 것처럼 부정적인 평론에 의해 작품의 실패를 판단하기에는 이르다며, 보도되지 않은 긍정적인 리뷰들에 관해 설명했다.

사실 런던의 기자들과 비평가들은 냉혹한 비평을 쓰는 것으로 잘 알려져 있었다. 예를 들어 뮤지컬 〈왕과 나〉가 초연되었을 때 존 바법은 "미카토의 아류"라고 공격하면서 "오로지 남자 주인공의 목소리만 들린다"고 비난했다. 그런가 하면 〈레미제라블〉이 처음 공연되었을 때 마이클 레드 클리프는 "빅토르 위고는 쓰레기 더미에나 버려라"며 강한 반감을 드러냈다.

영국 공연은 에이콤에 몇 가지 숙제를 남겼다. 사실 1997년 공연부터 2002년까지 에이콤은 미국과 런던의 비평에 민감하게 반응하며 작품 자체를 수정하곤 했다. 그러나 세계가 인정할 만한 뮤지컬을 만들기 위해 그들이 문제 삼는 부분을 수정하는 것이 과연 유일한 방법일까? 2002년 버전을 만들기 위해 영어로 가사를 쓰고 외국 스태프들과 협력하느라 정작 마케팅과 홍보를 소홀히 한 것은 아니었을까? 면밀한 관객 조사와 성향 분석이 선행되어야 했던 것은 아니었을까? 뮤지컬에 대한 기본 지식을 쌓기 전에 글로벌 공연을 만들기 위한 열정만으로 너무 조급하게 서둘렀던 건 아니었을까? 그리고 브로드웨이와 웨스트엔드 진출이 에이콤 해외 공연의 한계이자 종착역인가?

2002년의 뼈아픈 경험을 바탕으로 에이콤은 뮤지컬학과를 만들고 뮤지컬의 글로벌한 감성을 찾기 위해 노력했다. 그 뒤 이어진 2003년 LA 투어와 2004년 토론토 공연에서는 공연평을 둘러싼 논란이 더 이상 불거지지 않았다. 2003년과 2004년의 프로덕션은 또 다른 실험이 아닌 1998년도 버전으로의 회귀였다.

4

다시 떠난 북미 투어

2003년 LA 투어

2003년 에이콤은 다시 미국 LA와 캐나다 토론토 투어에 나섰다. 극장과 시즌도 각각 최고로 골랐다. 윤호진은 "2년을 준비했다. 코닥 극장은 최근 건설된 극장으로 아카데미영화상 시상식이 열리는 곳이다. 구경하는 데만 15달러를 받는 최고급 극장"이라며 "1998년 LA 공연 당시 110만 달러(약 14억 원)어치의 티켓을 팔았고, 3만 명가량의 한국 교민이 공연을 관람했다"는 사실을 강조했다. 더욱이 2003년은 미국에 한국 교민 사회가 뿌리내린 지 100주년이 되는 해여서 더 의미가 있었다.

그러나 당시 세 가지 문제가 발생했다. 첫 번째는 2002년 늦가을 중국에서 사스가 발생해 전 세계적으로 동양인에 대한 경계심이 강화되었던 것이고, 두 번째는 마케팅 전략이 안일했다는 것이다. 그리고 세 번째는 1998년 공연을 관람했던 관객을 염두에 둔 새로운 대책을 강구하지 못했다는 것이다.

LA 공연은 2003년 4월 18일부터 5월 4일까지 진행되었는데, 2003년 여름이 되어서야 사스가 진정 국면에 접어들었다는 공식 발표가 나왔으

현지 언론의 집중 조명을 받은 명성황후 역 이태원

므로 그 무렵에는 동양인을 경계하고 차별하는 사회적 분위기가 북아메리카 대륙에 팽배해 있었다. 에이콤은 LA 공연이 끝난 후 곧바로 캐나다 토론토에서 5월 29일부터 6월 14일까지 공연할 예정이었으나 2004년으로 연기했다.

2003년 18회에 걸쳐 이루어진 LA 공연에서는 대체로 객석의 3분의 1만이 관객으로 찼다. 윤호진은 2003년 공연을 "대실패"라고 규정짓고 "LA 공연이 관객몰이에 실패한 것은 한국을 중국과 가까운 나라로 여겨 관객들이 관람을 꺼렸기 때문인 것 같다"고 평가했다. 2003년 LA 공연 때 이전 투어보다 홍보와 마케팅에 신경을 덜 쓴 것도 실패 요인 중 하나였다. 더욱이 〈명성황후〉가 1998년에 이미 LA 관객들에게 선보였던 탓에 대중적 인지도는 높았으나 이미 공연을 본 관객들은 다시 보기를 꺼렸던 것도 한 요인이었다.

현지 언론, 명성황후 역 이태원 집중조명

2003년 LA 공연 후 현지 언론은 명성황후 역을 맡은 이태원에 지대한 관심을 보였다. 이태원은 한국을 위해 다시 일하게 된 점을 강조했고 자신이 '한국계 미국인'이라는 사실에 자부심을 느낀다고 말했다.

뮤지컬 〈명성황후〉의 스펙터클은 이전 투어에서도 이미 인정받았지만 2003년에도 비평가들의 관심을 모았다. 애드 커푸만은 "눈이 번쩍 떠질 정도로 화려한 브로드웨이 스타일의 대형 뮤지컬"이라고 극찬했으며, 비키 스미스 폴취는 "한국 뮤지컬의 특징과 서양 프로덕션의 질적인 부분을 조화시킨 고급스러운 스펙터클"이라고 칭찬했다.

하지만 무대만 화려하게 만들고 내용 면에서는 극적인 구성이 약하다고 지적하는 비평가도 있었다. 그런가 하면 1막에 반일 감정이 드러난 장면이 너무 많고, 2막에서 명성황후가 죽기 전 일 년이 갑작스럽게 전개되는 바람에 결과적으로 구성력이 약하여 인물이 입체적이지 않다고 지적하기도 했다.

최초로 흑자 낸 2004년 토론토 투어

2004년 토론토 투어는 상업적으로 큰 성공을 거두었다. 사스 때문에 공연을 일 년 미룬 것이 관객을 확보하고 마케팅을 준비하는 데 큰 도움이 되었다. 게다가 〈명성황후〉가 캐나다 주최측인 머비시 극장의 시즌 레퍼토리로 들어가면서 기존의 극장 회원 예매도 늘어나고 홍보도 잘 되었다.

머비시 측은 공연에 앞서 에이콤에게 그동안 해왔던 해외 공연의 대본을 요구했다. 그리고 1997년부터 2003년 대본까지 모두 검토한 후에 2003년 버전으로 공연해 달라고 요청했다. 2003년 창궐했던 사스가 진정되기는 했으나 중국 교민들이 특히 많이 거주하는 캐나다 지역에서는 아직도 사스 때문에 동양인에 대해 편견을 갖고 경원시하는 경향이 있었다. 그럼에도 불구하고 머비시 프로덕션의 대표인 데이비드 머비시는 기자회견을 열고 "〈명성황후〉는 아름다운 스펙터클과 역사적 고증이 이루어진 대본"이라고 강조하면서 "한국의 역사가 캐나다 무대에서 공연되는 역사적인 순간"이라며 관객들의 관람을 유도했다.

에이콤이 2004년에 머비시와 기획한 공연 일정은 2003년 처음 계약한 것보다 14회나 더 늘어난 32회였다. 토론토에 위치한 허밍버드센터에서 2004년 8월 5일부터 9월 1일까지 공연했다. 머비시 프로덕션은 2004-2005 시즌에 〈We Will Rock You〉, 〈Rat Pack〉, 〈Wicked〉와 같은 뮤지컬을 주로 공연했는데, 〈명성황후〉는 "글로벌 무대"라는 홍보에 힘입어 높은 예매율을 기록했다. 7월까지 티켓 예매가 60% 완료되었고, 평균 75%의 객석점유율을 보였다. 그 결과 토론토 공연에서 에이콤은 총 40만 달러의 수익을 올렸다. 한국 외교부와 캐나다 총영사관도 후원을 아끼지 않았다. 특히 총영사관은 한국과 캐나다 수교 40주년 기념행사의 하나로 〈명성황후〉를 지원해 주었다.

캐나다에 거주하는 한국 교민들의 반응도 뜨거웠다. 한국 교민 단체는 그동안 사스로 인해 위축되었던 한국인으로서의 자부심을 다시 살리고 정체성을 회복하기 위해 〈명성황후〉 홍보에 적극 나섰다. 심지어 1세대와 1.5세대, 2세대까지 함께 나서서 〈명성황후〉의 캐나다 공연을 축하해 주었다.

캐나다 중앙일보는 〈명성황후〉 출연진을 위한 리셉션을 한국영사관의 도움을 받아 8월 2일에 열기도 했다. 80여 명의 스태프들과 배우들, 데이비드 머비시를 비롯한 캐나다 언론인, 토론토 필하모닉 오케스트라 지휘자, 법무장관, 많은 한국계 캐나다인 예술인·종교인들이 함께했다. 하태윤 법무관은 그날 "〈명성황후〉가 캐나다에 한국 문화의 우수성을 알리고 한국과의 교류를 돈독히 할 기회를 마련해 준다"며 작품의 성공을 기원했다.

2004년 캐나다 투어는 〈명성황후〉의 마지막 해외 투어였다. 그리고 처음으로 흑자를 낸 공연이었다. 현지 극단과 함께 마케팅 전략을 치밀

왕비마마 오시는 날

대연회

하게 계획하고 실행한 덕분이었다.

"기발한 연출력, 숨을 멈추게 하는 무대디자인"

캐나다 비평가들은 〈명성황후〉에 대해 스펙터클, 서양 뮤지컬 스타일의 차용, 인물들의 역사적 의미, 음악, 그리고 전체 이야기 구조 면에 이르기까지 그전의 비평들과 달리 충실하고 논리적인 평을 했다.

먼저, 전체적으로 화려한 무대가 주목을 받았다. 또한 다른 해외 공연 때의 반응과 마찬가지로 토론토 비평가들도 에이콤이 동양과 서양이 만나고 브로드웨이의 대형 뮤지컬 형태를 참고한 것에 관심을 보였다. 어떤 비평가는 "뮤지컬 〈명성황후〉가 뮤지컬 〈에비타〉의 스토리와 비교해 보았을 때 더 흥미로웠다"고까지 말했다. 반면 "서양 뮤지컬 형태를 숙고하지 않고 서둘러 적용했다"는 비판도 있었다.

역사적 사건들이 전체 스토리를 늘어지게 만든다는 예전의 공연평과 달리, 캐나다 평론가들은 명성황후의 이야기에 흥미를 보였다. 예를 들어, 한 시대를 풍미했던 명성황후란 지도자가 혼란스러운 사회에서 외세의 싸움터가 되어 버린 조선에서 살아간 이야기를 은유적으로 표현한 것을 이해했다. 또 다른 평론가는 뮤지컬의 내용이 전혀 알지 못했던 역사적 사실임을 알고 흥미로웠다고 말했다.

2003년 LA 평론가들이 〈명성황후〉에서 한국의 독창적인 전통과 한국계 미국인이라는 이태원의 출신 등을 흥미로워했듯이, 많은 캐나다 언론이 명성황후 역 이태원의 힘 있는 목소리와 연기에 찬사를 보냈다. 이태원은 언론과의 인터뷰에서 "명성황후는 실제로 세자를 얻기 전에 두 딸을 잃은 여성"이라며 "그 슬픔을 안고 연기를 했다"고 말했다.

반면 토론토 평론가들은 뮤지컬의 스토리텔링 방법과 음악에 대해 지적했다. 대부분의 의견은 그전 투어의 의견과 비슷했다.

5

명성황후의 숨결을 찾아서

명성황후의 숨결을 찾아서 1 : 건청궁에서 홍릉까지

2007년부터 2009년까지 에이콤은 〈명성황후〉를 완전히 다른 방법으로 관객들에게 소개했다. '명성황후의 숨결을 찾아서'라는 이름으로 세 번에 걸쳐 공연한 아웃리치 프로그램이 그것이다. 아웃리치 프로그램이란 이익을 목적으로 하지 않는 일종의 봉사활동으로, 프로그램의 목적과 의미를 전달하기 위해 기획된 행사를 말한다.

이 프로그램은 〈명성황후〉를 외국인 관객에게 소개하고, 나아가 명성황후의 삶과 정신세계를 당시 사회적·정치적·경제적 관점에서 재현하기 위한 것이었다. 2007년과 2008년에 공연한 두 개의 프로그램은 한국에서, 2009년에 공연한 프로그램 하나는 명성황후 암살범들의 고향인 일본 구마모토현에서 진행되었다. 한국에서는 관객들을 명성황후가 시해되었던 장소로 초대하여 과거의 사건들을 극으로 재현해 보여주고, 일본에서는 요약된 버전의 뮤지컬 〈명성황후〉를 공연했다. 이 세 가지 프로그램이 진행된 장소들은 각각 명성황후가 시해된 곳, 태어나 자란 곳, 대다수 암살자들이 태어난 곳이다.

명성황후 시해범 중 한 명이 외조부인 가와노 다쓰미(휠체어 탄 분)

첫 프로그램 '명성황후의 숨결을 찾아서-건청궁에서 홍릉까지' 기행은 고종과 명성황후가 살았던 건청궁 복원을 계기로 에이콤이 문화재청·한국관광공사와 함께 기획한 것이다. 건청궁은 고종이 1873년 친정을 선포한 곳이자 명성황후가 시해된 곳으로, 1909년에 무너졌으나 98년 만인 2007년에 복원되었다. 건청궁 복원은 사라질 뻔한 역사를 살려냈다는 점에서 의미가 있었다.

에이콤은 참석 인원을 90명가량으로 예상하고 우리나라에 와서 한국어를 공부하는 외국인 대학생들을 대상으로 홍보하고 미리 온라인으로 예약을 받았다. 50여 명의 학생들이 참가 신청을 했으며, 일본에서도 '명성황후를 사랑하는 모임'(이하 '명사모') 회원들이 참석했다.

명성황후

언론은 '명사모' 회원들을 가장 관심 있게 취재했다. '명사모'는 명성황후의 죽음에 책임을 느끼고 베일에 가려진 명성황후 암살의 진실을 찾기 위해 모인 단체로, 명성황후 시해 사건의 증거들을 찾아내기 위해 활동하고 있었다. 휠체어를 타고 행사에 참석한 가와노 다쓰미(당시 86세)는 실제 암살자 중 한 명이 자신의 외조부라고 밝혔다. 한성신보 주필이었던 외조부 구니토모 시게아키國友重章, 1861~1909가 명성황후 시해 주모자 중 한 사람이었다는 것이다.

　　참가자들은 먼저 고종과 왕비가 토론을 하거나 밀담을 나눌 때 이용했던 장안당에 모여 사회자로부터 프로그램의 내용과 일정을 들은 뒤, 〈명성황후〉 갈라쇼를 보았다. 죽음을 앞둔 명성황후의 긴박한 상황과 안타까움을 전하기 위해 명성황후가 시해되기 직전 부르는 아리아 '어둔 밤을 비춰 주오'와, 명성황후를 지키다 최후를 맞는 훈련대장 홍계훈의 아리아 '그대는 나의 운명' 등이 장안당에 울려 퍼졌다. 명성황후와 홍계훈 역을 맡은 이태원과 지혜근은 공연 당시의 의상과 장신구는 물론 분장까지 완벽하게 하고 아리아를 불렀다. 가와노 씨는 공연 후 "(외)할아버지는 한국과 일본을 위해 좋은 일을 한다고 생각"했겠지만 "할아버지는 잘못했다"고 말하며 울먹였다.

　　장안당 공연 후 참가자들은 아직까지도 논란이 되고 있는 명성황후 시해 장소인 곤경합, 즉 명성황후의 처소와 왕비와 고종이 거닐던 정원인 옥호루 부근을 돌아보았다. 건천궁 기행이 끝난 다음에는 함께 버스를 타고 명성황후의 묘가 있는 홍릉으로 이동했다. 홍릉에서는 제사와 같은 의식이 치러졌는데, 이태원이 이문열의 〈여우사냥〉 2막 27장에 나오는 다이 장군의 모놀로그를 명성황후 묘 앞에서 낭독했다. 낭독이 끝

장안당에서 아리아를 부르는 명성황후 역 이태원

난 후에는 다 같이 묵념하며 명성황후를 추모하는 시간을 가졌다. 한국인과 일본인 모두에게 과거의 일을 깊이 성찰할 수 있는 기회를 주었다는 점에서 의미 있는 행사였다.

명성황후의 숨결을 찾아서 2 : 명성황후 생가 방문과 감고당 갈라쇼

두 번째 아웃리치 프로그램 '명성황후의 숨결을 찾아서'는 특히 젊은 세대를 대상으로 과거의 역사를 현대 뮤지컬 형태로 재현해 보여줌으로써 명성황후를 알게 하는 데 목적이 있었다. 이 프로그램은 한국관광공사와 여주시의 협찬을 받아 경기도 여주에 있는 명성황후 생가에서 2008년 8월 28일에 진행되었다. 여주시가 1995년부터 '명성황후 생가 성역화 사업'의 일환으로 명성황후 생가 주변에 짓기 시작한 명성황후 기념관과 문예당, 감고당, 민속마을 등이 2008년 8월 13일 개관한 것을 기념하기 위한 것이기도 했다. 오프닝 행사로 이태원이 명성황후의 생가에서 뮤지컬에 나오는 아리아를 불렀다.

프로그램 참가자들은 대부분 대학생들로, 에이콤은 외국인 학생들에게 한국어를 가르치는 프로그램이 활발하게 진행되고 있는 대학들을 대상으로 홍보를 했다. 중국·일본·프랑스·몽골·과테말라·우크라이나 등지에서 온 학생 22명이 이 프로그램에 참가했다. 나머지 참가자들은 온라인으로 신청한 한국 학생들이었으며, 참가비는 따로 없었다. 에이콤은 공연 장소가 70평방미터밖에 안 되는 매우 협소한 곳이어서 참가 인원을 70명으로 제한했다.

먼저 참가자들은 생가 근처에 자리한 고찰 신륵사를 방문하여 다층

어머니로서의 모습을 부각시킨 '세자와 민비'(위), 충주 사가에서의 왕비와 홍계훈(아래)

전탑과 다층석탑을 관람하고 생가로 이동했다. 이어 감고당 앞마당에서 뮤지컬 〈명성황후〉 일부 장면을 갈라쇼로 공연했다. 에이콤은 좀 더 극적인 장면을 연출하기 위해 뮤지컬에서 특히 명성황후의 어머니로서의 역할이 강조된 아리아를 선택했다. 2막 12장의 '세자와 민비', '우리가 어디서 만났던가?', '당신은 나의 운명', '천둥과 번개', '어두운 밤을 비춰주오'가 그것이다.

첫 번째 프로그램이 명성황후의 죽음에 초점을 맞추었다면 두 번째 프로그램은 자식을 남기고 죽는 어머니, 명성황후의 비극적인 삶에 초점을 맞췄다. 이처럼 갈라쇼에서는 실제 뮤지컬에서 강조된 스펙터클보다 명성황후의 개인적 삶이 강조되었다. 배우들은 무대 의상을 갖추고 공연했지만 그 밖의 배경들은 모두 간략하게 처리했다. 노래 반주는 두 대의 바이올린과 비올라, 첼로, 피아노로 구성된 최소한의 오케스트라가 맡았다. 조명도 특별한 조명 기구를 사용하지 않고 자연 조명으로 했다.

이처럼 두 번째 프로그램은 에이콤이 명성황후의 역사를 관광과 접목시켜 다른 나라에서 온 유학생들에게 명성황후의 삶을 재조명했다는 데 의의가 있다.

명성황후의 숨결을 찾아서 3 : 일본 구마모토현 공연

2009년 에이콤은 명성황후의 비극적인 죽음을 다룬 뮤지컬을 일본 구마모토현에서 공연했다. 사실 윤호진은 일본에 가서 〈명성황후〉를 온전히 공연하고 싶었으나, 정치적·사회적으로 민감한 내용들 때문에 번번이 무산되었다. 그런 점에서 비록 하이라이트 공연 형식이긴 하지만 〈명성황후〉가 일본 땅에 발을 디딘 것은 매우 중요하고 의미 있는 행사라 할 수 있었다.

구마모토 공연은 '이해와 화해의 시간 속으로'라는 부제 아래 '명성황후를 사랑하는 사람들의 모임'과 연합해 '명성황후의 숨결을 찾아서' 세 번째 프로그램으로 기획한 것이다. 2009년 8월 제작기획팀이 만들어지고, 9월에는 일본 구마모토현 내의 언론사·미디어·연극협회 등으로 구성된 협찬팀이 구성되었다. 그리고 2009년 10월 8일 마침내 가쿠엔시에 위치한 구마모토가쿠엔대학 14번 대강의실에서 간략한 버전의 뮤지컬 〈명성황후〉의 막이 올랐다.

구마모토는 명성황후 암살자 48명 중 21명이 태어난 곳이다. 그중 한 명의 후손인 가와노 다쓰미가 2007년 첫 아웃리치 프로그램에서 자신의 외조부가 저지른 명성황후 암살에 대해 우리 국민에게 사과한 바 있다. 명사모는 일본이 국제적으로 그 사실을 은폐, 구마모토 주민들조차 을미사변에 관해 알지 못한다면서 이 공연이 한·일 간의 역사를 바로 보는 계기가 되기를 바랐다. 공연일인 10월 8일은 명성황후가 시해된 지 114주년이 되는 날이기도 했다.

에이콤과 명사모는 뮤지컬 〈명성황후〉가 명성황후의 역사를 편견

일본 구마모토 공연 포스터

없이 객관적으로 바라볼 수 있는 촉매제가 되길 바랐다. 에이콤은 구마모토의 일본인 참가자들에게 〈명성황후〉를 소개하면서 그동안의 공연 역사와 업적을 함께 소개했다. 공연은 무료였으며, 일본어 자막이 함께 나갔다. 배우가 무대 위에서 공연하는 동안 무대 뒤 스크린에는 한국에서의 공연 장면이 비춰졌다. 두 대의 바이올린과 첼로, 비올라, 피아노로 구성된 작은 오케스트라의 반주가 무대 앞쪽에서 배우들의 아리아에 맞춰 울려퍼졌다.

에이콤은 다섯 장면을 선택해 공연했는데, 실제 무대의 스펙터클은 전부 가져오지 못했어도 조명과 군무를 통해 간략하지만 분위기와 감정은 전달할 수 있었다. 공연은 '수태굿' 장면으로 시작되었다. 다음으로 고종과 왕비가 부르는 '그리운 곤전'과 '우리는 다시 일어나리라', 그리고 홍계훈과 왕비의 아리아인 '당신은 나의 운명'과 '어둔 밤을 비춰 주오'를 공연했다. 그리고 마지막으로 클라이맥스인 '여우사냥' 장면을 남겨둔 채 피날레 곡인 '백성이여 일어나라'를 무대 뒤 영상으로 보여주었다. 공연되지 않은 장면들은 간략한 설명과 함께 스크린으로 보여주었다.

공연을 관람한 관객은 700명가량으로, 대부분 구마모토현에 살고 있는 주민들이었다. 우리 교포들과 명사모 회원들도 적극적으로 참가했다. 당시 객석이 관객들로 꽉 차서 복도와 계단에도 자리를 마련해야 할 정도였다. 바다 건너 일본으로 건너간 뮤지컬 〈명성황후〉의 구마모토 공연은 비록 작품 전체가 공연된 것은 아니었지만, 한국과 일본의 지형학적

작은 오케스트라 반주에 맞춰 아리아를 부르고 있는 고종과 명성황후

경계를 건넜다는 중요한 의미가 있었다. 에이콤 이것을 시작으로 일본에서 뮤지컬 〈명성황후〉가 온전히 공연될 날이 하루빨리 오기를 기대하고 있다.

명성황후

경희궁에 울려퍼진 뮤지컬 〈명성황후〉

뮤지컬 〈명성황후〉의 2007년 건청궁 공연을 시작으로 역사적인 장소와 〈명성황후〉의 만남이 본격적으로 이루어진 것은 2008년 5월이다. 2008년 5월 4일부터 12일까지 9회에 걸쳐 이루어진 경희궁에서의 〈명성황후〉 공연은 관객들에게 색다른 감동을 주었다. 경희궁 대문에서부터 고종과 왕비의 혼례식 행렬이 관객들 사이로 이어지는가 하면, 고종과 왕비가 궁 안에서 걸어 나오며 국사를 논하고, 상궁들이 돌담 사이에서 세자를 안고 나와 놀이를 즐기는 등 마치 역사 속 인물이 되살아난 듯한 느낌을 주었다.

〈명성황후〉는 '2008 하이 서울페스티벌'의 일환으로 서울시가 후원하고 서울문화재단과 에이콤이 공동주최한 '고궁 뮤지컬 시리즈'의 첫 번째 작품으로 선정되었다. 서울문화재단은 "역사와 현재가 공존하는 경희궁에서 시민들에게 수준 높은 문화예술을 관람할 기회를 제공하고,

외국 관광객에게는 서울의 밤을 대표하는 볼거리를 만들어 관광객을 더 많이 유치할 목적으로 고궁 뮤지컬 프로젝트 사업을 시작했다"고 밝혔다. 경희궁 공연은 1400석이 연일 매진될 정도로 관객들의 호응이 뜨거웠으며, 고궁 속 역사를 좀 더 알 수 있게 했다는 점에서 의미가 있었다.

윤호진은 야외 공연에 맞게 구성을 전반적으로 수정했다. 140분인 총 러닝타임을 중간의 휴식 시간을 없애고 100분으로 줄였으며, 객석과 무대를 연결하여 뮤지컬의 현장성을 높였다. 또한 서울시의 후원으로 10만 원을 웃돌았던 티켓 가격을 5만 원과 3만 원으로 낮춤으로써 관객의 부담을 크게 줄였다. 공연 시간이 40분가량 줄어든 만큼 서막, '왜상과 게이샤' 같은 역사적 배경이나 해석을 담은 장면은 삭제하고 당시 명성황후를 둘러싸고 벌어진 역사적 사건 위주로 재구성했다.

경희궁 공연은 스펙터클한 연출력이 단연 돋보인 무대였다. 무대를 따로 설치하지 않고 숭정전을 최대한 활용했다. 원래 〈명성황후〉는 이중 회전무대를 설치하여 명성황후가 불어를 배우는 동안 미우라와 일본 암살자들이 왕비 암살을 계획하는 극적인 상황을 연출했지만, 경희궁 숭정전에서 진행된 공연에서는 상월대와 하월대를 활용해 이중무대를 연출했다. 궁의 원형을 최대한 살리면서 간단한 보조 무대와 회랑 무대를 활용한 것이다. 상월대에서는 왕비가 외교관 부인들과 담소를 나누는 장면이 연출되고, 하월대에서는 일본 암살자들이 여우사냥을 다짐하는 장면이 나오는 식이다.

또한 궁궐이 아닌 다른 배경이 필요한 경우에는 영상을 투사하여 관객들에게 기존 극장에서와 같은 공연 분위기를 느낄 수 있도록 했다. 경희궁 좌우 약 10미터 위쪽에 LED 전광판을 설치하고 그 아래에 자막과

스펙터클한 연출력이 단연 돋보인 경희궁 공연

야외무대에서 사용할 수 있는 배경을 투사했다. 그리고 조명 장치와 기계 시설들은 최대한 보이지 않게 숨김으로써 자연의 빛을 발하는 궁의 모습을 보여주고자 했다. 특히 깃발이나 궁중 의물, 앙상블 배우들을 활용해 살아 있는 궁의 모습을 재현했다.

또한 관객들과 하나가 되는 무대를 위해 과감한 동선 전략을 택했다. 혼례식 장면의 경우, 관객들을 사이에 두고 경희궁 대문에서부터 행렬이 시작되는가 하면, 양이와의 전투 장면에서는 관객들이 앉아 있는 곳곳에 대포를 배치해 놓고 조선 군인들이 직접 대포를 쏘는 연기를 하여 전투 장면을 한층 실감나게 연출했다. 명성황후 시해 장면에서도 궁녀들이 숭정전 안채에서 뛰어나오게 하여 마치 방금 사건이 일어난 것처럼 느끼게 연출했다.

2008년 경희궁 공연은 명성황후의 캐릭터에 상징성을 부여한 건청궁 프로젝트와 달리 명성황후의 죽음을 극화시켜 역사적 사건을 좀 더 생동감 있게 재현했다. 또한 관객들을 향해 기존 문화재 속에 새로운 문화재를 겹쳐 보여줌으로써 한국의 미학과 전통을 전달하는 역할도 했다.

명성황후

6

〈명성황후〉 20주년 기념공연

한국 뮤지컬의 역사를 새로 쓴 레퍼토리 뮤지컬

〈명성황후〉가 1995년 초연한 이후 2015년까지 한 해도 거르지 않고 공연해 온 것도 기록적인 일이라 할 수 있지만, 그보다 더 중요한 것은 프로덕션의 디테일을 끊임없이 수정하고 보완해 왔다는 데 있다. 윤호진 감독을 필두로 한 스태프들과 창작팀은 20년이라는 시대의 변화 속에서도 정체되지 않고 한 걸음씩 〈명성황후〉를 앞으로 밀며 나아갔다.

에이콤은 캐나다 토론토에서의 공연을 끝내고 2005년부터는 국내에서 〈명성황후〉의 입지를 굳혀 나갔다. 윤호진은 2005년 공연을 "마지막 마스터피스"라고 부르며 그동안의 버전들을 총정리하여 발표했다. 이후 〈명성황후〉는 10년간 국내 도시 열두 곳에서 공연했다.

2005년 공연 이후 〈명성황후〉는 뮤지컬의 역사를 새로 쓰는 레퍼토리 뮤지컬이 되었다. 2007년에는 100만 관객 돌파 기념공연과 함께 감사 이벤트를 진행했고, 2009년에는 1000회 기념공연, 2010년에는 15주년 기념공연을 했다. 그때마다 자연스럽게 강조되었던 부분이 〈명성황후〉의 공연사와 공연물의 가치였다. 4년의 제작 기간과 초연 제작비

12억 원, 2014년 말 기준으로 총 공연 횟수 1096회, 총 관람객 수 162만 3천 명, 함께한 배우 수 약 600명, 공연당 최고 객석점유율 91%라는 기록을 세웠다. 그 밖에도 공연 의상과 조명기의 수, 소품과 분장에 들어간 시간과 수량 등은 그 숫자들만큼이나 엄청난 역사적 의미를 지닌다.

관객들의 흥미를 끌 수 있는 역대 주연 배우들의 계보도 흥미롭다. 1995년 초연 때 윤석화를 필두로, 김원정·이태원·김현주·김지현·이상은·조안나·이혜경에 이어 2015년 김소현·신영숙에 이르기까지 관객들이 선호하는 여배우들의 변천사를 통해 동시대 명성황후의 이미지도 엿볼 수 있다.

또한 홍경인을 시작으로 유희성·윤영석·박관·조승룡·서영주·조승우 등을 거쳐 2015년에는 민영기와 박완이 고종의 캐릭터를 연기했다. 명성황후의 호위무사 홍계훈 역에는 김민수·주성중·임춘길·서범석·지혜근·이필승을 거쳐 2015년에는 김준현과 박송권, 그리고 테이가 열정적이고 충직한 홍계훈의 역할을 맡았다.

2015년 20주년 공연을 앞두고 포스터도 새로 만들었다. 블랙과 화이트 각각의 두 가지 바탕색 위에 왕실을 상징하는 봉황 문양이 배경으로 은은하게 자리하고 그 위에 뮤지컬 〈명성황후〉 캘리그라피가 앉혀 있고, 그 위로 활기찬 미래와 희망을 상징하는 화려한 색조의 나비가 금세라도 날갯짓 하며 날아오를 것만 같은 포스터다. 작품의 시대적 배경이 조선 시대인 만큼 고전적인 느낌은 기본적으로 가져가되, 단순하고 상징적이면서도 젊은 관객들에게 어필할 수 있는 세련되고 모던한 느낌의 포스터를 만든 것이다.

획기적으로 달라진 20주년 기념공연

20주년 공연은 앞서 진행된 공연과 달리 획기적으로 달라졌다. 20년의 세월이 흐른 〈명성황후〉를 보다 현대적인 감성으로 업데이트한 것이다. 먼저 새로운 볼거리에 대한 관객들의 욕구를 충족시켜 주는 것은 물론, 대본의 구조와 가사도 좀 더 현대적으로 바꾸었으며, 특히 음악을 좀 더 모던하게 바꾸기 위해 노력했다.

먼저 윤호진은 〈명성황후〉 공연사와 해외 공연 동향에 관한 연구로 박사학위를 받은 이윤정과 프로덕션 조연출로 2013년도부터 함께 일한 안재승으로 대본수정팀을 구성하여 새로운 버전의 2015년 〈명성황후〉 대본을 만들었다. 기존의 대본에서 불필요한 부분을 삭제하고 구조상 매끄럽게 다듬었으며, 새로운 장면도 추가했다. 그렇게 해서 수정된 대본을 바탕으로 양인자가 수정할 넘버의 가사를 다시 쓰고 김희갑은 새로 추가된 곡들을 작곡했다. 또한 지난 20년 동안 함께 작업해 온 호주의 편곡자 피터 케이시가 김문정·김길려 음악감독과 함께 상의하며 모든 곡을 새롭게 편곡했다. 이때 보다 모던한 음색을 위해 브라스와 드럼을 추가하는 등 오케스트라 편성을 바꾸어 편곡했다.

그리고 대본상 액자 구조였던 것을 시간 흐름에 따른 순차적 장면 구성으로 바꾸었다. 서막에 나왔던 히로시마 원폭 투하 장면을 삭제하고, '일본은 선택했다'를 2막 마지막 '백성이여 일어나라' 바로 앞 장면으로 옮겼다. 대신 '왕비 오시는 날'인 고종과 왕비의 혼례식 장면을 맨 앞에 넣었다. 그 결과 전체 구성이 왕비가 궁궐에 들어온 후부터 시해당하는 장면까지 시간 순으로 진행되었다. 마지막으로 시해 장면 뒤, 히로시마 법정에서 무죄 판결을 받는 암살자들의 모습을 보여줌으로써 정의가 사라지고 진실이 짓밟힌 상황을 감성적으로 고발하는 것이 아니라 객관적이면서도 불의와 거짓을 밝혀야 한다는 주제의식을 선명하게 드러냈다. '일본은 선택했다' 장면에서는 미우라가 항변하는 부분을 축약하고 대신 후렴구를 강조해 부르게 했다.

이렇게 덤덤하게 시간 순서로 진행되는 구조는 차갑지만 순차적으로 진행되어 가는 국제정세와 그 안에서 발버둥치고 마지막 숨을 내쉬는 왕비의 죽음을 좀 더 포괄적인 시각으로 지켜볼 수 있게 하는 역할을 했다.

한편 고종이 왕으로서의 역할을 수행하는, 좀 더 책임감 있는 인물로 묘사되었다. 그 이유는 왕비와 홍계훈의 관계가 좀 더 개연성 있게 전개될 필요가 있었기 때문이다. 예전의 두 사람 관계가 홍계훈의 일방적인 짝사랑과 왕비의 설명되지 않은 그에 대한 신뢰로 애매하게 처리되었다면, 2015년 버전에서는 둘의 관계를 좀 더 직접적으로 설명한다.

1막의 충주 사가 장면에서는 원래 왕비-고종-홍계훈이 3중창을 했으나, 왕비-홍계훈의 이중창으로 바꾸었다. 그리고 세 사람의 삼각관계에서 비롯된 갈등을 강조하거나 넌지시 암시하는 일 없이, 조선의 정치적·사회적 상황에서 자신의 정체성에 대한 고민을 나누는 과정에서 서로를 알아가는 모습으로 수정했다.

그리고 새롭게 추가된 '운명의 무게를 견디리라'는 2막 '미우라의 알현'과 '사태급변' 사이에 나오는 곡으로, 홍계훈-왕비-고종의 3중창곡이다. 세 사람이 겪은 파란과 역사적 소용돌이 속에서 인간의 덧없음을 표현한 곡으로, 운명의 무게로 대변되는 시대의 황혼녘에 기우는 세 사람의 모습을 감상적으로 나타냈다. 마지막으로 홍계훈의 아리아 '나의

운명은 그대'에서는 중간에 멜로디를 넣고 가사를 좀 더 늘려서 왕비에 대한 그의 지극한 사랑을 표현했다.

　그 밖의 가사들도 좀 더 현대적으로 수정했다. 예를 들어 '당신은 조선의 왕이십니다'에서 대화 내용이 갑자기 비약하는 장면 중간에 고종과 왕비의 대사를 집어넣어 개연성을 더하고 왕비의 외교술을 강조했다. 임오군란 장면에서는 예전에 쓰던 '구식군, 별기군'이란 넘버와 2014년까지 사용하던 '왜상과 게이샤'를 결합해 새로운 넘버로 편곡했다. 그리고 바로 뒤에 나오는 '재집권' 장면 사이에 홍계훈의 격투를 위한 멜로디 라인을 추가하고, 대원군의 가사는 좀 더 이해하기 쉽게 수정했다.

　2막의 '대연회의 외교'는 '이노우에의 제안'으로 바꾸고, 대연회 외교

중에 '이노우에의 제안'을 넣어 2막 도입부에 극적 긴장감을 주었다. 마지막으로 왕비가 시해당한 후 고종과 대원군이 부르는 '궁금하다 황천후토'는 반복적으로 개탄하는 듯한 노래가 지나치게 감성적으로 흐르게 할 뿐 아니라, 뒤에 나오는 피날레 곡 '백성이여 일어나라' 첫 소절의 가사와 겹치는 부분도 있어 삭제했다.

이처럼 2015년 버전 대본은 현대적 해석을 반영하여 가사를 수정하고, 좀 더 짜임새 있고 극적으로 재구성하는 것에 초점을 맞추어 수정이 이루어졌다.

20년 만에 완성된 무대

1995년 무대를 '1.0버전', 1997년 무대를 '2.0버전'이라고 부르듯, 2015년 20주년 기념공연은 '2.5버전'이라고 무대미술가 박동우는 말한다. 하지만 '2.5버전'이라기보다는 드디어 제자리를 찾은 '오리지널 버전'이라고 할 수 있다. 1995년 초연 당시에 관객들과 연출의 요구로 인해 사실적으로 제작되었던 부분들이 2015년 공연에서는 현대적 버전의 〈명성황후〉 콘셉트에 맞게 1995년 스케치대로 만들어졌기 때문이다.

2015년 버전은 전체적으로 현대적 색채를 가미하려는 의도가 있었기에 음악뿐 아니라 무대도 좀 더 추상적으로 구성할 필요가 있었다. 예를 들어 1995년의 궁중 장면에서는 여백의 미를 위해 버드나무 한쪽 가지에만 잎사귀를 매달고 향원정 다리도 만들어 궁궐 뜰의 모습을 보여주었으며, 다리발에도 문양을 넣어 궁중의 모습을 구체적으로 나타냈다. 하지만 2015년에는 박동우의 원래 의도대로 무대 위에 로프만을 내려뜨려 버드나무가 울창한 궁궐을 나타내고, 향원정 다리도 없애 추상적인 계절의 분위기와 색채 조화로 장면의 분위기를 보다 정확하게 드러냈다. 단청 기둥 문양을 넣었던 다리발도 모두 무채색 계열로 통일해 좀 더 현대적으로 표현했다.

또한 2002년 런던 공연 후 귀국하여 서울 예술의전당에서 공연하던 도중 이중무대가 올라오지 않아 관객들에게 티켓을 환불해 준 사건이 있고 나서 2014년까지 사용하지 않았던 이중무대를 2015년 공연에서 다시 선보였다.

이중회전무대는 변함없이 사용되었는데, 이중회전무대 바닥에 있던 천문도를 없애고 대신 무광택 바닥재를 무대와 같은 색으로 사용하고 무대에서 서서히 돌아가는 회전무대가 자연스럽게 흘러가게 함으로써 모던함과 함께 무대의 환영 효과를 더 부각시켰다. 관객이 평범한 무대 바닥인 줄 알았던 부분이 서서히 돌아가며 장면이 바뀌는, 마술처럼 진행되는 무대를 보여주기 위해서였다.

수태굿 장면 또한 예전엔 넓은 다리발에 비친 조선 왕국의 커다란 문양 뒤로 잡신들이 그려져 있는 고화古畵를 비추었으나, 2015년에는 다리발을 생략하고 고화 속 잡신들을 직접 보여줌으로써 조선의 무속 신앙을 드러내 보였다. 궁정전과 건청궁 장면에서도 1995년에는 한성의 도심지 스케치가 배경으로 들어갔으나, 2015년 버전에서는 궁궐의 권위를 상징하는 '일월오악도日月五岳圖'로 바꾸어 왕실의 분위기를 한층 살렸다.

한편 2015년 공연에서는 영상을 활용하여 입체감을 더했다. 20주년 공연의 기본 콘셉트인 날아오르는 나비 이미지를 표현하기 위해 차일을

다리발을 생략하고 고화 속 잡신들을 직접 보여준 수태굿(위)과 대원군의 재집권 장면(아래)

무대 중앙에 설치하고 프로젝터로 수많은 나비가 날갯짓 하면서 날아오르는 장면을 선보인 것이다.

그리고 '황혼'의 이미지를 나타내기 위해 초연 이래 많이 사용했던 붉은색과 검은색을 회색 계열로 바꾸고 음영이 드리운 추상적 이미지로 구름을 상징했다. 다리발과 무대 날개에도 무채색을 사용했다.

또 하나의 영상은 '양이와의 전투' 장면에 나오는 돛대 아래서 파도치는 장면이다. 1997년 뉴욕 공연 이후 박동우는 이 장면에 세 개의 돛대 사이에 두 개의 돛대를 추가하여 더욱 입체적인 효과를 냈다. 이 장면은 2014년까지 꾸준히 사용됐는데, 2015년에는 돛대 아래 파도가 일렁이는 듯한 영상을 투사하여 훨씬 더 생동감 있는 장면을 연출했다. 그 밖에도 '이상하다 눈꽃 날리네'에서 영상으로 매화꽃이 떨어지는 장면이 처음으로 연출되었다. 히로시마 법정 장면도 마지막에 나오는 관계로 예전에 사용했던 경복궁 미니어처를 없애고, 대신 일장기를 나타내는 붉은 해를 배경으로 넣고 프로젝터로 무죄 판결문의 자막이 흐르게 했다.

이처럼 뮤지컬 〈명성황후〉는 탄생부터 20년에 걸친 성장과 변화를 거쳐 새로운 기록을 세워 가며 한국 창작 뮤지컬의 역사에 한 획을 그었다. 아무리 좋은 프로덕션이라고 해도 20년이란 세월을 꾸준히 끌고 올 수 있었던 것은 끊임없이 〈명성황후〉를 다듬고 키워 왔기 때문일 것이다.

7

2018년 공연

다시 옛 버전의 무대미술로!

윤호진은 2018년 공연(세종문화회관)을 준비하며 창작팀과 함께 20주년 기념공연에서 수정하고 보완해야 할 부분에 대한 검토를 했다. 20주년 기념공연에서 시도된 현대적 감성으로의 변화가 20년간의 공연을 관통하며 구축해 온 작품의 본질적 가치를 반감시킨 것이 아닌지에 대한 의구심이 생겼기 때문이다.

윤호진이 파악한 가장 큰 문제점은 영상을 활용해 현대적 색채를 덧입힌 무대미술이었다. 20주년 기념공연에서 최초로 무대 영상을 사용하기로 결정했을 때 창작팀은 무대 후면에 프로젝터를 설치하고, 배경발 뒤에 설치된 리어스크린에 영상을 투사하는 방식을 먼저 고려했다. 하지만 후면 프로젝터에서 송출되는 영상을 무대 전체에 투사하기 위해서는 광각렌즈가 필요했다. 하지만 공연 환경에 적합한 렌즈를 국내에서 구하기 쉽지 않은 데다, 계획되어 있는 지방 공연장 중 후면 프로젝터를 사용할 수 있는 곳 또한 몇 군데 없었다. 때문에 공연은 후면 프로젝트 없이 전면 프로젝터만 사용해 진행하기로 했다.

20주년 기념공연에서 무대디자이너 박동우는 무대 전면의 프로젝터를 통해 무대에 입혀지는 영상을 좀 더 명징하게 보여주기 위해 '구름과 황혼'이라는 무대미술의 기본 콘셉트에 어울리는 기존의 붉은 빛 무대를 짙은 회색 빛으로 바꾸었다. 이러한 변화는 최형오의 조명 디자인에 일정 부분 부정적인 영향을 끼쳤다. 조명의 조도를 높이면 무대 후면의 배경발에 투사되는 영상이 명징하게 보이지 않을뿐더러, 무대 바닥에 반사되는 빛의 번짐이 심했다. 이로 인해 전체적으로 조명의 조도를 낮췄는데, 이러한 조명 디자인으로 인해 일부 장면에서 극적 효과가 크게 반감되었으며, 관객들에게 배우들의 섬세한 표정 연기를 보여줄 수 없게 되었다.

20주년 기념공연의 '나비' 콘셉트를 표현하기 위해 새롭게 디자인 한 차양awning 또한 유사한 문제를 지니고 있었다. 차양을 사용한 후 다음 장면으로 전환하기 위해서는 상부 배튼batten에서 이탈된 차양을 빠른 속도로 원래의 위치로 끌어올려야 했는데, 공연장 내 기류로 인해 차양이 펄럭이며 주변의 다른 배튼에 걸린 조명기와 접촉해 안전사고가 발생할 우려가 있었던 것이다. 또 노후한 지방 공연장은 배튼의 속도가 느려 장면 전환에 오랜 시간이 걸리는 문제점이 발생했다.

이러한 문제점을 2018년 공연에서 개선하기 어렵다고 판단한 윤호진과 창작팀은 무대디자인을 20주년 기념공연 이전의 버전으로 되돌리는 선택을 했다. '왕비 오시는 날'에 사용했던 차양을 없애고, 모든 장면에서 영상을 사용하지 않았으며, 무대 전체의 작화와 이중회전무대 바닥 역시 이전처럼 붉은색 톤으로 다시 바꾸었다. 무대 바닥에 '천상열차분야지도'도 다시 각인했다.

프로젝터를 사용한 2015년 왕비 오시는 날(위),
사용하지 않은 2018년 왕비 오시는 날(아래)

대본의 현대적 해석은 유지하되, 구조는 이전 방식으로!

공연의 대본은 20주년 기념공연에 맞춰 재구성한 대본에서 최소한의 수정만 이루어졌다. 다만 시간 흐름에 따라 순차적으로 진행되던 1막의 장면 구성은 다시 액자식 구조로 변경했다. 오프닝 넘버에 앞서 히로시마 원폭 투하 영상은 여전히 사용하지 않았으나, '왕비의 최후' 뒤로 위치가 바뀌었던 '미우라에 대한 판결'이 원래 위치인 1막의 프롤로그로 돌아왔다. '미우라에 대한 판결'이 극 처음으로 돌아감으로써 삭제되었던 고종과 대원군의 넘버, '궁금하다 황천후토'도 다시 배치되었다.

동시대성을 고려한 새로운 전환 모색

2018년 공연은 윤호진과 창작팀에게 새로운 과제를 안겨 주었다. 뮤지컬 시장의 비약적인 성장으로 공연 작품의 수가 증가하고 뮤지컬 관객의 저변 또한 크게 넓어졌지만, 시장에 새로 유입된 관객들은 극 전체가 노래로만 이루어진 성스루Sung-through 뮤지컬을 대사와 노래가 균형을 갖춘 '북 뮤지컬Book Musical'에 비해 지루하게 느끼는 듯했다. 또한 대규모 자본을 투입하여 웅장하고 화려한 볼거리를 보여주는 라이선스 뮤지컬이 대거 수입되면서, 이중회전무대를 중심으로 한 추상적이고 상징적인 세트로 구축된 〈명성황후〉의 무대미술이 상대적으로 빈약하게 느껴진다는 관객의 평가도 늘어났다. 공연이 종료된 후, 25주년 기념공연 준비에 들어간 윤호진과 창작팀은 공연 시장의 빠른 변화 속에서 지속 가능한 공연을 만들기 위해 〈명성황후〉의 새로운 전환을 모색하게 되었다.

8

〈명성황후〉 25주년 기념공연

젊은 뮤지컬로 거듭난 〈명성황후〉

25주년 기념공연의 첫 번째 변화는 그동안 프로듀서와 연출을 겸하며 뮤지컬 〈명성황후〉의 역사를 이끌어 온 윤호진이 에이콤의 젊은 인재들에게 프로듀서와 연출 자리를 양보하고 예술감독으로 자리를 옮겼다는 것이다. 2018년 공연 이후 〈명성황후〉가 동시대적 요구를 반영하는 뮤지컬로 새롭게 변화해야 함을 인지한 윤호진은 오랜 기간 함께 일해 온 연출팀과 제작팀의 다양한 의견을 받아들여 작품을 수정하기로 하고 한 발 떨어진 곳에서 작품을 바라보기로 결정한 것이다.

뮤지컬 〈명성황후〉의 새로운 변화는 윤홍선 프로듀서가 이끌었다. 그동안 에이콤에서 제작한 여러 작품들에서 제작감독의 역할을 해온 그는 시대와 함께 호흡하는 '젊은 뮤지컬'을 만들기 위해 연출·기획·제작 등 프로덕션 전반에 걸쳐 다양한 변화를 추동했다.

'성스루 뮤지컬'에서 '북 뮤지컬'로!

25주년 기념공연의 가장 큰 변화는 공연 형식의 변화라 할 수 있다. 윤호진 예술감독을 중심으로 안재승 연출과 김민영 조연출, 윤금정 드라마터그로 꾸려진 연출팀은 대사 없이 노래로만 진행했던 성스루 형식에서 벗어나 '북 뮤지컬' 구조에 맞게 대본을 수정했다. 연출팀은 우선 성악과 연기를 결합한 레치타티보recitativo 형식으로 만들어진 넘버의 가사를 대사로 바꾸는 작업을 진행했으며, 그동안 성스루 형식에 갇혀 수정하지 못한 서사를 보강하여 왕비와 고종, 홍계훈과 대원군의 캐릭터를 재정립했다.

LED 패널을 활용한 무대 혁신

25주년 기념공연에서는 무대미술에도 혁신적 변화가 있었다. 그동안 〈명성황후〉의 무대는 경사진 이중회전무대(디스크와 링)를 돌려 만든 하부 무대와 무대 중앙에 내려오는 중간발(투명막), 기둥발, 무당막과 지전, 실버들, 무과 깃발, 청군 깃발, 이양선의 돛대, 온천장 세트 등 다양한 장면의 특징에 맞게 상부에서 하강하는 구조물의 조합을 통해 스토리가 진행되는 다양한 공간을 상징적으로 구축해 왔다.

그런데 25주년 기념공연에서는 그동안의 무대미술 콘셉트에서 벗어나 공연 최초로 '공간의 재현'을 시도했다. 이중회전무대는 그대로 사용하되 배경발, 중간발, 기둥발의 전체와 다리발의 일부를 LED 패널로 대체하고 고화질 영상을 송출해 공간의 미장센을 구축했다. 일부 장면에

다시 권좌에

서는 기존의 상징적 상부 구조물과 LED 패널에 송출되는 영상을 하부 무대와 조합해 구축하기도 했다.

LED 패널을 사용함에 있어 우선적으로 고려한 사항은 '중간발을 대체하는 패널이 영상으로 송출되지 않을 때 투명막으로 기능할 수 있는가?'였다. 2막에서 중간발을 통해 만들어지는 이중그림은 연출적으로 매우 중요한 효과이기 때문이다. 이러한 연출적 요소를 고려하여 제작팀은 중간발 성격의 LED 패널은 발광소자 간의 거리가 6mm로 발광하지 않을 때 패널의 뒷공간이 노출되는 패널을 사용하고, 이중그림의 효과가 필요하지 않은 배경발과 기둥발, 다리발은 발광소자 간의 거리가 3mm인 패널을 사용했다.

무대디자이너 박동우는 이중회전무대라는 상징적 세트와 영상의 이질감을 줄이기 위해 실사 영상의 사용을 자제해 줄 것을 당부했다. 이러한 의견을 반영해 영상디자이너 송승규는 전체 영상을 작화에 가깝게 리터칭하고, 구체적 공간을 보여주는 영상의 경우 조도를 낮춰 실루엣처럼 보이도록 리터칭했다. 대전 장면에서 사용되는 용발, 청군 막사에서 사용되는 청군 깃발 등은 기존에 사용했던 세트의 작화 패턴을 영상으로 만들어 송출했고, '양이와의 전투'에 사용한 파도 영상, '세상이 나를 필요로 할 때까지'에 사용한 구름이 흘러가는 영상, '이상하다 눈꽃 날리네'에 사용한 꽃잎이 떨어지는 영상 등은 넘버의 정서를 보조하는 추상적인 영상을 사용했다. 대전과 내전 등 실내 공간을 구축한 경우에는 천장의 단청, 창호문의 창살과 같은 추상적 패턴을 부각시키는 방식으로 사용했다.

일부 장면에서는 영상을 사용함으로써 회전하는 이중무대의 역동성을 배가시키기도 했다. 이를테면 '광화문' 장면에서는 배경이 되는 광화문의 회전하는 무대의 속도에 맞춰 입체적으로 움직여 공간의 입체감을 강화했고, 낭인들이 궁녀를 살해하는 장면에서는 회전무대가 돌아가는 속도에 맞춰 배경이 되는 궁궐 전각의 모습을 패닝하여 역동성을 강화했다.

무대미술의 변화에 맞춰 의상도 새로 제작

초연부터 25년 동안 사용해 온 김현숙 디자이너의 의상 중 오랜 공연으로 더 이상 수선이 불가능하거나 세월의 흔적으로 빛이 바랜 의상들을 새롭게 제작했다. 이는 기존의 의상이 낡았기 때문이기도 하지만, 공연에 고화질 영상을 사용하기로 결정했기 때문이기도 하다. 시대 고증을 바탕으로 작품에 맞게 스타일을 재창조한 김현숙 디자이너의 의상은 색상이 선명하고 질감이 풍부한 벨벳이나 오간자, 자카드, 레이스 등의 서양 직물을 누벼 부피감을 키우고 과장된 형태로 디자인되었다. 이러한 의상은 무대 위 배우를 보다 입체감 있게 보여주는 효과를 가져왔다. 하지만 패턴을 지닌 다양한 직물들이 혼합된 의상들은 다채로운 색감을 지닌 영상 속에서 오히려 인물에 대한 집중력을 떨어뜨릴 우려가 있었다.

새로운 의상은 정경희 디자이너가 맡았다. 무대와 영화를 넘나들며 〈혈의 누〉, 〈음란서생〉, 〈방자전〉 등 사극 영화로 세 차례나 대종상 영화제 의상상을 수상한 정경희는 패턴이 있는 원단을 사용하는 대신 다양한 빛깔의 단색 원단을 겹겹이 레이어드하거나, 시스루를 통해 색감의

명성황후

일부 의복을 제외한 모든 캐릭터의 의상과 신발, 모자를 새로 디자인한 정경희 디자이너

톤을 정제하는 등 모던하고 미니멀한 의상을 제작하되, 궁정극에 어울리는 화려함을 강화하기 위해 의상에 금박 장식을 각인하거나 용과 봉황 문양을 수놓고, 허리띠를 매치하는 등의 디테일을 더했다. 정경희 디자이너는 김현숙 디자이너의 의상 중에서 안무에 적합한 방식으로 오랜기간 수정되어 완성된 '수태굿'과 '화관무' 그리고 고증에 따라 디자인된 서양 제복을 제외한 극에 등장하는 모든 캐릭터의 의상과 신발, 모자를 새로 디자인했다.

음악에 전통 음악의 색채를 입히다

25주년 기념공연의 또 다른 큰 변화라면 전통 음악의 색채가 강화된 것이라 할 수 있다. 우리 역사를 바탕으로 만들어진 창작 뮤지컬로서의 정체성을 강화하기 위해서였다. 서양의 이야기를 담은 여타의 라이선스 극과의 차별성을 강조하기 위해 기획 초기부터 윤호진은 국악기를 활용한 새로운 편곡을 계획했다.

새로운 편곡은 윤호진과 창극 〈서편제〉, '평창동계올림픽 깃발 이양 행사' 등의 작업을 함께한 재일교포 작곡가 양방언에게 맡겼다. 2002 부산아시안게임 주제곡인 '프론티어Frontier'로 양악과 국악의 크로스오버 장르에서 독보적 역량을 보여준 양방언은 재일교포 작곡가 손동훈과 함께 〈명성황후〉의 모든 곡에 국악적 색채를 입히는 작업을 했다.

양방언은 음악감독 김문정과 협력해 김희갑 작곡가가 만들었던 원곡의 음악적 특성과 드라마의 정서를 충분히 유지하는 가운데 가야금·대금·타악기들을 추가해 피터 케이시의 편곡보다 훨씬 한국적인 오케스트레이션을 완성했다.

영상 활용에 따른 대본 수정

1차 대본 수정을 마친 윤호진과 연출팀은 영상 활용에 따른 미장센을 고려해 2차 수정을 진행했다. 목표는 '장면 길이를 줄이고 진행 속도를 빠르게' 하는 것이었다. 고화질 영상을 활용할 경우, 장면이 길어질수록 관객이 느끼는 시각적 피로도가 높아지기 때문이다.

새로운 대본의 장면별 변화 : 1막

'북 뮤지컬'로의 전환과 서사 진행 속도 증가라는 두 가지 목표를 동시에 실현하기 위해 안재승 연출은 여덟 차례에 걸친 추가 수정 작업을 진행했다. 그 결과 대사만으로 이루어지는 장면은 노래로 전달되지 않는 서사를 구축하기 위한 최소한의 대사로 구성되고, 일부 장면에서는 넘버의 길이가 짧아졌다.

미우라에 대한 판결(일본 법정)

'미우라에 대한 판결'(일본 법정)에서 자막으로 전달되던 왕비 시해에 대한 정보를 좀 더 시각적으로 전달하기 위해 일본의 낭인들이 무대에 난입해 왕비를 베는 장면으로 시작한다. 새로운 미장센을 만들기 위해 영화의 회상 기법을 차용한 것이다. 이 장면은 '왕비의 최후'에서 왕비가 낭인들이 휘두르는 칼에 쓰러지는 모습을 재현함으로써 기존의 대본 1막에서 '미우라에 대한 판결-정한회의'로 연결되는 액자식 구조를 확장된 형태로 구축한 것이다. 장면 시작과 함께 조성된 극적 긴장감을 유지하고 시각적으로 재현되는 액팅에 대한 집중력을 흐트러뜨리지 않기 위해 심문 과정을 보여주는 텍스트 영상을 육성으로 대체하고, 최소한으로 압축했으며, 이에 맞게 넘버의 길이도 줄였다.

대원군의 섭정

장면의 속도를 높이기 위해 '대원군의 섭정' 넘버를 삭제하고, 가사 내용 중 핵심적인 부분들만 대사로 전달했다. 동아시아로 서구 열강이 앞다투어 몰려오는 국제정세와 메이지 유신으로 근대 국가를 만들어 나

미우라에 대한 판결

가는 일본 상황에 대한 정보, 서양과의 통상을 거부하고 쇄국정책을 펼
치는 대원군의 입장이 신하들과의 대화를 통해 압축적으로 제시된다.

문 좀 열어 주

이전의 대본에서는 대원군의 '섭정' 장면 이후, 고종이 궁녀들과 봄
놀이를 즐기는 '사알랑 사알랑' 장면이 있었지만, 수정된 대본에서는 '섭
정' 장면이 암전 없이 '문 좀 열어 주'로 이어진다. 이는 장면 배치에 변
화를 주어 다이내믹한 안무가 가미된 합창 넘버인 '무과시험-수태굿-

문 좀 열어 주'가 연달아 이어지는 장면 이후 진행되는 '친정 선포', '어전회의' 등의 드라마가 지루하게 느껴지는 문제를 개선하기 위한 것이다. 특수효과 사용으로 무대 위에 남아 있는 화약 연기 사이에서 정사는 제쳐두고 궁녀들과 봄놀이를 즐기는 고종의 모습을 보여줌으로써 대원군과 고종, 두 캐릭터의 대비를 전보다 강화하기 위한 목적도 있다.

고종과 대원군의 갈등(드라마)

새롭게 추가된 드라마에서는 상궁들이 고종과 궁녀 이씨 사이에서 태어난 완화군에 대한 정보를 전달하는데, 이를 통해 원자元子를 아직 생산하지 못한 왕비의 조급함을 보여주고자 했다. 아울러 서학西學, 18세기 조선에 전파된 서양의 학문에 대한 고종의 관심과 외국과의 통상을 통한 개화에 대한 꿈을 보여줌으로써 쇄국정책을 펼치는 대원군과 고종의 대립을 심화시킴으로써, 이후 이어지는 '친정 선포'의 당위성을 제시하고자 했다.

또한 이전 대본에서는 '별 하나 잠 못 들고'를 통해 고종과 왕비가 가까워지는 계기를 만들었는데, 수정된 대본에서는 훈련대 해산에 대한 왕비와 고종, 홍계훈의 심경을 보여주던 삼중창 넘버 '운명의 무게를 견디리라'를 편곡해 고종과 왕비의 듀엣곡으로 새롭게 배치함으로써 고종이 자신의 꿈을 함께 펼쳐 나갈 동반자로서 지혜로운 왕비를 바라보게 하는 계기를 마련하고, 둘의 사랑이 깊어지는 과정을 좀 더 분명하게 보여주고자 했다.

수태굿

1997년 뉴욕 공연을 위해 추가된 이후, 변화가 없었던 수태굿 장면에도 변화를 주었다. 장면 진행 속도를 높이고 집중도를 높이기 위해 넘버의 길이를 줄였는데, 이 과정에서 '고종-대원군', '왕비-상궁들'로 분리되어 진행되었던 원래의 장면이 왕비와 상궁들만의 장면으로 바뀌었다.

출산 축원

연출팀은 이후 장면의 연결이 '친정 선포'가 될 경우, 출산 기원을 하는 '수태굿'에서의 서사 흐름에 지나친 극적 도약이 있다고 판단해 새로운 장면을 추가했다.

그러나 연로한 김희갑 작곡가가 새로운 넘버를 작업하는 것이 쉽지 않은 상황이라 기존의 넘버 중 장면에 어울릴 만한 곡을 새롭게 편곡해 사용하기로 하고, 출산을 축원하는 내용에 어울리는 곡으로 2막 오프닝에 사용되는 기악곡인 '화관무'에 새로운 가사를 붙였다. 하지만 '화관무'는 2막에서 근대화된 조선의 상황을 음악적으로 표현하기 위해 왈츠 풍의 리듬과 서양 악기 중심으로 편곡되어 있어, 개화 이전의 상황을 담은 1막 장면에 사용하는 것이 적절하지 않았다. 때문에 25주년 공연에 새롭게 합류한 편곡자 양방언이 국악기 중심으로 새롭게 편곡했다.

또한 백성들이 왕세자의 탄생을 축하하는 '출산 축원'의 내용을 시각적으로 표현하기 위해 풍등에 소망을 적어 밤하늘에 날려 보내는 전통 문화인 '풍등 날리기'를 재현했다. 장면에 등장하는 광대와 백성들은 장구와 소고, 나무 막대를 무대 바닥에 두드리는 안무를 통해 전통 타악의 리듬을 만들어 흥겨운 분위기를 자아내고, 장면 말미에는 무대 상부에서 내려온 가는 와이어에 풍등을 걸어 올려보내 역동적이면서도 아름다운 미장센을 만들었다. 나아가 영상디자이너는 배경 LED 패널에도 풍등이 날아오르는 영상을 덧입혀 시각적으로 장면의 입체감을 강화했다.

풍등 날리기를 재현한 '출산 축원' 장면

친정 선포

'친정 선포'는 서사의 변곡점에 있는 넘버로 극 전개에서 매우 중요한 내용을 담고 있다. 오페라의 '레치타티보' 양식을 빌려 말하듯 노래하는 이 넘버는 왕비의 간언을 들은 고종이 대원군의 섭정을 끝내고 스스로 국사를 돌보겠다고 선포하는 내용으로, 역동적 군무와 합창 위주로 전개되던 이전의 분위기와 달리 차분하고 정적이다. 때문에 관객에게는 장면 진행이 다소 더디고 지루하게 느껴질 우려가 있었다.

이러한 문제를 해결하기 위해 창작팀은 '친정 선포' 전에 배치된 상궁들의 넘버 '건강하게 자라소서'를 대사로 처리하고, '친정 선포'의 길이를 줄였다. 이 과정에서 삭제된 부분의 중요한 가사를 좀 더 직접적으로 전달하기 위해서 기존의 공연과 달리 대원군의 가창을 삽입했다. 2막에서 '왕비-고종'과 '미우라'의 대립 관계를 보여주기 위해 사용했던 '이중그림'의 효과를 이 장면에 대입해 왕비와 고종이 머무는 '내전'과 대원군이 정사를 펼치고 있는 '대전'의 이중그림을 만들어 정치적 주도권을 둘러싼 '왕비-고종'과 '대원군'의 대립을 시각적으로 표현한 것이다. 친정을 선포한 고종과 왕비가 중간발이 올라간 후 대원군이 버티고 있던 옥좌 곁으로 이동하고, 대원군은 고종과 왕비와 잠시 대치하다 물러난다. 이러한 장면의 변화는 이후에 나오는 대원군의 넘버 '세상이 나를 필요로 할 때까지'로의 연결을 보다 설득력 있게 전달하는 효과를 가져왔다.

내 손 잡아 주

1998년 미국 투어를 위해 추가했던 '7인의 사절' 장면은 외국의 사절들이 스틸트stilt로 불리는 '장대 다리'를 신고 등장하는 양식을 유지해 왔다. 이는 당대의 조선인이 바라보는 서양인에 대한 이미지를 표현하기 위해서였다. 이런 표현 양식에 대해 창작팀은 고심했는데, 스틸트를 활용한 공연 양식이 거리 축제나 판촉 행사에서 사람들의 이목을 집중시키고 웃음을 유발하기 위한 수단으로 일반화되어 작품의 의도와 달리 관객들에게 유희적으로 받아들여지거나 외국인에 대한 제노포비아로 비춰질 가능성이 있었기 때문이다. 고심 끝에 창작팀은 스틸트를 사용하는 대신, 각 나라의 특징이 반영된 춤으로 표현하기로 결정했다.

하지만 기존 '7인의 사절' 넘버의 길이가 짧아 안무곡으로서 제 기능을 하지 못했기 때문에 '출산 축원'의 경우처럼 '문 좀 열어 주'의 일부분을 편곡하고 기존의 가사를 멜로디에 맞게 수정한 다음, 안무가 서병구가 각 나라의 특성을 살린 안무를 새로 디자인했다.

어전회의

'어전회의' 또한 넘버의 길이가 짧아졌다. 수구파와 개화파의 다툼으로 시작되는 '어전회의' 넘버는 개화를 거스를 수 없다는 고종의 일갈과 함께 청나라와 미국, 러시아와 일본과 친교를 맺어야 한다는 각 파벌 간의 다툼으로 확장된다. 장면의 길이를 줄이는 과정에서 수구파와 개화파간의 다툼을 보여주는 전반부의 내용이 삭제되고, 개화파 내부의 파벌 다툼으로만 넘버가 진행된다.

저잣거리의 왜상

음악 없이 배우들의 대사로만 진행되는 이 장면은 20주년 기념공연의 '구식군과 별기군', 2018년 공연의 '임오군란'을 대체하는 장면이다. 임오군란이 벌어지게 된 구체적인 계기를 이전보다 명확하게 보여주기 위해 개항 이후 조선에 진출한 왜상들이 불평등한 조약을 통해 장사에서 막대한 이문을 남기는 모습과 신식군(별기군)과의 차별적 대우와 고종의 친정 선포 이후 권력의 중심에 있던 민겸호의 부정에 대한 구식군들의 불만을 교차해 보여주었다.

우리는 돌아가리라

구식군의 칼날을 피해 도망친 왕비와 홍계훈이 함께 부르는 넘버 '우리는 돌아가리라'는 삭제된 넘버인 '운명의 무게를 견디리라'의 일부 멜로디와 매시업mashup하여 비극적 상황을 마주한 두 인물의 감정을 전보다 깊이 있게 전달하는 넘버로 편곡되었다.

대원군의 유폐(청군 막사)

왕실의 요청으로 원세개에 의해 청나라로 소환되는 대원군의 모습을 보여주는 이 장면 또한 빠른 전개를 위해 가사의 내용을 노래 없이 대사로 전달했다.

정한회의 – 우리는 일어나리라

'정한회의'는 1막의 마지막 장면으로 첫 장면인 '일본은 선택했다'와 액자식으로 구성되어 있다. 1막에서 그 존재가 본격적으로 드러나지 않은 안타고니스트antagonist 미우라의 등장과 함께 관객들로 하여금 2막에서 벌어질 왕실과 미우라의 새로운 갈등에 대한 기대감을 갖게 하는 장면이다.

25주년 기념공연에서는 고종이 임오군란을 수습하는 과정에서 벌어지는 일본공사 이노우에의 협박이 삭제되었고, 왕비가 환궁하여 새로운 조선을 만들어 나갈 것을 다짐하는 넘버 '우리는 일어나리라'는 '정한회의'와 순서가 바뀌었다.

LED 패널의 사용으로 '정한회의'에서 극적 효과를 강화하기 위해 사용했던 '욱일승천기 이탈막'은 사용하지 않게 되었는데, 대신 배경발과 중간발 역할을 하는 LED 패널 배치를 통해 '일본 신사와 정문(토리)'을 만들어 새로운 미장센을 만들어냈다.

'우리는 일어나리라'를 1막 엔딩으로 배치하는 것이 시대 상황과 어울린다는 창작팀의 의견이 있었는데, '넘버가 담고 있는 내용이 코로나 19로 인해 실의와 상심에 빠진 관객들에게 더 큰 정서적 울림을 줄 수 있다는 것이었다. 이러한 의견을 반영해 '우리는 일어나리라'의 마지막 대합창 부분을 보다 웅장하게 편곡한 후 1막의 엔딩 넘버로 배치했다.

이노우에 캐릭터 삭제

성스루 형식의 공연을 '북 뮤지컬' 형식으로 재구성하는 과정에서 1막의 러닝타임이 기존의 공연보다 오히려 길어졌다. 일부 넘버의 길이를 줄였음에도 새롭게 추가된 드라마와 전환을 위해 추가된 넘버, 고종과 왕비, 홍계훈의 서사를 강화하기 위해 길어진 넘버 때문이었다.

창작팀은 1막과 2막의 드라마를 연결하는 캐릭터인 이노우에가 등장하는 장면을 삭제하기로 결정했다. 재구성된 대본을 검토하는 과정에서 '정한회의'가 왕비의 환궁 이전에 배치됨으로써 이노우에의 협박 장면이 이전의 공연보다 서사적 기능을 다하지 못한다고 판단했기 때문이다.

새로운 대본의 장면별 변화 : 2막

25주년 기념공연의 2막은 1막에 비해 수정의 폭이 크지 않았다. 1866년 고종과 왕비의 혼례부터 1882년 임오군란까지 16년 동안 벌어진 다양한 사건을 시간 순서대로 보여주는 1막에 비해, 1895년 1년 동안의 사건만을 보여주는 2막은 상대적으로 짜임새가 있었기 때문이다.

대연회

'화관무'와 '개혁 축원' 이후 펼쳐지는 외교 장면에서 조선이 처한 상황을 전달하는 넘버인 '이노우에의 제안'이 이노우에 캐릭터가 사라짐으로써 삭제되었다. 2막의 중심 사건으로의 보다 빠른 전개를 위해 장면 간 암전 없이 다음 장면으로 연결시켰으며, 다음 넘버인 '삼국간섭'은 가사의 주요 내용을 고종과 왕비, 러시아 공사 베베르의 대사로 처리하고, 추가로 삭제된 넘버 '이노우에의 제안'의 핵심 내용 또한 담았다.

아다미 별장

예술의전당 대관이 결정된 후 '아다미 별장'은 예술의전당의 승강 리프트를 활용한 이중무대를 계획했다. 하지만 LED 패널이 안전상의 문제로 본 무대가 상부로 승강할 수 없다는 기술적인 문제가 있어, 투사가 가능한 중간발의 앞과 뒤를 활용한 이중그림을 만들 수밖에 없었다.

세자의 무예 훈련 (무과시험 Rep.)

'세자의 무예 훈련'은 25주년 기념공연에 맞춰 새롭게 만든 장면이다. 2막의 '운명의 무게를 견디리라'가 1막으로 이동하면서 2막에서의 홍계훈의 서사가 약해졌다는 분석 아래, 홍계훈을 등장시킬 수 있는 장면을 추가하기로 하고 '총명하고 심성 어진 우리 세자'에 등장시키기로 결정했다. 하지만 '총명하고 심성 어진 우리 세자'는 대제학과 삼강오륜을 배우는 세자, 그리고 총명한 세자의 모습을 보며 왕실의 번영을 기원하는 고종과 왕비가 함께 부르는 노래로 기존의 넘버 안에 홍계훈의 라인을 추가하기 어려웠다.

이에 창작팀은 홍계훈을 대표하는 넘버인 무과시험을 새롭게 편곡하여 '세자의 무예 훈련' 장면으로 재구성했다. 아역 배우가 검을 활용한 안무를 소화하기에는 무리가 있다 판단하고 활쏘기 훈련으로 대체했으며, LED 패널을 활용한 정교한 영상 효과를 통해 세자와 홍계훈이 쏜 화살이 과녁으로 날아가는 미장센을 만들었다.

세자의 무예 훈련

극중 세자가 보여주어야 할 유약한 캐릭터를 유지하기 위해 무예 훈련을 게을리하는 세자를 훈육하는 고종과 왕비의 대사를 추가하고, 이후 강한 조선을 만들어 갈 것을 다짐하는 세자의 노래를 세자, 왕비, 고종, 홍계훈의 합창으로 확장시켜 희망찬 분위기를 조성하여 '미우라의 알현'에서 '사태급변'에 이르는 이후 장면과의 대비를 강화했다.

훈련대의 해산(드라마)

이전 대본에서는 훈련대 해산 과정에 대한 정보가 명확하게 드러나지 않았다. '미우라의 알현'에서 왕비와 고종은 훈련대 해산을 둘러싼 견해 차이로 대립하고, 이후 홍계훈이 왕비를 알현하는 장면에서 고종이 훈련대 해산 전교를 내렸음이 드러난다. 고종이 왜 훈련대 해산 전교를 내렸는지가 논리적으로 전달되지 않은 것이다.

이러한 서사의 비약 문제를 해결하기 위해 고종이 홍계훈에게 훈련대 해산 전교를 내리는 장면을 새롭게 추가했다. '훈련대가 일본군 교관이 가르치는 군대'라는 정보가 이노우에 캐릭터가 삭제되면서 극중에서 전달되지 않게 되었는데, 이 문제를 해결하기 위해 일본인 교관이 훈련대와 사격 훈련을 하는 장면을 배치한 것이다. 그리고 이 장면에서 실제 화약을 사용하여 고종이 훈련대에 위협을 느끼고 해산을 결정하는 과정에 설득력을 부여했다. 반면 훈련대 해산에 대해 부정적인 홍계훈의 입장을 드러냄으로써 홍계훈이 왕비를 설득하기 위해 알현하는 장면에 설득력을 부여했다.

그대를 어디서 보았던가

고종이 내린 훈련대 해산 전교를 반려해 줄 것을 청하기 위해 홍계훈이 야심한 시각에 중궁전을 찾는 장면의 넘버 '그대를 어디서 보았던가'는 말하듯 노래하는 레치타티보 형식의 곡이다. 장면의 빠른 전개를 위해 이 넘버는 대사만으로 진행하도록 바꾸었다.

이 과정에서 새로운 대사를 추가해 역사적 사실에 대한 보강을 했다. 동학의 봉기와 갑오년에 일본이 궁궐을 침범했을 때, 홍계훈이 왕실을 지키기 위해 목숨을 바쳐 싸웠다는 내용이 그것이다. 이는 홍계훈을 향한 왕비의 굳건한 믿음을 보여주는 대사로 연결되어, 홍계훈이 훈련대 해산에 대한 부정적인 생각을 거두고 주어진 운명을 받아들이게 되는 심리적 계기를 마련해 줌과 동시에 홍계훈의 솔로 넘버인 '나의 운명은 그대'로의 정서적 연결을 보다 극적으로 만들어 주었다.

조선 왕실의 탄식

이 넘버는 어머니를 잃은 세자의 슬픔을 노래하는 '이제 나는 어찌 살꼬'와 왕비를 잃은 고종과 열강들의 다툼으로 조선 왕실에 닥친 비극을 마주한 대원군의 한탄을 담은 '궁금하다 황천후토'를 합친 것이다.

이전 공연에서 '이제 나는 어찌 살꼬'는 '왕비의 최후'와 연결되고, 짧은 암전 이후에 '궁금하다 황천후토'로 이어졌다. 그러나 25주년 기념 공연에서는 두 넘버를 합쳐 비극적인 사건을 목도한 삼대三代의 모습을 함께 보여주고, 삼중창으로 넘버를 마무리했다. 솔로 파트 이후에 퇴장하지 않은 세자는 고종과 대원군이 탄식하는 동안 왕비가 죽어간 자리 위에서 비통한 표정으로 어머니를 향해 절을 올리는데, 이를 통해 관객이 느끼게 될 비극적 정서를 강화했다.

커튼콜

커튼콜에서는 동시대적 상황을 고려해 2막 엔딩곡이자 〈명성황후〉의 대표 넘버인 '백성이여 일어나라'를 대신해 1막 엔딩곡인 '우리는 일어나리라'를 앙코르곡으로 불렀다.

〈명성황후〉에 닥친 시련, 코로나19

2019년 말에 발생하여 일 년 넘게 지속된 코로나19는 연습이 시작될 때까지 진정될 기미를 보이지 않았다. 방역 체계에 허점이 노출되며 확진자는 갈수록 늘어났고, 확산을 막기 위해 단계적으로 '사회적 거리두기'가 시행되었다.

모든 배우와 스태프는 공연 개막과 정상적인 공연 진행에 대한 희망의 끈을 놓지 않고 마스크를 쓴 채 연습을 진행했다. 하지만 코로나19로 인한 사회적 거리두기는 오히려 상향되었고, 트라이아웃tryout 공연이 임박한 시점에 정점에 다다랐다.

〈명성황후〉 25주년 기념공연의 초기 기획 단계부터 윤호진 예술감독은 공연의 중요성과 실험적 변화를 고려해 공연의 완성도를 높이기 위한 트라이아웃을 계획했다. 당초 트라이아웃은 수도권의 극장을 빌려 진행할 예정이었다. 하지만 당시의 사회적 거리두기 단계에서 발령된 집합시설에 대한 운영 금지 조치로 인해 극장을 빌리기 쉽지 않았다.

트라이아웃을 건너뛴 공연의 진행은 많은 위험 요소를 안고 있었다. 공연의 완성도도 완성도지만 새롭게 도입된 LED 패널의 운용에 따르는 예기치 못한 안전상의 위험 요소를 점검하지 못한다면 자칫 큰 무대

사고로 이어질 가능성도 있기 때문이다. 윤홍선 프로듀서는 고심 끝에 수도권에 비해 사회적 거리두기 단계가 낮은 부산의 드림씨어터에서 트라이아웃을 진행하기로 결정했다. 물류 운송과 숙박 등에 계획보다 많은 지출이 뒤따르게 되었지만 공연의 성공을 위해 내린 결단이었다. 드림씨어터는 극장이 소재한 건물에 호텔이 함께 있어 혹시 발생할지 모를 배우들의 코로나 감염을 통제하기도 용이했다.

공연의 전체 스태프와 배우들은 12월 14일부터 28일까지 2주간의 트라이아웃을 통해 드러난 문제점을 수정 보완, 공연을 위한 만반의 준비를 마쳤다. 그러나 사회적 거리두기 2.5단계 시행으로 인해 1월 6일 개막 예정이었던 공연은 2주간 연기되었고, 1월 19일과 20일 이틀간 3회 프리뷰 공연만을 진행한 후 다시 10일간 공연을 중단했다. 이틀간의 공연 후 중단해야 했음에도 프리뷰 공연을 진행한 건 오랜 기간 공연을 기다려온 관객과 배우, 스태프를 위해서였다.

공연을 멈춘 기간에 윤홍선 프로듀서와 윤호진 예술감독은 공연 재개 여부를 두고 고민을 거듭했다. 공연을 재개하더라도 정부의 지침을 따라 이른바 '퐁당당 좌석제(두 칸 띄어 앉기)'로 30%의 객석만을 채운 상태로 공연을 진행하면 막대한 손실을 입게 될 것이기 때문이다. 정부의 방침이 바뀌어 '퐁당퐁당 좌석제(한 칸 띄어 앉기)'로 진행되지 않는다면 최악의 경우 25주년을 맞아 새롭게 만든 작품이 그대로 막을 내릴 수도 있는 상황이었다.

윤홍선 프로듀서와 윤호진 예술감독은 25주년에 맞춰 새롭게 만든 세트나 의상 비용의 손해도 컸지만, 무엇보다 일자리를 잃을 배우들에 대한 걱정이 컸다. 공연 중단으로 인해 일부 앙상블 배우들은 공연의 재

개막을 기다리며 단기 아르바이트를 구해서 생계를 유지해 나갔기 때문이다.

다행히 사회적 거리두기 단계의 완화로 2월 2일에 다시 〈명성황후〉 본 공연이 시작되었다. 공연 기간을 10일 더 연장하여 나머지 일정을 진행했다. 그러나 본래 계획했던 8주간의 공연이 5주로 단축되었고, 야심차게 준비한 지방 공연 일정도 진행하지 못하고 큰 아쉬움을 남긴 채 막을 내려야 했다.

9

〈명성황후〉 30주년 기념공연

25주년 기념공연이 남긴 성과와 교훈

코로나19 확산에 따른 정부의 방역 조치로 인해 입게 될 손해를 감수하고 공연 강행을 결정한 25주년 기념공연은 프로덕션의 경영에 어려움을 안겨 주었지만, 〈명성황후〉가 앞으로 나아가야 할 방향에 대한 길잡이가 되어 주었다.

25주년 기념공연에서 시도한 무대미술의 변화는 관객들에게 좋은 평가를 받았으나, 오랜 기간 〈명성황후〉를 공연해 온 창작팀에게는 여러 가지 아쉬움을 남겼다. 가장 큰 아쉬움은 화려한 색채의 영상으로 장식된 무대 위에서 배우의 존재감이 약해졌다는 점이다.

30주년 기념공연 준비를 위한 회의에서 윤호진 예술감독은 "25주년 기념공연은 공연예술의 본질적 주체는 기술이 아닌 배우이며, 특히 뮤지컬 〈명성황후〉는 상징적 무대를 가득 채운 배우들이 뿜어내는 에너지로 이끌어 가야 그 매력을 온전히 발산할 수 있는 극임을 재확인하는 무대였다. 무대미술은 배우의 연기를 보조하는 장치로 기능해야 하며, 어떤 장면이든 배우에게 향해야 할 관객의 시선을 무대장치로 분산시켜 집중을 흐트러뜨려서는 안 된다"며 다소 부정적인 평가를 했다.

또한 "국악기를 활용한 편곡에 대한 아쉬움이 크다"며 "국악기의 사용으로 〈명성황후〉의 음악에 한국적 색채가 덧입혀진 것은 사실이나, 서양 악기와 국악기의 조화가 기대한 바에 미치지 못했다. 일부 장면에서는 국악기 사용이 효과적이었으나, 전체적으로 국악기와 서양 악기가 서로를 배려하거나 어우러지지 못하고 각자의 목소리를 내기 바빴다"면서 "다가오는 30주년 기념공연에서는 피터 케이시가 편곡한 음악을 다시 사용하는 것이 좋겠다"는 의견을 강력하게 피력했다. 결국 연출팀과 음악팀은 긴 논의 끝에 피터 케이시가 편곡한 곡들만으로 대본과 음악의 구조를 재구성하기로 결정했다.

무대미술의 수정과 보완

30주년 기념공연에서는 25주년 기념공연에서 새롭게 시도했던 LED 패널을 활용한 세트를 사용하지 않기로 결정했다. 대신 무대 전면과 후면에 프로젝터를 설치하고, LED를 통해 송출했던 영상을 수정 보완하여 무대에 투사하기로 했다.

이러한 방식의 영상 활용 시도는 20주년 기념공연에서 이미 진행되었다. 영상디자이너 송승규는 "당시에는 무대 후면에서 무대 전체에 투사할 수 있도록 돕는 광각렌즈를 확보하기 어려워 전면에서만 사용하는 방식을 선택했을지 모르나, 현재의 기술력으로는 충분히 가능하다"며 "당시보다 공연에서 일반적으로 사용되는 프로젝터의 밝기가 크게 개선되어 세트의 색을 어둡게 채색하지 않아도 영상 투사에는 큰 문제가 없

30주년 공연에서 수정 보완된 무대미술. 사진은 수태굿 장면

다"고 말했다. 이에 무대디자이너 박동우는 "투사되는 영상과의 조화를 고려할 때, 세트 작화를 전보다 더 진하고 명확하게 하는 변화가 필요하다"는 의견을 제시했다.

그러나 "전면 프로젝터를 통해 투사되는 영상이 투명막인 중간발에 맺힐 경우, 중간발 뒤의 공간이 노출되어 장면 전환에 어려움이 있을 수 있고, 중간발 앞 공간으로 쏟아지는 조명을 고려할 때, 밝기를 최대로 높여도 이미지가 중간발에 명확하게 드러나지 않을 수 있다"는 우려가 있어 전면 프로젝트에서 투사하는 영상은 '실버들' 세트를 쓰는 장면에서만 사용하는 것으로 결정되었다.

'북 뮤지컬'로서의 완성도 높이기 위해 대본과 음악 수정

25주년 기념공연을 평가하는 회의에서 나온 의견을 수렴하여 대본 수정 작업이 진행되었다. 목표는 피터 케이시의 편곡을 사용하는 넘버들을 중심으로 '북 뮤지컬'로서의 완성도를 높이는 것이었다.

대사로 처리했던 일부 넘버의 복원

최초로 성스루 형식을 탈피한 25주년 기념공연에서는 대원군의 넘버 중 일부가 대사로 처리되고, 이노우에 캐릭터가 삭제되었다. 이러한 변화는 장면의 속도를 높이는 데는 효과적이었으나, 극 전체에 구축되어 있던 인물들 간의 갈등 양상을 약하게 만드는 문제가 있었다. 그래서 30주년 기념공연에서는 '섭정', '수태굿', '대원군의 유폐' 등 대사로 처리했던 대원군의 넘버들을 다시 노래하는 것으로 수정했다.

또한 삭제했던 캐릭터인 이노우에를 다시 등장시켰다. 이에 따라 이노우에의 넘버 '이노우에의 협박', '이노우에의 제안(대연회의 외교)', '미우라의 벌주를 마시게 되리'도 다시 살아났다. 하지만 '이노우에의 제안(대연회의 외교)'과 '미우라의 벌주를 마시게 되리', '삼국간섭'으로 연달아 이어지는 2막 초반부의 전개 방식이 다소 지루하게 느껴질 수 있어 '미우라의 제안(대연회의 외교)'의 핵심적인 가사를 대사로 처리하고 '미우라의 벌주를 마시게 되리'와 '삼국간섭'을 합쳐 하나의 넘버로 통합했다.

또한 빠른 장면 진행을 위해 대사로 처리했던 상궁들의 넘버 '건강하게 자라소서'도 넘버가 지닌 정서적 환기 효과를 고려하여 음악팀과 협의 끝에 다시 살렸다.

리프라이즈 넘버 삭제와 이전 넘버의 복원

25주년 기념공연에서 새로운 편곡과 함께 시도되었던 몇 곡의 리프라이즈 넘버는 피터 케이시의 편곡으로 되돌아가며 일괄 삭제되었다.

우선 2막 1장의 '화관무'에 가사를 붙여 리프라이즈한 '출산 축원'을 삭제했는데, 서사의 매끄러운 흐름을 위해서는 '출산 축원'을 대체할 새로운 넘버가 동일한 위치에 배치되어야만 했다. 새로운 넘버의 작곡이 불가능한 상황에서 대안으로 초연의 대본에는 있었으나 뉴욕 공연을 위한 수정 과정에서 삭제된 넘버인 '백성의 노래' 가사를 시대 상황에 맞게 수정했으며, 연습을 진행하는 과정에서 음악팀과 함께 다소 길게 느껴지는 넘버의 길이를 줄인 후 새로운 안무를 디자인해 장면을 완성했다.

'세자의 무예 훈련' 또한 삭제하고 '총명하고 심성 어진 우리 세자'를 복원했다. 세자의 활쏘기 훈련 과정을 보여주었던 이 장면의 미장센 또

20주년 공연에서 삭제되었던 '왜상과 게이샤'를 수정한 넘버 '왜상들'

한 넘버의 변화에 따라 수정이 불가피했다. 다만 홍계훈을 등장시키고자한 장면의 목표를 위해 '총명하고 심성 어진 우리 세자' 이후에 지난 시즌에 구축된 드라마를 장면에 어울리도록 수정하여 배치했다.

'문 좀 열어 주'를 편곡하여 리프라이즈한 '내 손 잡아 주'도 이전에 사용했던 넘버인 '7인의 사절'로 다시 바꾸었다. 25주년 기념공연처럼 스틸트는 사용하지 않되, '내 손 잡아 주'에 맞춰 디자인한 안무 역시 '7인의 사절'에 어울리도록 새롭게 디자인했다.

지루하거나 어색한 넘버와 드라마 수정

'어전회의'의 장면 구성에도 변화를 주었다. 25주년 기념공연에서는 '수구파-개화파'의 다툼을 생략하고 '개화파 내부의 갈등'만을 편집해서 보여주었으나, 30주년 기념공연에서는 다시 '수구파-개화파'의 다툼이 '개화파 내부의 갈등'으로 확장되는 기존의 구성으로 돌아갔다. 대신 '수구파-개화파'의 다툼을 '유림(양반)과 조정'의 갈등으로 표현하여 개화정책을 추진하는 고종이 자신이 펼치는 정책에 대해 고민하는 이유를 보다 명확히 설명하고, 새로운 미장센을 구축하고자 했다.

'왜상들'은 20주년 공연에서 삭제되었던 넘버 '왜상과 게이샤'를 수정한 넘버다. 수정 과정에서 게이샤가 불렀던 파트를 없애고, 조선의 쌀을 일본에 팔아 번 돈으로 고리대금업을 하는 왜상들이 조선 백성들을 수탈하는 내용으로 가사 일부를 수정했으며, 음악팀과 함께 '쇼스토퍼 show-stopper'로서의 기능을 보다 효과적으로 수행할 수 있도록 넘버의 길이를 줄였다. 이 장면은 '친정 선포'와 '어전회의'로 이어지는 과정에서 느슨해진 관객의 정서를 환기함으로써 '임오군란'부터 '환궁'으로 이어지는 1막 후반부의 중요한 장면의 흐름에 대한 관객의 집중력을 강화하기 위한 목적으로 배치되었다.

1막의 액자식 구성 복원

25주년 기념공연에서 LED 패널의 사용으로 영화적 기법을 동원하여 새롭게 만든 1막 오프닝 장면은 세트 변화에 따라 원래대로 '미우라에 대한 판결(일본 법정)'로 돌아갔다. 이에 따라 1막의 엔딩 장면 또한 기존의 액자식 구성에 맞춰 '정한회의'로 돌아가게 되었다.

삼국간섭 관련 드라마 삭제 및 훈련대 해산 관련 드라마 수정

25주년 기념공연에서 청일전쟁 이후 조선이 처한 현실과 삼국간섭 관련 정보를 전달하는 기능을 했던 드라마는 '삼국간섭' 넘버로 대체되며 삭제되었다. 고종이 훈련대를 해산하게 된 이유를 설명해 주기 위해 추가되었던 드라마에는 훈련대 해산을 결정한 고종의 심리가 보다 섬세하게 반영될 수 있도록 갑신정변 내용 등을 추가했다.

'운명의 무게를 견디리라' 수정·복원

25주년 기념공연에서 1막에 배치된 두 넘버와 부분적으로 매시업 되었던 '운명의 무게를 견디리라'는 양방언의 편곡이 사용되지 않으면서, 원곡 그대로 배치되었다. 곡이 시작되는 송 모먼트song moment가 바뀌면서, 홍계훈이 시작했던 넘버를 고종이 시작하는 등 전체적인 곡 구성에 약간의 변화가 있었다.

변화된 곡 구성에 따라 고종의 가사 일부도 수정되었으며 곡의 말미에 고종과 왕비, 홍계훈의 파트가 합쳐지는 삼중창 부분에 대선율을

활용한 멜로디 라인을 얹어 홍계훈의 정서가 보다 잘 드러나도록 수정
했다.

'불어 공부' 및 '세자의 불어 공부'에 사용되는 불어 내용 수정

'불어 공부'에서 왕비가 손탁에게 배우는 불어의 내용을 작품을 관통
하는 주제에 더 어울리도록 수정했다. 불어의 내용을 수정함에 따라 '세
자의 불어 공부'의 대사 역시 수정했다.

의상과 소품의 디테일 수정

30주년 기념공연에서는 25주년 기념공연에서 새로 제작한 정경희
디자이너의 의상들을 그대로 사용하되, 앙상블 배우들이 의상을 빠르게
갈아입거나 안무를 소화하기에 불편했던 부분들을 밸크로를 이용하여
수선했다. 지난 공연에서 안전상의 문제로 착용하지 못했던 신하들의 각
대 역시 수정된 디자인으로 새롭게 제작했다.

또한 김현숙 디자이너의 의상들 중 보수가 더 이상 불가능한 근대 제
복의 휘장과 낡아서 찢어진 '수태굿' 의상의 소맷단 등도 기존의 디자인
을 유지하는 선에서 수선했다. 새로 추가한 장면인 '백성의 노래'에 등장
하는 백성들의 의상과 '어전회의'에 등장하는 유림의 의상도 새로 제작
했다.

새로 추가한 장면에 맞춰 다양한 소품들도 새롭게 제작했다. 추가된
'백성의 노래' 장면에서 백성들이 들고 나오는 곡괭이·봇짐 등의 도구와
수정된 '왜상들' 장면에 필요한 돈 궤짝, '어전회의'에 필요한 상소문과

교지 등을 새롭게 제작했다. 그 밖에도 '대연회' 장면과 '세자의 불어 공부' 장면에 사용되는 테이블 위의 장식품을 근대화된 조선을 상징하는 꽃 장식과 다기 세트로 수정했다.

한국 뮤지컬의 살아 있는 역사 〈명성황후〉

한 편의 뮤지컬이 초연 이후 30년 동안 지속적으로 공연을 이어가는 것은 뮤지컬의 본고장인 브로드웨이와 웨스트엔드에서도 흔치 않은 일이다. 30년 전까지만 하더라도 뮤지컬 불모지에 가까웠던 대한민국에서 창작된 〈명성황후〉가 30년간 공연하며 이룩해 온 기념비적 성취와 업적은 대한민국 뮤지컬 역사에 기록되고 전승되어야 할 유산임이 분명하다.

하지만 뮤지컬 〈명성황후〉가 지닌 공연예술로서의 가치는 단지 관객 동원 수와 해외시장 진출을 통해 써내려 온 '대한민국 창작 뮤지컬 최초'라는 수식어만으로 평가해서는 안 된다. 〈명성황후〉의 진정한 가치는 현재의 영광에 안주하지 않고 매 시즌 수정과 변화를 거듭하며 스스로 쌓아 올린 역사를 끊임없이 갱신해 나갔다는 점에 있기 때문이다.

30주년을 맞이한 뮤지컬 〈명성황후〉는 여전히 살아 있다. 대한민국 뮤지컬 역사에 기념되어야 할 과거의 유산으로 박제되는 것을 거부하고, 동시대 관객과 함께 호흡하기 위한 변화를 이어가는 한 뮤지컬 〈명성황후〉의 생명력은 영원히 소멸하지 않을 것이다.

10

〈명성황후〉 무대미술 30년사

뮤지컬 〈명성황후〉는 1995년 12월 30일 예술의전당 오페라극장에서 첫 막을 올린 후 30년 동안 국내외에서 꾸준히 공연되고 있다. 그동안 〈명성황후〉의 무대는 어떻게 디자인되고 공연되었는지 그 변천사를 시대 순으로 살펴보기로 한다.

1. 초연 무대 (1995년) : 기초를 만들다

1994년 봄, 뮤지컬 〈명성황후〉의 연출자이자 뮤지컬 제작사 에이콤 윤호진 대표에게 전화가 걸려왔다. 대본이 어느 정도 나왔으니 합류하라 는 것이었다. 1989년 극단 실험극장의 연극 〈실비명〉 이후 파트너십을 이루어 작업해 왔고, 1993년 뮤지컬 전문 제작사 에이콤 창단에 합류하 여 본격적으로 뮤지컬을 함께 창작해 왔으므로 어느 정도 마음의 준비 를 하고는 있었다.

대본을 읽으면서 고증 자료를 수집하는 한편, 무대화 양식을 어 떻게 할 것인지 정하기 위해 고심했다. 일반적으로 무대미술은 무대화의 양식에 따라 크게 두 가지로 나뉜다. 재현적 무대화와 비재현적 무대화가 그것이다. 재현적representational 무대화는 실재했을 것으로 보이는 극중 장소와 배경을 제시하는 것이고, 비재현적non-representational 무대화는 상징, 왜곡, 과장, 생략 등의 기법을 활용하여 실제와 다른 형태로 제시하는 것이다. 나는 그 두 가지 무대화 기법을 '관객의 눈앞에 그려 주는 방법'과 '관객의 머릿속에 그려 주는 방법'이라고 표현한다. 나는 비재현적 무대화 기법을 쓰기로 결정했다.

당시 조선 시대나 그 이전 시대를 극중 배경으로 하는 한국 공연은 대부분 재현적 방법을 쓰고 있었다. 물론 그 안에서도 재현율에 따라 다시 여러 단계로 나눌 수 있다. 〈춘향전〉의 극중 장소인 동헌 건물을 예로 들면 벽체와 기둥은 물론 지붕까지 살리는 전적인 재현, 지붕이나 벽체 일부를 생략하는 부분적인 재현, 기둥과 대들보 등만 남기는 뼈대화 재현, 평면에 물감으로 건물을 그리는 작화적 재현 등이 있다.

나는 〈명성황후〉의 무대화 양식을 어디에 위치시킬positioning 것인가 고민한 끝에 이러한 양식들을 모두 피하고 더 과감한 표현 방법을 쓰기로 했다. 한마디로 상징적인 표현이다. 무대 위에 기와 한 장 얹지 않고 조선의 경복궁과 다양한 장소들을 표현하기로 한 것이다. 극 초반에 경복궁 모형을 무대 위에 깔아 두었다가 공중으로 띄워 올려보내는 것으로 장소 설명을 마치고 더 이상 실제 장소를 재현하지 않는 것이다.

그런데 진짜 문제는 그다음에 있었다. 36회나 극중 장소가 바뀌는 역동적인 공연에서 어떻게 각 장면에 대응할 것인가? 영화 촬영하듯 한 장면 찍고 카메라 끄고 다음 장면 준비하면 100 장면이라도 바꿀 수 있겠지만, 관객의 눈을 카메라처럼 쉽게 끌 수 없다. 물론 강제로 끌 수는 있다. 막을 내리거나 조명을 끄는 것이다. 그러나 서너 장면으로 이루어진 오페라와 달리 수많은 장면으로 이루어진 뮤지컬에서 그때마다 막을 내리는 것은 논외의 해결책이다. 그렇다고 장면 사이사이마다 조명을 끄고 검은 옷의 전환수가 나와서 무대를 바꾸고 다시 조명을 켜는 것은 서툰 해결책이다. 36회나 그렇게 할 수는 없는 일이다.

무대 전환 중 가장 어려운 것은 바닥 전환이다. 폭 20미터, 높이 12미터의 거대한 배경막도 스위치 하나 누르면 순식간에 관객의 시야에서 사라진다. 하지만 연기 공간에 놓인 조그만 카펫 한 장을 치우기 위해서는 비상한 방법이 필요하다. 바닥장치의 전환은 그만큼 어렵다. 그런데 〈명성황후〉에서는 어전 장면이 자주 나온다. 경복궁 근정전의 옥좌에 앉아 있는 고종은 그 앞에 선 신하들에게 가려지면 안 된다. 그러므로 옥좌는 계단 위에 놓여야 한다. 옥좌가 놓인 높은 단과 그 앞 계단을 어떻게

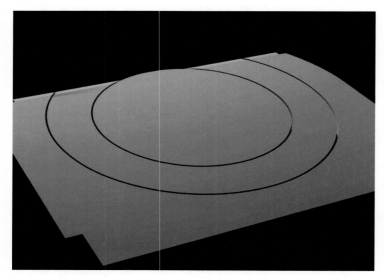

경사-이중-회전무대 스케치

명성황후

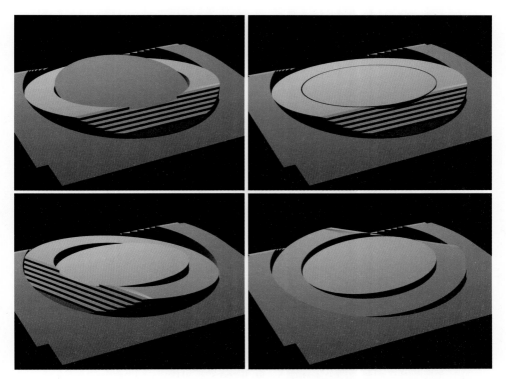

다양한 시뮬레이션을 통해 완성된 '경사-이중-회전무대'

반복적으로 무대 중앙에 등장시켰다가 퇴장시킬 것인가? 무대장치만 그렇게 등·퇴장시킨다고 그 장면이 해결될까? 고종이 왕의 걸음으로 무대 옆에서 나와 옥좌에 앉기까지는 10초 이상의 시간이 소요된다. 퇴장도 마찬가지다. 그 시간 동안 관객은 의미 없는 등·퇴장을 지켜보고 있거나 불 꺼진 무대를 보고 있어야 한다. 이 문제를 해결하기 위해 나는 회전무대를 선택했다.

이상은 기능적인 문제의 해결 과정이다. 더 근본적인 과제는 공연의 핵심 개념을 어떻게 상징적으로 시각화할 것인가이다. 계단 위에 옥좌가 놓인 이미지를 상상 속에서 수천 바퀴 돌려 보다가 소용돌이라는 이미지가 그려졌다. 유체 흐름의 회전 현상을 소용돌이라고 하는데, 그 중심에 배가 빠지면 헤어나오지 못하고 침몰한다. 국제정세의 소용돌이에 빠져 헤어나오지 못하고 가라앉아 버린 조선의 모습을 표현하기에 이보다 더 적합한 이미지가 없다고 판단했다. 소용돌이를 표현하기 위해서는 단순한 회전보다 이중회전이 효과적이다. 내부 회전무대인 디스크와 주변 회전무대인 링이 서로 엇갈려 돌아가면 소용돌이처럼 보인다. 그것을 더 강조하기 위해 회전무대에 경사를 주었다. 그리고 경사의 한쪽 끝을 잘라 계단을 달았다. 아이디어를 구체화하기 위해 실험 모형을 만들어 돌려 보고 또 돌려 보면서 형태를 다듬어 나갔다. 결과적으로 '경사-이중-회전무대'가 완성되었다.

과연 이 회전무대로 36회나 바뀌는 무대 전환을 감당할 수 있을까? 대본을 펴고 한 장면씩 돌려 가면서 시뮬레이션을 해보았다. 거의 모든 장면이 해결되었다. 게다가 예술의전당 오페라극장은 이중회전무대를 기본 설비로 갖추고 있었다. 그 위에 경사면과 계단을 만들어 얹기만 하면 된다.

회전무대로 무대디자인의 절반은 해결되었다. 이제 관객의 시야에 가장 넓은 면적으로 보이는 수직 장치들을 해결해야 한다. 여러 차례 고궁을 방문하고 자료를 수집하며 구상해 본 결과, 발을 수직면에 쓰기로 결정했다. 대나무로 만든 전통 발은 시야를 차단하는 용도로 쓰인다. 어두운 방안에서는 발을 통해 밝은 바깥을 볼 수 있으나 밝은 마당에서는 어두운 방안을 보지 못한다. 밤에는 그 반대다. 발 뒤에서 바깥을 내다보는 명성황후의 시야를 표현하기에 적합한 장치다. 실제 대나무발을 무대에서 사용하는 것은 효과적이지 않으므로 목재와 천으로 발을 만들기로 했다. 각목을 켜서 만든 굵기 15mm의 졸대를 투명 망사막에 붙여서 발처럼 만들면 발을 대신할 수 있을 것으로 판단했다.

그리고 그 발에 무슨 색을, 무슨 그림을 그릴 것인가? 나는 모든 발에 검붉은 황혼 하늘을 그리기로 했다. 저물어 가는 조선의 황혼을 상징하는 것이다. 또한 일본에 대한 분노의 표현이기도 했다. 그 발로 면막과 배경막은 물론 다리막과 기둥들도 만들었다.

그리하여 검은 소용돌이 같은 이중회전무대와 붉은 황혼 같은 발로 이루어진 기본 디자인이 완성되었다. 이것이 30년을 이어온 〈명성황후〉 무대미술의 기초다.

여기에 각 장면을 효과적으로 만들어 줄 무대장치를 추가했다. 평화로운 경복궁 뜰을 표현하는 수천 갈래의 실버들과 향원정 다리, 일본제국 수뇌부가 정한회의를 하는 아다미 온천장, 서양 함선들이 침입하여 조선 해군과 전투를 벌이는 해안 등이 그것이다. 그중 초연에만 있었던 무대장치는 입체로 만든 함선이다. 무대 후면 배경발을 뚫고 회전무대 위로 들이미는 함선의 뱃머리는 초연에서만 쓰이고, 이후 뉴욕 공연을 위한 디자인에서는 이동성을 위해 빠졌다.

2. 뉴욕 무대 (1997년) : 순회공연에 최적화하다

초연을 성공적으로 마친 후 뉴욕 공연을 가기 위한 준비가 시작되었다. 여러 극장들로부터 받은 도면과 기술 서류를 검토해 본 후 가장 조건이 적합한 뉴욕주립극장을 선택하고 극장 답사를 위해 뉴욕으로 갔다. 링컨센터 뉴욕주립극장은 뉴욕시티발레단과 뉴욕시티오페라단의 홈극장이면서 비시즌에는 대관도 해주는 극장이다. 말굽형 객석이 5층까지 있는 2586석의 대형 오페라극장인데, 〈명성황후〉의 초연 극장인 예술의전당 오페라극장과 규모가 비슷하다.

링컨센터의 극장장실에서 회의를 했다. 극장장은 "당신들의 공연 실황 비디오를 다 봤다. 그런데 그런 거대한 작품을 이 무대에 올리기 위해서는 무대 설치에만도 2주가 필요할 것이다. 그리고 이 극장은 유니언화되어 있기 때문에 설치와 철거를 미국 유니언 조합원들이 담당해야 한다. 더구나 회전무대가 없는 극장이므로 회전무대 전체를 만들어 와서 조립해야 한다. 따라서 많은 수의 인력이 필요할 것이다. 그 비용을 감당할 수 있겠냐"고 물었다. 우리는 방법을 찾겠다고 하고 귀국했다.

순회공연 최적화를 위해 근본적으로 하나하나 점검한 후, 다음과 같은 방침을 정했다.

첫째, 무대 개구부opening의 크기를 기존 15미터에서 12미터로 줄이기로 했다. 개구부의 크기를 줄이면 모든 것이 줄어든다. 우선 회전무대의 직경이 15미터에서 12미터로 줄어든다. 무대장치의 양이 줄어들면 설치시간과 인력과 비용이 줄어든다. 단, 개구부의 높이는 기존의 9미터를 유지하기로 했다.

둘째, 입체 장치를 간소화하는 것이다. 특히 서양 함선은 배 3척의 돛대만 만들고 그 아래에 3명의 선장이 올라타는 바스켓만 달아서 장치봉에 매달아 공중에 띄우기로 했다. 그 결과 규모는 줄었지만 평가는 오히려 더 좋았다. 스타일의 통일성과 극장성, 역동성에서 더 우수했기 때문이다. 그 외에도 지하에서 올라오는 아다미 온천장을 상부에서 내려오는 평면 장치로 바꾸는 등 간소화했다. 온천장 장면은 아쉬운 변화였다. 궁궐 모형도 훨씬 슬림하게 만들었다.

셋째, 가장 큰 과제는 회전무대였다. 어떻게 경사-이중-회전무대를 만들 것인가? 링컨센터의 뉴욕주립극장에는 회전무대가 없었다. 포터블 회전무대가 필요했다. 무대장치 제작과는 별도로 무대기계 전문 회사에 회전무대 제작을 의뢰했다. 그러나 선적 날짜를 한 달 앞두고 무대기계 제작회사로부터 제시받은 조건은 비현실적이었다. 회전무대 제작에만도 한 달 이상 시간이 필요하고, 무대기계의 무게는 설치에 중장비가 필요할 정도였으며, 제작비도 비현실적이었다. 일반적으로 극장에 기본 설비로 설치하는 회전무대를 기준으로 제시한 조건이었다. 제작비는 둘째치고 우선 물리적으로 불가능한 조건이었다. 이미 회전무대를 전제로 배우들은 매일 연습을 하고 있는데 회전무대가 없어서 브로드웨이에 가지 못한다? 있을 수 없는 일이었다. 그야말로 획기적인 아이디어가 필요했다. 내 생애 더 이상 무대미술을 못해도 좋으니 이것 하나만 해결해 달라고 간절히 기도하듯 며칠간 연구했다.

그러다 새벽에 좋은 아이디어가 떠올랐다. 아침에 무대장치 제작회사에 연락해 만나서 그 아이디어를 설명했다. 종합무대 기술감독인 이무경 본부장은 그 아이디어를 기술적으로 구체화하여 회전무대 제작에

들어갔다. 3주 후 경기도 광주에 있는 종합무대에서 시조립과 시운전에 들어갔다. 작업장 가운데에 기둥이 있어서 디스크는 조립하지 못하고 링만 조립한 상태에서 배우들이 올라타고 시해 장면을 연습해 보았다. 회전무대 바닥에는 조선의 천문도인 '천상열차분야지도'를 작화했다. 이는 조선이 바라보는 세상을 의미한더.

그로부터 한 달 후 뉴욕주립극장의 반입구가 열리고 컨테이너에서 'The Last Empress' 마크가 찍힌 회전무대 장비들이 내려져 무대 바닥에 깔리자, 현지 스태프들은 팔짱을 낀 채 삼삼오오 수군대기 시작했다. "저것 좀 이상하지 않아? 돌아갈 수나 있겠어?" 세계 최고의 스태프라고 자부하는 링컨센터의 기술진이 고개를 갸우뚱거리는 것도 무리가 아니었다. 보통의 회전무대는 회전판에 바퀴를 달아 돌리는데 우리의 회전무대는 무대 바닥에 바퀴를 달고 그 위에 회전판을 얹는 방식이었기 때문이다. 말하자면 자동차 아래 바퀴가 붙어 있는 게 아니라 도로 위에 바퀴가 붙어 있고, 그 위에 바퀴 없는 자동차가 얹혀 있는 셈이었다.

그러나 조립이 끝나고 이중회전무대가 회오리치듯 돌아가기 시작하자, 그들은 일제히 "브라보", "판타스틱"을 외쳤다. 나는 아직도 그 순간을 잊지 못한다.

당시 무대장치 제작회사 종합무대(현 처음무대)의 헌신적인 노력에 힘입어 우리는 단 두 대의 컨테이너에 회전무대는 물론 소품과 의상을 포함한 모든 공연 화물을 넣어 태평양을 건너는 배에 실을 수 있었다. 결과는 대성공이었다. 우리의 공연과 무대미술에 대한 현지 언론의 찬사는 그간의 모든 노고를 보상해 주었다. 뉴욕 공연이 성공적으로 이어지면서 현지 스태프들은 우리에게 내년에도 꼭 다시 오라고 했고, 실제로

1998년 다시 링컨센터 주립극장 무대에 올랐다. 그리고 공연이 끝나자 뉴욕에서 곧바로 트럭에 실어 로스앤젤레스로 보내 슈버트 극장에서 공연했다.

귀국 후 공연한 예술의전당 오페라극장에서는 극장이 보유한 승강 무대 기능을 활용하여 무대 전체를 4미터 들어올리고, 2층에서는 고종과 외국 공사들이 평화롭게 대화하고, 지하에서는 조선 정벌을 위한 결의를 다지는 스펙터클한 장면을 추가했다.

그러나 이 장면은 2002년에 공연 중단 사건의 원인이 되기도 했다. 2막에서 공중으로 올라간 무대가 다시 내려오지 않아 공연을 중단하고 전원 환불 및 보상 조치를 해야만 했던 것이다. 원인은 예술의전당 승강 무대의 고장이었다.

그 후 2002년 런던 해머스미스 아폴로 극장, 2003년과 2004년 로스앤젤레스 코닥 극장과 토론토 허밍버드센터에서 공연할 때는 1997년의 뉴욕 버전으로 공연했다. 물론 국내에서도 전국 수십 개 도시를 순회했는데 회전무대만 들어갈 수 있으면 어떤 극장에서도 공연할 수 있었다. 무대 설치에 걸리는 시간도 이틀이면 충분했다. 순회공연에 최적화된 무대니까.

3. 20주년 무대(2015년) : 영상을 도입하다

20주년 기념공연(예술의전당 오페라극장)을 앞두고 리뉴얼을 위한 무대미술 회의가 열렸다. 그 회의에서 영상 투사를 과감하게 도입하기로 결정했다. 초연에서도 영상은 사용했으나 초반의 히로시마 지방법원 장면에

명성황후

공중에 차일을 치고 나비가 날아다니는 장면을 연출한 '고종과 왕비의 결혼식'

다큐멘터리적 기법으로 잠깐 사용되는 정도였다. 그러나 20주년 공연에는 전체 장면에 영상을 적용하기로 했다. 회전무대는 그대로 두고 나머지 무대장치를 영상 투사를 위한 스크린으로 사용하기로 한 것이다.

먼저 고종과 왕비의 결혼식 장면에서 공중에 차일을 치고 나비가 날아다니는 장면을 만들었다. 오케스트라 피트에 프로젝터를 설치하고, 대부분의 장면에서 영상을 투사하기 위해 면막발, 배경발, 중간발, 다리발 등 거의 모든 수직적인 장치의 작화를 연하게 수정했다. 그리고 실버들을 두 겹 늘려서 총 네 겹으로 만들어 스크린으로 사용했다.

4. 25주년 무대 (2020년) : LED를 도입하다

25주년 공연(예술의전당 오페라극장)을 위한 무대미술 회의에서는 영상을 더 적극적으로 도입하기로 결정했다. 그 방법으로 택한 것이 LED 스크린이다. 프로젝터 방식은 조명이 밝을 경우 투사 표면에 간섭되어 영상이 흐려지는 결점이 있으나, LED 방식은 광원과 투사면이 일체화되어 있으므로 조명의 간섭을 거의 받지 않는다. 더욱이 〈명성황후〉의 무대장치는 LED 방식을 수용하기에 적합한 성격을 가지고 있었다. 다리발과 기둥발은 그대로 LED로 대체될 수 있었고, 중간발 등 반투명 발은 반투명 LED로 대체할 수 있었다. 또한 프로젝터도 사용했다. 무대 후면에 프로젝터를 설치하여 리어스크린에 투사하고 객석 뒤에 프로젝터를 설치하여 면막발에 투사한 것이다. 그리하여 〈명성황후〉 공연 사상 영상을 가장 많이 사용하는 공연이 되었으며, 양식적으로는 가장 사실적인 무대미술이 되었다.

LED를 도입한 2020년 무대

아날로그의 풍부한 질감으로 돌아간 30주년 무대. 사진은 '사알랑 사알랑'

5. 30주년 무대 (2025년) : 완성도를 높이다

30주년 공연(세종문화회관 대극장)을 위한 회의에서는 다시 아날로그의 풍부한 질감으로 돌아가기로 결정했다. 그래서 1997년의 뉴욕 버전을 기본으로 하되 작화를 더 강렬하게 수정하고 전반적으로 무대장치의 완성도를 높였다. 그리고 적당한 수준의 영상 프로젝션을 활용하여 장면의 몰입도를 높이기로 했다. 현재까지 있었던 모든 버전의 장점들을 취한 공연이 될 것으로 기대한다.

역대 포스터

1995년 포스터

1997년 포스터

1998년 뉴욕 공연 포스터

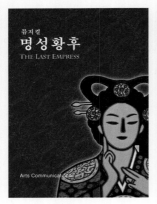

2000년 포스터

2002년 런던 공연 포스터

2003년 포스터

2004년 토론토 공연 포스터

2005년 10주년 기념 포스터

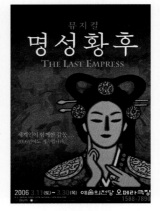

2006년 포스터

2007년 포스터

2008 경희궁 공연 포스터

2009년 포스터

2010년 15주년 기념 포스터

2015년 20주년 기념 포스터(화이트)

2015년 20주년 기념 포스터(블랙)

2018년 포스터

2021년 25주년 기념 포스터

2025년 30주년 기념 포스터

뮤지컬 〈명성황후〉 공연 연표

국내 공연

공연 기간	횟수	도시	공연장
1995.12.30~1996.1.14	30	서울	예술의전당 오페라극장
1996.3.8~1996.3.10	6	부산	부산시민회관
1996.3.30~1996.3.31	4	인천	인천종합문화예술회관
1996.4.16~1996.4.24	17	서울	예술의전당 오페라극장
1996.5.11~1996.5.12	4	광주	광주문화예술회관
1997.11.28~1997.12.12	25	서울	예술의전당 오페라극장
1997.12.23~1997.12.25	4	인천	인천종합문화예술회관
1998.1.9~1998.1.11	5	부산	부산시민회관
1998.1.17~1998.1.18	4	전주	전북대학교 삼성문화회관
1998.2.25~1998.3.19	32	서울	예술의전당 오페라극장
1998.6.13~1998.6.14	4	울산	울산현대예술회관
1998.11.26~1998.11.29	7	대구	대구시민회관
1998.12.12~1998.12.13	4	부산	부산시민회관
1999.2.27~1999.2.28	4	광주	광주문화예술회관
1999.3.11~1999.3.13	5	대전	대전엑스포극장
1999.3.19~1999.4.5	26	서울	예술의전당 오페라극장
1999.4.10~1999.4.11	4	청주	청주공군사관학교
1999.4.16~1999.4.18	5	대구	대구시민회관
1999.5.29~1999.5.30	4	구미	구미시문화예술회관

공연 기간	횟수	도시	공연장
1999.6.12~1999.6.13	4	울산	울산현대예술회관
1999.10.16~1999.10.31	24	서울	예술의전당 오페라극장
2000.2.25~2000.3.12	22	서울	예술의전당 오페라극장
2000.12.29~2001.1.18	25	서울	예술의전당 오페라극장
2001.2.2~2001.2.5	5	부산	부산문화회관
2001.3.9~2001.3.11	5	대구	대구시민회관
2001.3.23~2001.3.25	5	전주	전북대학교 삼성문화회관
2001.4.7~2001.4.8	4	김천	김천시문화예술회관
2001.4.14~2001.4.15	4	창원	성산아트홀
2001.4.21~2001.4.22	4	의정부	의정부예술의전당
2001.5.4~2001.5.6	4	진주	경남문화예술회관
2001.6.23~2001.6.24	4	울산	울산문화예술회관
2001.7.6~2001.7.8	5	수원	경기도문화예술회관
2002.3.15~2002.3.31	21	서울	예술의전당 오페라극장
2002.4.6~2002.4.7	4	부산	부산문화회관
2002.4.13~2002.4.14	4	창원	성산아트홀
2002.4.26~2002.4.28	5	대구	대구시민회관
2002.5.11~2002.5.12	4	광주	광주문화예술회관
2003.9.5~2003.9.20	19	서울	예술의전당 오페라극장
2003.10.11~2003.10.12	4	대전	정심화국제문화회관
2003.10.25~2003.10.25	4	부산	부산시민회관
2003.11.1~2003.11.2	4	대구	대구시민회관
2003.11.8~2003.11.9	4	청주	청주공군사관학교

공연 기간	횟수	도시	공연장
2003.11.14~2003.12.7	29	서울	국립극장 대극장
2003.12.24~2003.12.25	4	광주	광주문화예술회관
2003.12.29~2003.12.30	4	거제도	거제문화예술회관
2004.5.22~2004.5.23	3	의정부	의정부예술의전당
2004.6.5~2004.6.6	4	전주	전북대학교 삼성문화회관
2004.6.11~2004.6.13	5	제주	제주특별자치도 문예회관
2004.6.19~2004.6.20	4	울산	울산문화예술회관
2004.6.26~2004.6.27	4	춘천	춘천 강원대 백령문화관
2004.10.22~2004.10.24	5	광양	백운아트홀
2004.10.30~2004.10.31	4	대구	대구시민회관
2004.11.27~2004.11.28	4	부산	부산시민회관
2005.1.15~2005.1.16	4	대전	정심화국제문화회관
2005.2.4~2005.2.22	25	서울	예술의전당 오페라극장
2005.3.5~2005.3.6	4	수원	경기도문화의전당
2005.3.12~2005.3.13	4	창원	성산아트홀
2005.3.19~2005.3.20	4	전주	전북대학교 삼성문화회관
2005.3.26~2005.3.27	4	구미	구미시문화예술회관
2005.4.1~2005.4.5	7	대구	대구오페라하우스
2005.9.3~2005.9.4	4	대구	대구시민회관
2005.9.24~2005.9.25	4	울산	울산문화예술회관
2005.10.7~2005.10.8	4	대전	대전문화예술의전당
2005.10.15~2005.10.16	4	천안	천안시청 봉서홀
2005.10.22~2005.10.23	4	일산	덕양어울림누리

공연 기간	횟수	도시	공연장
2005.10.29~2005.10.30	4	부산	부산KBS홀
2005.11.5~2005.11.6	4	광주	광주문화예술회관
2006.3.11~2006.3.30	27	서울	예술의전당 오페라 극장
2006.4.7~2006.4.8	4	김해	김해문화의전당
2006.10.28~2006.10.29	4	목포	목포문화예술회관
2006.11.3~2006.11.4	3	광주	광주문화예술회관
2006.11.9~2006.11.12	6	대구	대구오페라하우스
2006.11.25~2006.11.26	4	천안	천안시청 봉서홀
2006.12.2~2006.12.24	34	서울	국립극장 해오름 극장
2007.1.13~2007.1.14	4	대전	대전문화예술의전당
2007.1.19~2007.1.21	5	부산	부산문화회관
2007.1.27~2007.1.28	4	수원	경기도문화의전당
2007.2.3~2007.2.4	4	창원	성산아트홀
2007.2.17~2007.3.8	28	서울	예술의전당 오페라극장
2007.9.29~2007.9.30	4	일산	고양아람누리
2007.10.6~2007.10.7	4	안산	안산문화예술의전당
2007.10.20~2007.10.21	4	울산	울산문화예술회관
2007.10.27~2007.10.28	4	삼척	삼척문화예술회관
2007.11.3~2007.11.4	4	춘천	춘천문화예술회관
2007.11.10~2007.11.11	4	전주	한국소리문화의전당
2007.11.15~2007.11.18	6	대구	대구오페라하우스
2007.11.24~2007.11.25	4	당진	당진문예의전당
2007.12.05~2007.12.28	39	서울	국립극장 해오름극장

공연 기간	횟수	도시	공연장
2008.1.12~2008.1.13	4	청주	청주예술의전당
2008.1.19~2008.1.20	4	부산	부산시민회관
2008.1.26~2008.1.27	4	인천	인천종합문화예술회관
2008.5.4~2008.5.13	10	서울	경희궁
2008.9.18~2008.10.1	18	서울	세종문화회관 대극장
2008.10.11~2008.10.12	4	군포	군포시문화예술회관
2008.10.17~2008.10.19	5	대구	계명아트센터
2008.11.1~2008.11.2	4	마산	3.15 아트센터
2008.11.22~2008.11.23	4	부산	부산문화회관
2008.11.29~2008.11.30	4	구미	구미시문화예술회관
2008.12.6~2008.12.7	4	원주	백운아트홀
2008.12.13~2008.12.14	4	순천	순천문화예술회관
2009.11.6~2009.11.8	5	대구	계명아트센터
2009.11.14~2009.11.15	4	제주	제주특별자치도 문예회관
2009.11.28~2009.12.28	37	서울	국립극장 해오름극장
2010.1.9~2010.1.10	4	대전	대전문화예술의전당
2010.1.23~2010.1.24	4	김해	김해문화의전당
2010.1.30~2010.1.31	4	진주	경남문화예술회관
2010.2.6~2010.2.7	4	광주	광주문화예술회관
2010.9.1~2010.9.19	20	성남	성남아트센터 대극장
2010.11.13~2010.11.14	4	울산	울산문화예술회관 대극장
2011.10.29~2011.11.20	27	서울	충무아트홀 대극장
2013.12.6~2013.12.29	30	대구	계명아트센터

공연 기간	횟수	도시	공연장
2014.2.7~2014.2.8	3	군산	군산예술의전당
2014.2.14~2014.2.16	5	포항	포항문화예술회관
2014.2.21~2014.2.22	3	공주	공주문예회관
2014.4.12~2014.4.13	4	전주	한국소리문화의전당
2014.4.26~2014.4.27	4	광주	광주문화예술회관
2014.5.11~2014.5.12	4	목포	목포시민문화체육센터
2015.7.28~2015.9.10	54	서울	예술의전당 오페라극장
2015.9.18~2015.9.19	4	제주	제주아트센터
2015.10.9~2015.10.10	4	인천	인천종합문화예술회관
2015.10.17~2015.10.18	4	창원	성산아트홀
2015.10.24~2015.10.25	4	천안	천안예술의전당
2015.10.31~2015.11.1	4	여수	GS칼텍스 예울마루
2015.11.7~2015.11.8	4	군포	군포시문화예술회관
2015.11.13~2015.11.14	3	울산	현대예술관
2015.11.20~2015.11.21	4	경기 광주	남한산성아트홀
2015.12.5~2015.12.6	4	거제도	거제문화예술회관
2015.12.12~2015.12.13	4	부산	부산시민회관
2015.12.19~2015.12.30	11	대구	계명아트센터
2016.1.22~2016.1.23	3	광주	광주문화예술회관
2016.1.29~2016.1.30	3	이천	이천아트홀
2016.2.20~2016.2.21	4	김해	김해문화의전당
2016.2.27~2016.2.28	4	수원	경기도문화의전당

공연 기간	횟수	도시	공연장
2016.3.11~2016.3.13	4	고양	고양아람누리
2016.3.19~2016.3.27	11	성남	성남아트센터
2018.3.6~2018.4.15	52	서울	세종문화회관 대극장
2018.4.19~2018.4.22	5	대구	계명아트센터
2018.4.27~2018.4.29	4	창원	성산아트홀
2018.5.11~2018.5.13	5	울산	문화예술회관 대극장
2018.5.18~2018.5.20	4	전주	소리문화의전당
2018.5.25~2018.5.27	4	대전	예술의전당
2018.5.28~2018.6.2	2	고양	아람누리
2018.6.5~2018.6.9	3	광주	문화예술회관 대극장
2018.6.29~2018.7.1	5	부산	소향씨어터
2018.7.13~2018.7.15	4	청주	예술의전당
2018.7.20~2018.7.22	4	인천	종합문화예술회관
2018.7.27~2018.7.29	4	김해	서부문화센터
2018.8.14~2018.8.19	8	성남	아트센터
2021.1.16~2021.3.4	49	서울	예술의전당 오페라극장
2024.12.10~2024.12.15	7	대구	계명아트센터
2024.12.20~2024.12.29	12	부산	드림씨어터
2025.1.21~2025.3.30	91	서울	세종문화회관 대극장
합 계	1,363		

해외 공연

공연 기간	횟수	도시	공연장
1997.8.15~1997.8.24	12	뉴욕	뉴욕주립극장
1998.7.31~1998.8.23	29	뉴욕	뉴욕주립극장
1998.9.11~1998.9.27	20	LA	슈버트 극장
2002.2.1~2002.2.16	19	런던	해머스미스 아폴로 극장
2003.4.18~2003.5.4	20	LA	코닥 극장
2004.8.5~2004.9.1	32	토론토	허밍버드센터
2009.10.8	1	일본	구마모토가쿠엔대학
합 계	133		

뮤지컬 〈명성황후〉 수상 내역

1996년 제2회 한국뮤지컬대상 6관왕

최우수작품상, 연출상, 남우조연상(김민수),
무대미술상(박동우), 기술상(김현숙), 인기스타상(윤석화)

1998년 제4회 한국뮤지컬대상 3관왕

여우주연상(김원정), 남우주연상(유희성), 특별상(김영환)

1999년 제10회 LA OVATION AWARDS 3개 부문 노미네이트

여우주연상, 음향상, 조명상

2003년 뮤지컬 부문 대한민국 국회 대상

2004년 제10회 한국뮤지컬대상

GM대우 아름다운뮤지컬상 수상

2010년 대한민국 국가브랜드 대상

(공연예술 부문 유일)

2016년 제5회 예그린뮤지컬어워드

여우주연상(김소현)

역대 명성황후

윤석화 1995~1996

이태원 1997~2010, 2013~2014

김원정 1997~1998, 2005

김지현 2000~2001

김현주 2000

이상은 2003~2011

조안나 2009

이혜경 2013~2014

김소현 2015~2025

신영숙 2015, 2021~2025

최지이 2016

최현주 2018

차지연 2025

뮤지컬 〈명성황후〉 30주년 기념공연
배우와 스태프

Casting

명성황후	김소현 신영숙 차지연
고 종	강필석 손준호 김주택
홍 계 훈	양준모 박민성 백형훈
대 원 군	서영주 이정열
미 우 라	김도형 문종원
박 상 궁	임선애
김 상 궁	박슬기
진 령 군	정목화
손 탁	김가희 (본명 : 김효정)
이노우에	김상현
이 토	조영태
오카모토	김태현
왜 상	박상희
베 베 르	민준호
원 세 개	주홍균
세 자	박노아 윤도영 김민준
앙 상 블	김순주 박진원 엄정욱 고대완 정태근 이지윤 김선우 서광섭 이태권 안성연 박준우 염성훈 염정우 임지은 엄태용 이지우 배종오 정다은 배나무 신혜민 배형빈 김동현 오유진 오윤재 김경한 진선희 원세린 박진기 김동훈 전희은 정연우 강유경

Creative

프로듀서	윤홍선
예술감독	윤호진
연 출	안재승
협력연출	김민영
원 작	이문열
각 색	김광림
작 곡	김희갑
작 사	양인자
편 곡	피터 케이시
안 무	서병구
음악감독	김문정
협력음악감독	천정훈
제작총괄	지재혁
무대디자인	박동우
조명디자인	최형오
음향디자인	김기영
영상디자인	송승규
분장디자인	김유선
의상디자인	김현숙 정경희
소품디자인	조윤형
특수효과	박광남
기술감독	유석용
무대감독	강필수
제작감독	류정훈

뮤지컬 〈명성황후〉 탄생부터
30주년 기념공연까지

명성황후

초판 1쇄 펴낸날 2025년 2월 4일

지은이 윤호진

펴낸이 최윤정
펴낸곳 도서출판 나무와숲 | 등록 2001-000095
주 소 서울특별시 송파구 올림픽로 336 910호(방이동, 대우유토피아빌딩)
전 화 02-3474-1114 | 팩스 02-3474-1113
e-mail namuwasup@namuwasup.com

© 윤호진 2025

ISBN 979-11-93950-11-1   03680